谨以此书献给在艰难岁月里从未放弃的人。

一个无名者的日常生活

上海青年

刘韵琤　著

上海大学出版社
SHANGHAI UNIVERSITY PRESS
·上海·

图书在版编目(CIP)数据

上海青年：一个无名者的日常生活／刘韵琤著.
上海：上海大学出版社，2024.7. -- ISBN 978-7-5671-5024-9

Ⅰ. K250.6
中国国家版本馆 CIP 数据核字第 2024XH4622 号

责任编辑　徐雁华
助理编辑　陈　荣
封面设计　倪天辰
技术编辑　金　鑫　钱宇坤

上 海 青 年
——一个无名者的日常生活

刘韵琤　著

上海大学出版社出版发行
（上海市上大路99号　邮政编码200444）
（https://www.shupress.cn）发行热线 021－66135112
出版人　戴骏豪

*

南京展望文化发展有限公司排版
上海华业装璜印刷厂有限公司印刷　各地新华书店经销
开本 710mm×1000mm　1/16　印张 15.5　字数 201 千
2024 年 7 月第 1 版　2024 年 7 月第 1 次印刷
ISBN 978－7－5671－5024－9/K·290　定价 68.00 元

版权所有　侵权必究
如发现本书有印装质量问题请与印刷厂质量科联系
联系电话：021－56475919

以感为序,以史为鉴/代序

《上海青年——一个无名者的日常生活》为刘韵琤女士的博士论文。她是日本同志社大学全球学现代亚洲研究博士,也是我国研究中日近代史、上海史的优秀青年学者。2021年9月,韵琤进入上海大学文学院世界史流动站成为博士后研究员,我也有幸成为她的博士后合作导师。

战争与和平,是人类历史的永恒主题。每个时期的战时生活,都是历史的一部分,却很少有机会让我们窥见普通人在战争中的真实面貌。本书通过一个普通上海青年颜滨的日记,为读者提供了一个真实而生动的战时上海生活画面。颜滨出生于1923年,因战乱而流落至上海。在这里,他虽然经历了战火的洗礼,但却不改其志,在日常生活中努力生存和实现自我。从1942年开始,颜滨持续在日记中记录自己的生活。后来,颜滨的日记手稿被历史爱好者采金整理并出版。本书以颜滨的日记为基础,深入探讨了战时上海普通人的生存境况。通过这些日记,我们看到了一段扭曲复杂的历史时空,看到了一名普通青年在极端环境中的挣扎与坚持。颜滨的日记,不仅记录了他的个人生活,也反映了那个时代的社会状况和普通民众的心理状态。

研究沦陷区的历史,尤其是沦陷区普通人的历史,一直是学界的难点。沦陷区民众的生活和心理状态,常常因为史料的匮乏而被忽视。颜滨的日记,在一定程度上填补了这一领域的空白,为我们提供了宝贵的第一手资料。通过颜滨的视角,我们可以更好地理解沦陷时期的上海,理解那个时代的复杂性和多样性。在研究中,"合作史"和"灰色地带"是两个重要的理论框架。"合作史"理论探讨了占领与被占领之间的复杂关系,而"灰色地带"理论则揭示了抵抗与合作之间的模糊状态。这些理论为我们理解沦陷区的历史提供了新的视角。颜滨日记,通过其真实而细腻的记录,展示了一个更为立体和复杂的战时上海。在日记中,颜滨不仅记录了战争的残酷和对民众的压迫,还记录了人们日常生活中的点滴细节。这些细节,构成了一个个鲜活的生活片段,使我们得以一窥那个时代的真实面貌。

在当今的全球化背景下,中日关系依旧是国际政治和文化交流中的重要议题。本书通过对颜滨这一普通人的日记进行深入研究,能够为理解这一时期的中日关系提供独特视角。在我们今天重新审视中日关系时,这段历史具有极为重要的启示意义。颜滨用日记记录了一个普通人在战争中的点滴生活,展示了战时上海的市井风貌。通过这些日常生活的记录,我们能够更加真实、细致地理解那段历史。这种理解不仅有助于反思战争带来的伤痛,更有助于促进中日两国在历史记忆上的共鸣与对话。

在中日关系的发展过程中,历史记忆常常成为一种复杂且敏感的存在。战时的创伤与对抗在两国民众的记忆中依然深刻,而这种记忆又时常影响着今天的外交及民间交流。颜滨的日记以其真实、生动的记录,揭示了战争给普通人带来的巨大冲击和伤害。这种个人化的叙述,为我们提供了一种超越政治与意识形态的视角,使我们得以从个体的经验出发,重新审视那段历史。同时,这本书也提醒我们,战争不仅仅是国家之间的对抗,更是对普通人生活的冲击与颠覆。颜滨日记中的琐碎生活,也是那段历史中无数同他一般的普通人的真实写照。他们不仅经历战争的残酷,也展现了在极端环境下普通民众的坚韧与顽强。正是通过这些对个人史以及个人经历的研究,我们才能更全面地了解战争的全貌,避免将历史简化为单一的胜负叙述。

对颜滨日记的研究,也为探讨战争记忆与和平发展的关系提供了一个重要契机。通过对那段历史的深入了解,我们不仅可以更好地铭记战争的意义与教训,也可以在此基础上,推动中日两国在和平共处、合作共赢的道路上走得更远。历史的伤痛需要被铭记,但更重要的是,通过对历史的反思,我们能够为未来的和平与合作寻找新的路径。从这一意义上来说,《上海青年——一个无名者的日常生活》不仅是一部历史研究的学术著作,更是一座桥梁,连接起中日两国人民对于那段历史的共同记忆与反思。通过这本书,我们不仅能够更深刻地理解中日关系的历史背景,更能够为未来的友好交流与合作提供新的视角与动力。

作为博士后合作导师,我深感这本书的学术价值和历史意义。本书从个体的生活史出发,深入探讨了沦陷时期普通民众的生存策略与心理状态,为我们理解那段历史中的人性与社会提供了宝贵的资料;不仅揭示了战争对个体生活的深远影响,更通过对个体生活史的研究,展现了中日关系的复杂性与多样性。这种以普通人视角展开的研究,正是我们理解历史、反思战争、推动和平的重要途径。颜滨的日记,为我们提供了宝贵的研究材料,在帮助我们更好地理解战时上海的历史的同时,也提醒我们,历史不仅是由那些名垂青史的人物和事件构成的,更是由无数普通人的生活和经历编织而成的。

我希望,通过这本书,读者能够更深刻地理解那段历史,理解如颜滨一般的普通人在极端环境中的坚韧和勇气。愿这本书,成为我们认识和反思那段历史的重要一环,也成为我们珍惜和平、追求正义的动力源泉。

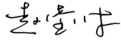

2024 年 7 月于上大

目录

导论 / 1
    一、写作缘起：普通人的沦陷体验 / 3
    二、资料来源：日记与日常生活 / 9
    三、内容筛选：以情感为尺度 / 12

第一章　颜滨与颜滨日记：青年的焦虑 / 15
    一、疏离旧家庭 / 18
    二、与商业不相近 / 27
    三、择友有道 / 32
    四、婚恋自由 / 38
    五、日记制造日常 / 48

第二章　生存焦虑：当"投机倒把"成为唯一的路 / 63

　　一、经济困难下的开源节流 / 65

　　二、米价疯涨下的粮食危机 / 75

　　三、艰难时局下的囤货投机 / 85

第三章　道德焦虑："知耻"作为道德的底线 / 107

　　一、"到内地去"与"留在上海"的矛盾 / 109

　　二、生存与道德的冲突 / 120

　　三、"消极"合作中的无声抵抗 / 130

第四章　空虚焦虑：教育活动对文化身份的再造 ／ 143
　　一、无所事事下的青年苦闷 ／ 145
　　二、入读补校充实精神 ／ 157
　　三、自办刊物寄托心境 ／ 175

第五章　走向解放：空袭之下寻求精神出路 ／ 195
　　一、美军空袭下的上海 ／ 197
　　二、媒体策应与舆论引导 ／ 205
　　三、再赴内地的决心与愿望的幻灭 ／ 214

结语 ／ 229

后记 ／ 233

导论

一、写作缘起:普通人的沦陷体验

将一个普通人置于战时上海的中心,会呈现出何种景象?2015年,一位上海青年的日记被出版。日记作者有名有姓,之所以称他为"无名者",是因他不曾名垂青史,以及他所代表的大多数人皆为"无名者"。日记作者名叫颜滨(1923—?),出生于浙江省宁波市。他幼年丧母,父亲另娶。1937年1月,他来到上海投奔胞姐。初中毕业后,他进入宁波同乡胡次桥所经营的元泰五金号做学徒。颜滨从1942年(时年19岁)开始写日记,一直持续至20世纪60年代。2015年,历史爱好者采金在旧书网站上偶然发现这部日记手稿,以《1942—1945:我的上海沦陷生活》①为题整理出版。书中收录了颜滨1942年至1945年的日记(1943年日记遗失),约40万字。本书依托这部民国青年日记而成,以动荡年代中的青年颜滨为关注对象,探讨普通人在沦陷背景下的生存境况。

中国的近代史是一段复杂的历史。从1931年"九一八事变"开始,历经1937年"卢沟桥事变"爆发,直至1945年抗日战争全面胜利为止,中国的广袤国土曾被日本帝国主义武力侵占。本书试图考察的对象,即是在这片被侵占的领土上,遭受奴役和压迫的民众之一

---

① 颜滨著,采金整理:《1942—1945:我的上海沦陷生活》,人民出版社2015年版。

员。对沦陷区民众的考察,在近代史研究中存在长久的缺位,是传统历史叙述的一大难点。这一方面缘于史料的匮乏:江沛指出,对沦陷区民众生存状态的考察,是对抗战史一个长期近乎隐形区域的发掘,是深化抗战史研究不可或缺的一部分。石岛纪之指出,不仅是沦陷区民众史,而且对整个近代中国民众实际情况和心态的研究,在史料搜集上都存在着困难。近代中国,特别是农村的识字率非常低,普通民众残留的记录几乎没有,研究者不得不通过有一定知识水平的记录者间接地探索民众的实际情况和心理。从民众角度切入沦陷区叙事,是一个需要极强的分寸感的课题,既不能将民众生活的一切简单归因于战争,也不能"为中立而中立",弱化战争带来的残酷现实。

沦陷区民众叙事虽尚未引起广泛关注,但沦陷区傀儡政权及其治下社会已多有论述,这为本书谈论其中的民众做了充分准备。国外学界以"合作史(collaboration)"与"灰色地带(gray-zone)"两种理论最为著名。在"合作史"研究上当属卜正民的《秩序的沦陷:抗战初期的江南五城》最有名。他选取了"汪伪政权"中较低位置的"地方头脸人物"作为对象,刻画出历史上小人物的"有限理性"。总体而言,"合作史"的出现对修正非黑即白的沦陷区叙事起到一定作用,但亦有其局限,留待后述。

对于沦陷区研究中的"灰色地带"理论,学界已有成型的批判性思考,这是本书讨论颜滨生活的一个切入点。简言之,"灰色地带"指既非纯粹抵抗、也非纯粹合作,而处于两者之间的模糊状态。该理论出自普里莫·莱维,一位犹太裔化学家,其书《被淹没和被拯救的》记载了他对纳粹集中营的描述。作为亲历者,莱维指出在易于辨识的善与恶、无条件的抵抗与无原则的妥协这两个极端之间存在一大片模糊的中间地带,有许多挣扎着活下去、已经妥协、随时准备妥协,或还没来得及妥协的灰色人物。"灰色地带"适用于"中间层",它区别于以政客、社会精英、知识分子为代表的"上层",以及以普通民众为主的"下层",用以讨论两者之间的人群及其社会关系。在沦陷时空的具体历史场景下,发生在这些人群身上的"合作"行为包含种种复杂、暧昧的状况,这些状况无法以"消极合作"一言蔽尽。"灰色地带"的提出,旨在深入"敌"与"我"、"支配"与"被支配"、"抵抗"与"合作"等二元对立的建构,探索两极话语的中间区域,呈现沦陷区复杂、多层的权力关系。具体而言,这一理论主张"抵抗中亦见合作、合作中不失抵抗"的历史叙事,从而对扁平的"抵抗神话"进行再思考。借此理论在对沦陷上海的研究中,最著名的是傅葆石《灰色上海,1937—1945》。该书以古代文人在易代之际或"隐"、或"忠"、或"降"的三重姿态,比照了沦陷时期中国文人(或文人团体)隐退、反抗、合作的三条道路。

如何理解沦陷,关系到过去的历史记忆和当下的历史认识。对于外国学界的"灰色地带"概念或"合作"概念,国内学者通常持谨慎态度。从"道德中立"立场出发的"合作史"研究,常背负为"伪政权"开脱的误解。尽管"合作史"研究者卜正民强调,其写作目的仅为指出"合作"是那段历史不可分割的组成部分,但其主张的"中立客观"的出发点,几乎真空于沦陷时空之外。抛开加诸其上的意识形态或者感情色彩,甚至其时其地的文化及其产生的道德准则,来进行价值中立的研究,这种中立是否可能?事实上,"中立"在去道德化的同时,也去除了"合作"发生的文化土壤,这一视角下的研究因而难以深入。沦陷语境下的"合作"所具有一时一地的特殊性,并非一种均质的应对范式,需要进入具体的生活场景。

然而,对于沦陷区的普通民众而言,他们的生活中没有明确的合作或抵抗,有的仅仅是沦陷下的一种生存策略,它是一个日常秩序与暴力遭遇、相处、互相内化的过程。事实是,沦陷区民众可做的非常有限。如果试图以民众的具体"行动"来探究其内心世界,恐怕也只能得到如上"沉默"的结论。作为被支配一方,下层民众在日常生活中难遇"抵抗"或"合作"的抉择关头,也不曾置身于在"抵抗"与"合作"的夹缝中求生存的历史场景,这使得现有的"灰色地带"框架或

"合作史"框架无法直接应用于对民众心理的考察。考察民众的日常生活和心理,在厘清"是什么"的问题之外,如果只能得出被支配、被压抑这一种结论,那么这样的微观视角与宏观视角是殊途同归的,尽管它选取了如民众日记或书信的微观文本。微观史最大的作用应当在于转换视角,论证国家、民族层面与社会、个人层面的沦陷史,两者呈现的历史叙述是不同的。那么,在意识形态冲突不明显的"下层",是否存在适合于民众的研究框架,可以用来提出比"民众的生活实态和心理状态是什么"更深入的研究问题?例如,他们如何认识沦陷,如何看待自己?研究民众生活与心理,究竟对既往的历史叙述起到什么作用?抵抗话语,其内涵是否一定与国家主义或民族主义有关?是否一定与道德正当性有关?在以道德正当性为内核的"合作史"或"灰色地带"之外,有没有一个适合考察民众内心世界的框架?

在立场模糊之外,现有的"灰色地带"研究在处理生活史材料时,还存在两个显著的技术问题:第一,由于这一理论具有倾向性,即向"合作"一方的天然倾向,导致其在客观上造成了更多"合作"行为的合理化。"合作"的动机、实践,一旦接受了"去道德化"的保护,便很容易陷入对历史困境的同情。这是一种需要慎重唤起的读者情感。第二,民众在这三分法中的位置仍不明确。如前所述,"灰色地带"理论解决了一部分"合作者"的问题,但是对于民众,却未必是适合的框架。因为缺乏民众主体的叙事,便将民众囫囵归入"灰色地带"中去,称其为沉默的、模糊的。这是"画家不识渔家苦,好作寒江钓雪图",并不能反映民众所遭受的历史——颜滨的日记白纸黑字,很难说是灰色的。不过,既然日记如此生动分明,为何说其无用?因为尽管厚厚一本,日记中却很少有与抵抗或合作直接相关的事,大多是私事。民众的确不再沉默和模糊了,可他们的声音与面孔呈现出杂乱、碎片的形态,并不依循既有理论的分类;将日记置于"灰色地带"中考察,也依然未出自上而下的视角。仅以可实证的行动来辨析抵抗、合作与灰色地带,是单一研究方法的局限,无法囊括完整的历史事实。

研究方法的取、用都至关重要,以切实的市井生活观测历史,可以确保民众不再"沉默"。当历史研究将生活、心灵、情感纳入对话范围,那么可言说的就更丰富了。所谓日记中"无用"的文字,也成为一种特殊时代情境下的书写,起到探寻作者心灵的功用,也可由此推想当时社会中的某种氛围。目前,学界关于沦陷区民众日常生活的研究,多围绕以下几点:以衣食住行及其相关的货币、粮食、户籍、交通政策为主要考察对象的民众日常生活研究;以戏曲、电影、舞场研究为主的民众娱乐活动研究;以"职员"阶层为首的近代上海"新中间层"研究;以人力车夫为对象的底层苦力劳动者研究;等等。近年亦有从医疗卫生史角度考察"汪伪"市政职能或近代医学发展的新动向。在沦陷区民众心理方面,以奴化教育、青年动员、良民证研究等"日伪"思想控制研究为主。受年鉴学派影响,以普通人日记、书信为史料的心态史研究也一时兴起,形成沦陷区内多个点状的私人经验。此类史料生动有趣,但数量较少,且可遇不可求,为探寻民众内心世界增加了难度。更重要的是,日记与书信作者的读写能力已证明他们与底层民众的距离。他们能否"代表"沦陷区民众,他们是否需要"代表"沦陷区民众,是个人史研究者常常需要自圆其说的问题。

需要承认,点状的个人经验有其局限性,因而长期以来为宏观叙事所裹挟。由个人的经验推及整个沦陷上海或沦陷北平的经验,这其中的逻辑关系必然是不严密的。然而,从个人生活史中尝试抽象出一种"普遍性",是否走错了方向?作为史料的日记,除了丰富历史的细节之外,究竟还有什么作用?此外,"大多数"的人是沦陷区目不识丁、没有留下文字记录的人。在沦陷区历史叙述中,如何突出民众的主体性,发掘民众内部的连带关系,而非将考察民众生活的价值落脚点置于战争或意识形态之下,避免以"沦陷"解释一切?过去的研究常将颜滨这类人视为"民众"。然而,仔细考察颜滨的生活,发现要在战时上海的群体中定位他并非易事。这种困难在于具体的个人与抽象化群体之间的差异。颜滨能够读写,与社会底层的"民众"形象略有不同。他这种有一定知识却无社会地位的人,往往被传统研究中的"精英、中间层、民众"区分所忽略。

以社会地位为划分方式,无疑会使民众隐入政治事件背后,消解其作为人类群体的身份。沦陷状态是指将被占领方的"国"与"民"强制、暴力地分离。本书不再自上而下地观测颜滨的国民身份,而是遵从个人认知,将其定位为"青年"。传统"家国"向现代"民族—国家"转型过程中,近代中国演进出了"青年"这一新角色,为时代浪潮中的各类团体提供了新鲜血液。五四之后,社会认识到青年的能量。作为各党派政治动员试图争取的对象,青年在民族危亡时刻,更被赋予特殊使命,象征时代精神。从20世纪初梁启超的"少年中国"呼吁、五四运动时期陈独秀、李大钊的"新青年""革命青年"思想动员,到新中国成立后毛泽东对青年的热烈称赞和激励,青年一直被视为社会改造的先锋和未来理想与社会变革的希望。20世纪20年代出生的颜滨,分享了类似的情感结构,面对40年代的"占领"背景,在日记中展现了他的青年形象。颜滨在日记中自称青年,多次写到"成为对社会有用的青年"是他的理想,其有意识的自我构建与反省大多基于一种时代话语中的"进步青年"形象。

本书以"青年"定义颜滨,既符合将颜滨还原为个人的目的,也自含了充分的生产性。以"青年"作为颜滨的人物坐标,有两个目的:第一,弱化其政治性。事实上,颜滨对沦陷时期的国共两党关系、意识形态,都不甚了解。正如既有研究均关注到的,颜滨拥有朴素的爱国情怀,这在他的日记中多次流露。所谓"朴素",即基于伦理、公义,而不具明确政治倾向和目的。第二,强调其先锋性。青年有其学理意义上的特殊性,于革命、救亡的时代主题更有密切关联。与普通民众相比,青年的先锋意味更强烈。承认这种先锋性是读解日记的前提,即颜滨虽无明显的政治性,但拥有先锋的思想觉悟与价值观念。这种观念并非为底层一切民众所共有,是较少数的。当然,使用"青年"并非为了否定颜滨的"民众"身份,其与传统的民众、大众、市民概念并非毫无关系。然而,使用新词不仅能避开旧词所带有的意识形态色彩,还能适当地考察那些因年龄或气质被称为"青年"的人的历史性和独特性。然而,颜滨的所有面貌并不能完全归于以往研究中描绘的青年框架。他是一个具有多面性的真实个体,"青年"概念只是论述展开所需的框架。为了回应先行研究的问题,选择与传统定位不同的词语,也是一种突破的尝试。在思想、政治、主义等方面既不简化也不切割,试图对颜滨进行整体的理解。

二、资料来源:日记与日常生活

国人写日记的传统可上溯至唐代,多为公事见闻;至清代,写日记在闻达之士中蔚然成风;晚清时更成为社会名流提倡的自省途径,今存世的晚清日记部分字数超过百万字。20世纪30年代起,青少年被鼓励写日记以感受时代的脉搏,涌现大批有关学生日记写作、优秀日记选的书籍,写日记风靡一时。作为成为接通青年和当时世界的桥梁,青年日记因而成为反映时代面貌的镜子,也成为展示他们生活的窗口。当颜滨开始写日记时,正值第二次世界大战爆发不久,日本军队全面侵占上海时期。他的日记记录了学习、交友、娱乐等个人生活的细节,从微观角度展示了日军侵占时期上海的政治、经济、文化、风俗、物价等社会生活的一个侧面,是一份具有高度价值的史料。编者采金曾在序言中介绍:

> 以前,我们主要是从反映那个时代的文学作品、电影以及个别回忆文章和教科书中得到一些印象。如:水深火热、饥寒交迫、朝不保夕、家破人亡、流落街头、冻饿病死,等等。我认为,在沦陷区,这些情况都是有的,但真实的生活会只是这些吗?生活是立体的,多面的,鲜活的,有血有肉的,是酸甜苦辣五味俱全的,不是几个概念就能全概括了的。

采金暗示,颜滨日记能为读者提供超越传统认知的"那个时代"的形象。如采金所言,"生活是立体的,多面的,鲜活的,有血有肉的,是酸甜苦辣五味俱全的,不是几个概念就能全概括了的"。

这种常识看似显而易见、不言自明,然而恰恰不易找到合适的学理切入点。受宏观叙事视角的影响,今日所见近代日记研究的主人,皆因某种身份或事迹名留青史,其生活难以从独特身份中剥离。相关研究所得出的成果,也多作为具体重大政治、文化事件的补充,而极少触及日记反映时代、展示个人的作用。无名者的日记,近年被部分挖掘,但总体而言数量有限,因此颇见探讨空间。不过,这种空间不全源自史料的稀有,而多因其"无用"。颜滨日记中,有大量宏观叙事"学理特点"难以囊括的生活片段,更有无法轻易归类于宏观历史框架的事件。这些内容应如何认识?这正是本书的出发点:考察宏观历史视角无法辐射的"余白"。如果能够有效利用这些"次要"但并非无用的资料,历史叙述无疑可以更加立体。

日记被作为理解日常生活史的路径已非新事,但仍较少运用于沦陷区历史研究。这与相关材料体量太少固然密不可分——日记需要具有一定的连续性,持续足够长的时间跨度,且能与已有的历史结论相互观照。日常生活反映了社会局势,更因个人有意向性的经验和行为,揭示了个体在历史压力下的焦虑和应对方式,它是"系统"/集体世界和"生活世界"/个体世界交互、公在的场所,是个体抵抗压迫、寻求理解的空间。个体通过叙事发掘时间性、达成自我理解和认同,构建了历史的多样性和复杂性,帮助我们理解个体在历史历程中的自我同一性。

阅读普通人留下的日记,可以发现真实的"沦陷生活"芜杂琐碎,其中大多材料段是仅凭传统实证研究方式难以处理的。上述常见的研究主题固然重要,但是占据个人日记的部分不多,更多的则是每日生活类似的反复:一日三餐、家长里短、市井娱乐、职场纠纷、恋爱烦恼。这些主题与被研究者集中关注的主题并存于日记文本中,两者并无高下之分。在日记中，沦陷不是架空于作者笔下日常生活之上的构造，不是日常生活中一切事件的最初起因和最终解释。沦陷是日常生活中发生的一系列事件。如果这一说法使"沦陷"显得过于轻描淡写，那么或许需要反省对"日常生活"田园牧歌式的一般想象，对"日常生活"几乎等同于和平的默认。需要认识到，沦陷上海的生活与战时前线的生活保持相当的距离。它是一段相对"平稳"的日常，而这种"平稳"的表象有时会遭致过于简单的道德判断，也间接造成研究者对此类课题的回避。正是"沦陷"这种不易察觉的暴力，不仅导致沦陷区民众被陷入非黑即白的道德困境，也造成沦陷区叙事的困难。

  基于上述思考，本书旨在探讨"日常生活中的抵抗"。常见研究中，微观叙事或与宏观叙事殊途同归，或与"日常生活中的抵抗"观点联结，无论哪种，都存在过分夸大或过分消解国家权力的隐忧。的确，如果将日常生活强行解释为抵抗，将大幅消解宏观研究中"抵抗"的行为意义，使其与"不作为"混为一谈。当然，后者不难想见作者的叙事倾向：弱者的抵抗具有鼓舞人心的力量，但它是否会造成对"抵抗"理解的表面化？是否磨平了微观叙事原本的特质？这种缺陷的问题之一在于对"抵抗"之行动——亦即抉择的消解，使其泛化为"一切皆为抵抗"的肤浅理解。本书研究对象身份普通，并无抉择权，真正体现为行动的抵抗极少。但是，如果在行为权利处处受制的个体身上，对抵抗的讨论不再拘泥于外化的"抉择"，而较多集中在悬而难决的"判断"——亦即心理中，那么抵抗的痕迹并非无迹可寻，也不必担忧其对抵抗行为的消解作用。从对抵抗的考察理念上看，构建作为日常生活的抵抗，并非将日常生活编入既有的抵抗范畴，而是将抵抗的范畴扩大化，使对身心活动的克制归入"抵抗"之列。这并非刻意颠倒战争与生活的主次，而是以比战争更加包罗万象的生活框架，发现被忽略的历史，再次审视已见的历史，为日记解读提供另一种可能。

三、内容筛选：以情感为尺度

如前所述，既有研究观照日记史料时往往会按照先宏观后微观的次序，而以此整理颜滨日记就意味着"沦陷"对生活的掩盖——亦即颜滨个人生活被肢解。如果在这种强力的研究惯性下，以常见的史学研究框架，如政治、经济、文化等集合将颜滨日记分类，则值得被分类的文字寥寥无几。民众的记录纵然能够帮助我们获知更多历史细节，但除此之外，这些记录的存在，其本身的意义大于其内容。这些不规则的日记文本的存在，就是对过于规则的历史叙事的一个提醒。颜滨谈到了一些与沦陷上海的政治、经济、文化相关的内容，但谈到了更多无关的话，这些私人文本构成了颜滨日记的大部分。本书以对这些文本的妥善安置为优先任务，只有避免先入为主的俯瞰，才能潜入颜滨的生活。

这要求以"自下而上"的视角筛选日记材料。"眼光向下"之前，很难不经过"眼光向上"的过程——研究首先以"沦陷"这一宏观视角去观察颜滨日记，这导致仅与重要历史事件重合的日子才能被筛选出来。然而，如果将考察战时上海史作为研究的最终目标，那么日记中所记载的所有事件都可能被"沦陷"的框架扁平化，研究成果也将索然无味。如果所有日常生活的场景被一元化的语境回收，那么日记研究就变成填充现有框架的材料搜索工作，且只有在与战争关节点紧密相关的瞬间，日记才能作为史料成立。如此一来，个体世界原本最大体量的内容——日常生活和心理感受——反被逐出了讨论范围。尽管沦陷是颜滨日记生成和解读过程中最重要的因素，但它不是唯一的因素。换言之，以"沦陷"作为日记分析的起点和终点，将使得其他解释的可能性被淹没。目前包括颜滨日记研究在内的普通人日记研究，大多未能摆脱宏观叙事视角，而常有为重大历史事件做注的倾向。相关研究的着眼点是相似的：物价飞涨造成的生活困难,被压抑的爱国热情,脱离沦陷区的强烈愿望,对早日解放的期盼,等等。其研究目标往往设定为通过微观历史照见宏观历史,通过个人经历了解战时生活的特性。研究者对这些主题的选取和关注并不是无意识的——它恰恰证明,个人生活史的最终呈现,很大程度上取决于研究者的探索意愿,而非日记作者,即历史当事人的现场意愿。

因此,研究颜滨不仅需要压低对历史材料的取用姿态,以时代背景来还原其生活,更需要"平视"颜滨眼中的生活。这种取向直接关涉我选取日记的标准:我无法将所有日记入文,这是无奈的,也是必然的。在我更了解一些知识,甚至对人生有了更深入的理解之后,或许我会拥有更为细致的分析能力。也许个人史的研究,归根结底是一种将心比心的能力。若要将心比心,如何保证研究者的"不介入"?一旦(哪怕是克制地)介入,那么依循颜滨日记按图索骥,由我笔触勾勒出的这一面貌,究竟像不像他?当然,不是没有趋近"精准"的方法:颜滨离我们的时代并不算太远,我应当尝试查询户口、访问家人。一方面,这部分田野工作的缺失固然源自我的懒怠,但另一方面,这些工作将颜滨推向现实,却未必是日记里的他。不如保留人与文的距离,将不可避免的虚构作为本书研究的缺陷或特色。

在日记这一叙事载体中,历史事件常被情感包裹着出现。如果以"行动"作为一条明线,则"情感"是一条暗流,以难以实证却并非不存在的形式,介入了历史叙事。焦虑作为一条贯穿沦陷始终的情感暗流,因沦陷这一历史时空而起,介入了个人的生活,并左右了个人命运的走向。如"沦陷"长久地被颜滨记录着,但其反复谈及的不止沦陷局势下的事件,更有其引发的各种焦虑感受。本书试图论证:沦陷是一回事,沦陷的"感觉"是另一回事。个人如何感受沦陷,这个问题并非没有意义;相反,这种模糊的感觉恰恰比确凿的历史事实更易促动个人的行动。在这个意义上,情感与历史事实不完全同步,两者之间存在微妙的错位,而这一错位正是个人生活史的价值所在。

受到五四、后五四觉醒意识的启发,颜滨关注时局、关注自我并祈求出路，生出了与大多青年一致的"焦虑"情绪。事实上，焦虑不是颜滨独有的情绪，而是沦陷区民众普遍的感受。它与沦陷之前及之后的时期相比具有特殊性，与某种悬而未决的状态更为相关。悬而未决——这正是沦陷时期民众的情绪状态，它既非战争也非和平，而是无硝烟生活中无休止的抵抗。之所以选择"焦虑"一词，我更看重其"悬而未决"的一面。以焦虑这一情感为尺度，可以取用与在"自上而下"视角中无用的文本，从而使国家大事之外的个人小事进入叙事框架。在日记之外，本书还将结合同时代的报纸、杂志等史料，尤其以颜滨爱读的《申报》为辅助资料，依循颜滨的眼光审视其所在的历史时空。通过展示隐匿在宏大战争框架中的细腻民众生活，描绘颜滨及其青年同辈的"生活"状态。

事实上，书中许多个人情感如家庭，恋爱，婚姻等，接近"人"的部分，仅草草带过，未能深入分析。越接近个人，越难以学术化，这是特殊性与普遍性的矛盾。日记中极端个人的体验，单纯作为一种识人的依据——而非论述的根据——进入本论。这些私密的故事不必要进入以普遍性为旨归的论述路径里，保留在普遍性的外延中，作为人的个性存在。因此在进入关于焦虑的讨论之前，本书首先独立讨论作为主角的颜滨。在此基础上，将其焦虑划分为：道德焦虑、生存焦虑、空虚焦虑，分别讨论这一情感与不同历史现实的相互作用，进而以个人的、生活的、情感的视角，重新切割，重组"沦陷"这一历史时空，最终勾画出一条逃脱焦虑——寻求解放的路径。通过对三种焦虑在同一时期的综合审视，使更新后的叙事具备历时性研究难以捕捉的"人"的要素，达成共时性的分析。

第一章

颜滨与颜滨日记：

青年的焦虑

颜滨的家庭背景、职场环境、择友观念、婚恋态度，为考察人物本身的重要前提。在此种家庭与社会关系中，颜滨的性格底色逐步成型，并决定了他的"主观能动"。由于颜滨相关史料仅有此日记孤证，因而对于他的少时经历仅能凭借日记中寥寥数笔倒推。当个人处境与时代思潮不期而遇，便会形成一种既有吸引、亦有排斥的矛盾关系，落实在颜滨的生活中，即成一股"莫名的苦闷"空气。尤其沦陷的突然降临致其日常语境骤变，使此前"无意识"的浑噩生活不能再继续，而被迫经受个人与时代的审视。时代变革中，当普遍性与大众化的标准消失，青年随波逐流的可能性也被降低：种种选择摆在面前，使他不得不对人生的每一步亲力亲为。如何看待家庭、职场、社交、婚恋，是新思潮带来的新问题，或许正是此种问题意识——苦闷的空气——促成了颜滨日记的诞生，当中暗含颜滨"偏偏"在此时、此地作此思考的必然性。日记书写既是颜滨审视日常的结果，也是他制造日常的工具，于后世则是寻找其苦闷历史性的线索。因此，尽管我们无法经由其书写去复原一段历史事实，但更具意义的工作是摸索其苦闷的来龙去脉。本章将讨论颜滨身世及其所留日记概况，究其苦闷与其处境如何相关，又与时代思潮遗影如何相关，为个人生活的历史性得到学理意义上的实证确立一个讨论的前提。

一、疏离旧家庭

颜滨生于1923年,宁波洪塘人。他自幼丧母,父亲另娶,上有一胞姐。父亲与继母育有一女,名瑞妹。在1937年来到上海投奔姐姐前,颜滨由祖母接手抚养,祖孙二人共同生活,感情颇深。另有一位姑母也曾在颜滨幼年时给予他母亲般的关爱。

母亲虽不曾在颜滨的生活中扎根,却带给他最深远的影响。

生活中为数不多的女性长辈接连离去,母爱是颜滨求而不得的。祖母去世,姑母早殁,使颜滨变成"一个永远感到孤独的人"①。每逢祖母诞辰,他都与姐姐一同购买锡箔,托人送回老家,并特地茹素一天,聊以安慰未能见临终一面之苦。颜滨曾尝试以祖母为题作一篇传记,以参加夜校举办的征文比赛,但仅勉强开头便因情难自抑而无法继续②。父亲另娶后,颜滨也不曾与新家庭共同生活,而与伯母颇为亲近,伯母成为颜滨唯一寄托母爱之人:"伯母的和善的脸和她的慈爱的心一样地使我留恋,使我变成小孩一样地依依不舍。"③伯母待颜滨如同己出,得知颜滨生病,立即打来电话关切,令颜滨感动之余恨其力薄,尚不足以奉养伯母、报答恩情。"我虽然只是她的侄子,但她爱护我的热情,如亲生又有何异。若没有她,恐怕我还没有今日。"④但伯母的关切终与爱子不同。一次,颜滨至伯母家拜访,见堂弟因病卧床,伯母悉心照料。颜滨心中不禁涌起莫名的感触:"若果不幸,我的生活将会怎样呢。"在羡慕与嫉妒之间,对母爱的期待只能化作一句叹息。当日恰逢"父母节",颜滨读到《申报》节日特刊,据其

---

① 1942年7月13日。参考《1942—1945:我的上海沦陷生活》日记手稿,以下以具体年份标记。
② 1945年7月9日,1942年12月2日。
③ 1942年6月26日。
④ 1944年10月24日。

回忆"所载内容不外乎父母之重要、母爱之伟大",联想伯母堂弟的母子情深,颜滨倍加怅然若失:"叫我到哪里去寻我的父母呢?"①

父亲另娶并组建了新家庭后,逐步淡出颜滨的生活。当颜滨开始写日记时,父亲已去世数年,其缺位也使颜滨早早领教人情冷暖,年少即被迫直面惨淡家境。颜滨对父亲印象不深,仅能凭借寥寥信札追怀。在他的记忆中,父亲早年尚还得意,能救人于危,故往来走动的人不少;但失业之后,生活日渐困苦,往日趋奉者立刻视同陌路,终于家困颠倒,父亲郁郁而死②。潦倒的父亲未能留给颜滨什么,在世时唯一一套房子也抵给他人。颜滨原想乘店中分红之机将房子赎回,然而地契写明所有权利俱须归对方执有,颜家没有过问余地。颜滨向对方坦言了种种经济困难恳求担待,三番五次设法通融,但此事最终不了了之。父亲的境遇留给颜滨关乎人情势利的一课,令他切肤体察世态炎凉,间接造就其多疑多思的敏感内心。

丧母的阴翳因父亲去世而倍加浓重,他终成为一个"无根的人"。成年后,勉强自足的颜滨与姐姐相互接济支持,但仍在很长一段时间内对丧母之痛难以释怀。他在日记中屡屡写下身世之苦,借以抒发自怜愁绪:"从有知觉以来,我失去了最大的母爱,终日地陷于悲惨苦闷的深渊,受尽了没有母亲的痛苦,从未享受到儿童的乐趣,到了现在自然地已失去了儿童的资格。何况我又踏进了这万恶的社会,非但本人要求得生存,而且要负起养家的重任,这些已完全使我变成一个沉闷的人。"③

1937年1月,颜滨结束了六年的小学课程,从洪塘来到上海。宁波人旅沪早成风潮,姐姐也已在上海成家,为颜滨来沪投奔奠定基础。他在上海读完初中课程,高中辍学,入元泰五金号做学徒。父亲死后,留在洪塘的亲人仅余"母亲"。颜滨所称"母亲"实为其继母,

---

① 1942年5月10日。
② 1942年11月24日。
③ 1942年4月24日。

她整日的操劳都被颜滨看在眼里。继母作为旧家庭的操持者,每每给颜滨写信要钱,请他分担自己的压力,但长期的分离生活,令她对颜滨缺乏母爱的情绪毫无体会,使得颜滨对继母的印象只有索取。颜滨曾直言:"母亲她是一个贪得无厌的人。"①一次,当继母得知颜滨在太公名下分得树费,立即来信,怪罪他为何不寄银回家。几个月后,继母又来信称家里一道朝西的墙面倾塌,修理费至少需二百余元,且刻不容缓。回回如此,致使颜滨每见家中来信,都"不由惊惧起来"②。直到继母提出来上海的要求时,这种恐惧彻底转为厌恶。1942年8月,继母写信向颜滨请求秋天来沪。颜滨虽与姐姐商量,心中却极不情愿。上海生活指数日高,颜滨尚且自顾不暇,更无余力照料继母。作为家长,继母未曾给予颜滨家的温暖,其一味索取反而几乎成为压垮颜滨的重担;作为父亲大家族中曾被众人怜宠的少子,颜滨突然变为继母小家庭中唯一的男丁,剧烈的角色转化令他难以自适。母爱缺失造成的心灵创伤,使他在上海缺乏安全感。但继母来信只有对生计需求的转述,不仅使颜滨最需要的情感支撑完全丧失,更使颜滨和旧家庭之间产生了深深的隔阂。

对继母的矛盾情感引发了颜滨内心的焦虑和挣扎,他不得不在对家庭的责任感与对继母的不满之间寻找平衡。在颜滨看来,继母全然不体谅自己,"她实在太不肯为我着想,贪得无厌地牵缠着我,使我没法摆脱"③。家庭内部的紧张关系之所以得以纾解,多半依靠颜滨寄钱补贴达成。对于继母索要房屋修缮费用,颜滨虽不甚心烦,回信要继母再压低价格,但也打算带去一百元中储券,敷衍了事;当颜滨回绝继母来沪的请求致使二人关系一度陷入僵局后,他在回信中附一些银元托人带回,权当和解④。由于自己对家庭无所贡献,颜滨

---

① 1942年3月6日。
② 1942年7月2日。
③ 1942年8月16日。
④ 1942年11月23日。

也不再要求继母任何;继母一味向他叹穷、要钱,只令他感到疏远和无情:"当然因我不是她亲生子。"①父亲的早逝令颜滨不得不早早承担经济责任,他理解继母独自维持生计的清苦,但颜滨从她身上感受到的只有贪婪②。

颜滨来沪后,家庭已然成为令人情怯的远方。上海沦陷期间,颜滨仅回乡两次。一次是1944年4月,回乡数月的元泰同事步云重返上海,引发了颜滨的思乡愁绪,决心与姐姐一道返乡;另一次是1945年2月,彼时上海风声已紧,自1944年下半年开始的美军空袭频繁,每日警报不绝,人俱称上海不日将有化为焦土之虞,市民多做撤离打算。元泰五金号亦解散在即,颜滨业师车懋章意欲离沪,因其故乡镇海已在1941年4月19日被日军攻占,因而计划至洪塘暂避,并力邀颜滨同往以求安全。颜滨不便拒绝,也希望借此顺察乡间情景,好为将来打算。两次回乡都源自旁人促动,既非来自继母的邀请,也与亲情无干。

"家"与"乡"的分裂引出颜滨的两股情思,一股是自然风光、故交重逢的慰藉,另一股则引向对以继母为代表的旧家庭的埋怨。回乡前,颜滨总对家乡充满了无限向往:"嫩绿的田野,迎风的杨柳,闹闹的蛙声,潺潺的流水,好像都就在我的眼前展映,在我的耳旁鸣奏;熟悉的面庞,久别的友情,在我的心里沸腾着;还有那名山的深探,古刹的造访,都引起了我无限的兴趣。"③家乡被赋予田园牧歌式的想象,如鲁迅言:"从近时的言论上看来,旧家庭仿佛是一个可怕的吞噬青年的新生命的妖怪,不过在事实上,却似乎还不失为到底可爱的东西,比无论什么都富于摄引力。儿时的游钓之地,当然是很使人怀念的,何况在和大都会隔绝的城乡中,更可以暂息大半年来努力向上的疲劳呢。"④

---

① 1945年2月8日。
② 1944年4月1日。
③ 1944年4月7日。
④ 鲁迅著、鲁迅先生纪念委员会编:《鲁迅全集》(第三卷),广州花城出版社2021年版,第52页。

每每返乡,颜滨都受到乡间亲友的热情挽留。一些少时玩伴和他一样,数年前为谋生存来到上海,又在时局急转直下中不得已离沪,他们向颜滨倾诉家中生活的种种方便,竟也使他生出几分定居乡间的心动。然而,"她们虽都对我这样,但怎能消去我家庭间的厌烦呢?"短暂的新鲜与欢愉后,熟稔的家庭烦恼袭来。经济问题使其兴致倍减。1942年回乡的大部分费用虽由姐姐承担,但颜滨也已花去了三四百元:"所费的代价倍于去春,而所得乐趣却远逊于前。"[1]他亦觉察自身的失落,在日记中总结:"时日短促、生活未惯为因素之一,更大的原因则是人情变迁、家事烦琐。"人际、经济令他困扰,失望之下匆匆返沪:"别人对于家乡总有无限的留恋,唯有我却是例外。"[2]家庭的烦闷令田园牧歌式的想象被打破,故乡由"无限的兴趣"转作了"莫名的烦恼"。

最令他为难的仍旧是与继母的关系。继母以务农为业,苦于保甲制度压榨,为田赋犯难。颜滨未归时,她本已借孤苦妇人的贫弱困境向保长求得了免缴"和平军"积谷的许诺;然而"长子"颜滨一经归乡,保长竟又以此为由前来催索。颜滨并无经济能力,空有男丁身份而徒增继母负担。他看出继母的为难:"母亲口中虽然留我,而内心一定不愿意我在家久住。"他并非不明白继母的负担之重。贫苦的家庭在父亲死后得以不散,全靠继母一力维持生计:"我的能力不足以养活这一家三口,大部靠母亲的清苦和劳作,这一点我非常明白,所以我很感激母亲。"[3]在返乡暂住时,颜滨常叹自身力薄:"母亲若果有些积蓄的话,那也是她刻苦勤劳、费尽心力的结果,况处此环境下,开门七件,确实也非容易事,我现未能悉数供养,现自己在家怎忍再要她花费呢?"[4]继母对生计的操持令颜滨深感自身无用,对家庭的

---

[1] 1944年4月10日,4月11日。
[2] 1945年2月8日。
[3] 1944年4月1日。
[4] 1945年2月8日。

埋怨与愧疚各半。正因如此,两次返乡令颜滨并无预想的休整之感,反而使他切身感受到家庭的经济需求,以及自己身处毫无贡献的位置。他既无法承担养家重任,也不能从继母处得到关爱,因而宁愿将抵触返乡推诿作生计原因。他所称不愿给家中造成额外的经济压力,实际因这样会加重继母对自己的埋怨,也会加重自己作为长男的愧疚。因此,颜滨接受了"母亲一味要钱"的行为,并以"不是亲生子"为由表达了对旧家庭身份的无奈。旧家庭并未给颜滨带来任何他需求的支撑,反而给了他一份更大的压迫,无所依靠的他只得被迫离开。回乡期间,颜滨无心日记,哪怕在回到上海后也对其中经过只字未提:"唯在返申之轮上得识一女友,徐岚姗小姐。一番款款深情,至今犹回转在脑海间,禁不住热情地奔腾。"[1]离乡让倍感压抑的颜滨迅速敞开心扉,万事畅快起来。

真正和颜滨有亲情联系的是已经出嫁的姐姐。姐姐努力为小家庭所作的奋斗被颜滨看在眼里,使他看到脱离旧家庭的必要和构建自我的重要。颜滨常于姐姐家中聚会,获取亲人、同乡的温情。在上海,颜滨平日走动最多的是姐姐家。姐姐已成婚,夫妇携带子女与公婆同住。1942年时育有一女佩佩,年纪尚小,颜滨称其"多哭善吵"[2];至1945年,姐姐已是三个孩子的母亲。姐姐家是颜滨在上海为数不多的依靠。遇到生活困难,姐弟二人时常商量,相互接济。日记中常见姐姐邀颜滨来家中吃饭、留宿的记录。

然而,姐姐的大家庭生活也面临矛盾,公婆对儿媳冷漠,引起了诸多不公。嫁入婆家后,姐姐并不痛快,常受到公婆的轻视,心中受了许多冤屈。怀孕后,姐姐决心组成自己的小家庭,寻一家小店做烟草生意。她独自东奔西走,到处设法,开设了"老祥兴"烟号。姐姐将房子用板隔成两面,前面开店,后面作房,终于脱离了公婆家。颜滨

---

[1] 1944年4月28日。
[2] 1942年10月2日。

在日记中多次提到姐姐的独立精神和为家庭付出的努力,将其视为值得尊敬的榜样,更让颜滨看到了姐姐的坚韧。对姐姐的敬佩,激发了他对家庭结构变化的思考。姐姐的努力让颜滨看到了新浪潮中的女性,无意识地感到了上海新家庭结构带给生活的希望:"真不愧做我的姐姐,叫我怎能不万分的敬仰呢?"①相比之下,姐夫启昌在颜滨看来毫无男子气概,一无用处。当姐姐生意遭遇危机,姐夫"一堂堂男子却一筹莫展,公婆也袖手旁观",使姐姐气愤欲绝。这使颜滨又气又可怜,决心尽最大努力帮助姐姐。

他对姐姐重构小家庭的赞赏,一方面源自其亲身经历所致的对大家庭的反感,另一方面则与当时社会的新思潮相关。传统家庭类型继续存在,核心家庭和直系家庭的地位逐渐上升,有逐步取代传统大家庭的趋势。大家庭一般人口众多,十几、二十几人甚至更多;核心家庭和直系家庭,人口一般在四至六人之间。民国时期占主要地位的是核心家庭和直系家庭。辛亥革命、五四运动后,中国传统婚姻家庭观念受到猛烈冲击。传统大家庭制度,建立在儒礼基础上,以父权家长制为其主要特色。在五四新文化运动中,对封建家庭制度的批判达到了空前激烈的程度。这种观念变化影响了家庭结构与类型。在自由、平等思想的影响下,许多青年挣脱大家庭桎梏,自主建立小家庭,使家长权威衰落。当传统大家庭结构逐渐受到挑战,个人对于独立生活的追求成为一种趋势。颜滨的向往和认同,展示出他对新型价值观念崛起的时代敏感,亦可见其积极趋新的思想倾向。

在长久的家庭紧张关系之下,颜滨的苦闷最终延展至其对旧制度的不满。在小家庭独立的新思潮中,颜滨能体谅姐姐的辛苦,与姐姐同仇敌忾,但共同面对旧礼俗时,颜滨则常常与姐姐产生冲突。家中情分疏离,颜滨又接受了不少新观念,在面对家庭事务时与姐姐产

---

① 1944 年 1 月 22 日。

生了分歧。当颜滨忘记祖母的生忌而姐姐却牢记在心时,他感慨"可知女孩的确比男孩强得多,怪不得有许多父母要多疼女儿一点"①。出于对祖母的深爱,颜滨尚能表达对姐姐敬爱长辈的尊重,但到自己生日时,颜滨则展示出对旧礼的厌烦。颜滨生日时,姐姐依旧礼坚持做了寿面。在颜滨虽然感觉到了爱护和关切,但仍直白记下自己的态度:"实在觉得无意思极了。"②中元节当天,颜滨更将对旧礼俗和旧家庭的不满合一表达了出来。在二人同往祭拜父亲时,颜滨称设筵祭奠之举"完全是荒诞之极,应该是一群愚夫愚妇所做的事情,可是我们却也不能避免"③。依他之见,只需到父亲灵柩前行三个鞠躬礼即可,因其只是聊以纪念而已。然而姐姐竭力反对,认为这太过敷衍,坚持买了四种干点、一撮净茶及蜡烛、香、锡箔等,郑重供祭了一番④。其破旧趋新的偏好可见一斑。

对于对传统习俗产生的怀疑甚至反感,让颜滨无意间与摆脱旧礼俗的左翼文学相会,在颜滨心中激起了巨浪。无边苦闷中,颜滨接触到谈论"出走"的左翼文学,其间的共鸣不言而喻。阅读巴金的《家》时,颜滨一连几天在日记中写下感想。在他看来,大家庭的暗幕随着时代进步而没落,身处其中的人必得作出选择,这是新旧时代与新旧个人的共同隐喻。缺乏勇气的人会沦为时代的牺牲品,意志坚强的人则"做了封建制度的叛徒,做了自由主义的先进,最后终于挣脱了这狭小的专制的牢笼"⑤。颜滨与高觉慧最有共鸣,认为"他处处能做我的模范"。故事结尾,觉慧的出走结束了一切,他似乎给颜滨指出一条明路:屈服者的面前只有黑暗深渊,而奋斗者虽然做了大家庭的叛徒,但他面前却是一条康庄大道,是光明之路⑥。社会变革与个体

---

① 1944 年 10 月 7 日。
② 1942 年 8 月 25 日。
③ 1942 年 8 月 26 日。
④ 1942 年 8 月 26 日。
⑤ 1942 年 6 月 7 日。
⑥ 1942 年 6 月 8 日,6 月 9 日。

对家庭关系的认知不断演进,颜滨重新思考个体与家庭的关系。他的苦闷反映了当时许多青年在家庭与独立、传统与现代之间的困扰。以高觉慧为模范的颜滨,实际上以反叛家族、摆脱礼教的新青年为模范,与他们共有相似的烦恼。社会变革中,他的家庭未必黑暗,但既古老又累赘,是不得不摆脱的枷锁。他渴望远离旧有的家庭束缚,追求新生活,同时表达了为国家出力的愿望。他抵抗封建专制,崇尚自由先进,并为自己的出走——一种个人单位的反叛——赋予同等意义。

父母早逝,家庭疏离,同乡离甬,"出走"几乎是颜滨的天然选择。父亲遗留的家庭支柱身份令颜滨疲于生计,加之继母对照护责任的推卸,使"家庭"对颜滨而言毫无将养之意,成为纯粹的负担,是亟待摆脱的"唯一的束缚"。家庭作为出走的推力,使他走上一条与"觉悟的青年"相似的道路:当他试图将自己与"旧"的一切区隔时,已暗示了他与"新"之间的相互吸引。家庭的疏离使颜滨寻求外部社会来获得认同感和情感支持。他更易接触到不同的观念和思想,对新观念持开放态度,并愿意接受来自外部社会的影响。然而,这种新观念也作用于既有家庭,使家庭成员之间的观念差异愈发明显,导致他与家庭之间的关系进一步恶化:即便离甬来沪,也不能完全摆脱继母的牵扯,使颜滨感到走得还不够远:"我真想跑到内地去,一方面可以解去这唯一的束缚,另一方面可以脱离这毫无生气、混乱之极的上海而吸到一口新鲜的纯洁的空气,同时为国家出一份渺小的力量。"① 怎能消去家庭间的烦闷?出走成为青年首选的一条路。永不停歇的出走愿望与颜滨此后的人生选择数度联结,为其念念不忘的"内地梦"②铺垫了一层动机底色。

颜滨少而孤贫,旧式家庭关系并未给他带来丝毫温暖,仅遗留下超出其个人能力的经济责任。这一责任造成了颜滨的巨大痛苦,使

---

① 1942年7月11日,8月16日。
② 此处的"内地"是指武汉、重庆、昆明、贵阳、桂林等中国西南部地区。1937—1938年间,城市中的大批有志青年奔赴内地,渴望为抗战贡献力量,在当时成为一股风潮。

他迫切想要离开旧的大家庭,并将其推入了构建新式家庭的浪潮中。幼年丧母、父亲去世以及与继母的不和,导致他儿时"毫无快乐记忆,成长中受尽冷眼"。

颜滨对新旧家庭的态度,不仅表现在对继母、姐姐的评价中,更直接体现在其作为长男对旧家庭的态度中。不论是返乡期间的亲身体会,还是阅读文学作品时的狂想,都展示出其对新式家庭的向往。家庭结构由传统向现代过渡,大家庭日渐遭受冲击,青年男女追求独立生活。颜滨把家庭看成是沉重的负担,尤其是在父母去世后。他在日记中表达了对家庭的不满,将家庭视为束缚和压迫,渴望摆脱家庭的纠缠,追求新的自由和独立。

疏离旧家庭不仅来自家庭内部的问题,还受到社会观念和时代变革的影响。他所处的时代正值中国社会巨变之际,传统的家庭结构和价值观受到挑战,新思潮涌动。

受到新观念的启发,颜滨怀揣离家追求个人发展和自由的愿望。离家对于颜滨而言并非仅仅是逃离,更是追求自我认同和探索新生活的必由之路。离甬来沪开启了一种生活的可能性,他将离乡背井看作解脱,寻找广阔天地。

二、与商业不相近

1937年1月,14岁的颜滨念完洪塘小学,从老家宁波来到上海读初中。离乡当天,祖母将他送至门外,二人含泪告别。颜滨读完初中后即辍学,因无升学希望,颜滨遂打算学一门手艺,以求立足社会。少小离家后,颜滨身为贫苦青年出路有限,倚仗同乡网络找寻工作。17岁时,颜滨入元泰五金号做学徒。元泰号由宁波人孙衡甫创办,于武汉、上海均有店面,号中职员几乎全数宁波出身。

上海自开埠起便吸引了大量宁波人,宁波旅沪同乡乡谊稳固深厚,使颜滨在新环境中顺利获得工作机会。甬人入沪已有百余年的历史,宁波资本为避难大量涌入上海,20世纪初起即有大量甬商在沪,五金业便是其产业中的一支。1843年上海开埠,成为继广州之后的商业中心。自太平天国战争始,宁波人为逃避战乱,大量商业金融资本移至上海,迁入相对安全的租界。从宁波到上海,坐船只一个晚上。旅沪宁波人多以钱庄起家,站稳脚跟后其余行业也得以发展。1920年,上海公共租界68万华人中,便有40万是宁波人。孙中山有言:"宁波人素以善于经商闻,且具坚强之魄力。(中略)凡吾国各埠,莫不有甬人事业,即欧洲各国,亦多甬商足迹,其能力与影响之大,固可首屈一指者也。"[1]即便在日寇占领、经济萧条的1941年,宁波人在上海经营的工商企业仍多达2 230家[2]。据《甬光》初集记载,宁波帮商人在上海经营五金业的有恒大祥等90家,巨贾傅筱庵、严于钧、虞洽卿、朱葆三等均有涉足。

与各地移民按籍贯聚拢相同,宁波商人在经营活动中也善于建立自己的同乡组织。宁波帮形成于明清,五口通商后发展迅速,在重要的商业中心都有他们的会馆。宁波人极重同乡情谊,来到上海即先联系同乡会[3]。上海的宁波同乡会始建于清嘉庆二年(1789),有四明公所和旅沪同乡会,除生活互助外,还兼有职业介绍等功能。不唯商会,普通宁波人到上海也习惯到亲友故交处汇集,颜滨姐姐家即是颜家旅沪亲友的一处联结。逢年过节,不少老家远亲也常在她家中聚餐、打麻将。1942年的除夕,众亲友一起包汤圆;姐姐的公公阴寿,摆了三桌之多;至年底,姐姐家麻将开了两桌,整晚雀战,直到第二天中午方才结束,所谓"通天晓"。迫于人情而整夜雀战的颜滨不由苦笑:"姐姐家的热闹,可说是别家所罕有。"[4]客居异乡的宁波人

---

[1] 中国人民政治协商会议宁波市委员会文史资料研究委员会编:《宁波文史资料》第5辑,政协宁波市委员会文史资料研究委员会1987年版,第7页。
[2] 吴克强等:《饮着四海的"宁波帮"》,《宁波日报》1986年11月24日。
[3] 王瑞成、孔伟:《宁波城市史》,宁波出版社2010年版,第249页。
[4] 1942年12月11日。

团结互助,关系亲密。

从商是宁波移民到上海后的主要职业选择。来到上海的宁波人,大多白手起家,如学徒、伙计、木工、裁缝等。和众多宁波人一样,颜滨进入元泰后,工作的第一步是做学徒"学生意",写日记时,颜滨刚刚出徒,成为数以千万计无产有业、背井离乡来沪谋生的职业青年之一。作为"充满活力、最富有创造精神的群体",职业青年汇集了同期国内各类专业领域的新秀[1]。颜滨和大多宁波旅沪青年一样从学徒起步,也和大多职业青年一样热血沸腾,对未来生活充满梦想。

颜滨入元泰后不久,上海即沦陷,整个五金行业在日伪管制中苦苦挣扎,元泰倚仗大股东的雄厚实力才得以存活。因日本在沦陷时期重新组织上海市场,五金顿成"统制"物资,五金业也陷入日本当局的控制和干预中。面临资源短缺的问题,五金行业运转停滞,元泰五金号的正常运营也受到严重影响。之所以能勉强维持,多赖其创始人资产雄厚。作为汉口元泰五金号的大股东,孙衡甫初为鸦片烟行学徒,后在上海仓余钱庄任账房,辛亥革命后担任四明银行总经理。1910年,该银行在宁波设立分行,并投资于泰州面粉厂、宁波穿山轮船公司、童涵春国药号、元泰五金号、宁波永耀电力公司等企业。他的私人投资包括四明银行、成丰、益昌、恒隆、恒赉、信裕五家钱庄,童涵春国药号、穿山轮船公司、长兴煤矿、苏州电灯厂、宁波永跃电灯厂、泰州泰来面粉厂、汉口元泰五金号等;拥有两处寓所,分别位于非而路和愚园路,是一位上海巨富[2]。正是孙衡甫商业帝国的支撑,元泰才得以在沦陷时期得以存活。

五金商号虽受巨擘荫蔽,却并非一片祥和,店内职员攀附上司、

---

[1] 熊月之主编,罗苏文、宋钻友著:《上海通史》(第九卷),上海人民出版社1999年版,第334页。

[2] 徐惠明主编,王昌范编著:《上海总商会纪事 人物寻踪》,上海人民出版社2020年版,第109页;中国人民银行上海市分行编:《上海钱庄史料》,上海人民出版社1960年版,第769页;张朝晖、刘志英:《近代浙江地方银行研究》,商务印书馆2015年版,第122页。

斗争激烈。元泰五金号有一位老板、两位经理，剩余均是职员。老板名为胡次桥，是颜滨口中的"太先生"。在上海元泰之前，胡次桥曾于1926年任汉口元泰五金店的经理，并担任宁波旅汉同乡会的执行委员①。胡次桥对下的态度令颜滨不满，后者时而受到上级的无端责骂，然念及生活重压及担心报复，只得忍气吞声："居人篱下者，真是非人的生活。"②颜滨在元泰不受器重，与他同期的还有一位年轻学徒世润，明显更为胡次桥所青睐，在颜滨看来他只是谄媚逢迎的奸恶之徒。颜滨只凭自己的良心做事，不喜迎上、不会拍马："这也许是我最大的缺点。不过我不愿改变我的宗旨，我宁使让人家说我不好。"③在颜滨看来，元泰商号之人唯利是图，全无品格、修养可言："我一点也瞧不起他（太先生），并且我还瞧不起本号中大多数的人们。"④虽然生存状况相对平稳，但颜滨本分做事、不溜须拍马的道德底线时刻遭受冲击，元泰的低劣风气令他感觉格格不入。

因此，尽管颜滨身在其所痛恨的商人之列，但他早早发现"我的心实在是于商业不相接近"⑤。他在日记中多次坦言不仅对商业毫无兴趣，对商人的种种行径更是反感。一次，他与元泰几个职员在补习学校遇见立兴五金号的一个学徒，几人立刻谈起生意。颜滨不耐烦地敷衍了几句，趁上课铃响抽身而退。学校本是象牙塔，也被迫沾染了铜臭俗气，使他心生鄙夷："这世上最俗最精明的莫过于商人，无论何时俱能做他们谈交易的时间，无论何处俱能做他们交易的场所。"⑥他由此联想工部局曾试图压低米价，禁止米囊买卖，但米囊们

---

① 汉口商业一览编辑处编：《汉口商业一览》，新印刷公司1926年版，第60页。李瑊：《社会变迁、城乡流动与组织转型 宁波旅沪同乡会会刊文论选》，上海大学出版社2016年版，第282页。
② 1944年8月27日。
③ 1942年12月20日。
④ 1942年12月18日。
⑤ 1942年5月5日。
⑥ 1942年7月21日。

却别出心裁地在法国公园偷偷交易。粮商全不顾民族危难,在动荡时局中哄抬粮价的行为,令颜滨深恶痛绝。对商人嘴脸的鄙夷使他对商业不正之风不满,愈发生出坚持道德操守、远离商界泥淖的决心。他意识到自身与商人道不同:"我将来若不另觅路径,一定不会有美满的结果。"①

对商业的疏离也与对金钱的态度相关。人情冷暖奠定了颜滨对金钱的不信任,加之现实生活的贫寒,他时常将金钱看作自我提升的绊脚石:"我的家庭,我的环境,它们俱是可怕的敌人,并且还有那我所最厌恶的金钱,它也使出了魔力紧紧地把我束缚住,而对我施以报复。"②颜滨敏锐感觉到贫富之变,也看到浮靡的经济导致的社会动荡,使他在追求理想和生活目标时面临着重重困难。

在不满周围同行品行低劣的同时,颜滨对自身要求十分严格,其众多志向均指向个人修养与社会贡献。颜滨坚信自己只是暂居人下,决定仅将商业当作维持生活的职业,并将底层处境当作砥砺心智的磨刀石:"我坚定地自信,决不愿做久居人下任人宰割的人,现在各种的侮辱讽刺和艰困,都是给我良好的磨炼的机会,更增强了我的意志,鼓起了我的勇气,使我更明白地认识了社会的狰狞,商人之可鄙与无耻。我要交结更多的朋友,我要努力学习各种有用的学识,以作我将来伟大前程的基础。"③其"伟大前程"具体化为充满壮志豪情的梦想:"我觉得我的希望实在是太多了。我希望我能够成为一个周游世界的旅行家,我希望我能做一个除暴扶弱的侠士,我更希望我能成为一个为国家为民族而奋斗的英雄,我也希望……啊!我的希望实在是太多了。"④在纯粹的梦想之外,颜滨也依据现实规划了未来职业目标:"经过长时间的考虑,在今天我方才想到了一个最低限度的

---

① 1942 年 7 月 21 日。
② 1942 年 6 月 25 日。
③ 1942 年 12 月 20 日。
④ 1942 年 1 月 6 日。

希望,那就是希望能够稍有积蓄,再求一点相当的学识,而到故乡去做一个清苦的小学教员。一方面借以增自己的学识,另一方面则竭力引导一般天真的小天使,使他们将来能够成为国家的主人翁。这样,我想一定也是很有趣味的,我希望我能达到这个目的。"与商号中其他职员追逐利润钱财不同,颜滨希望通过传授学识,服务社会。

跟随甬人旅沪的风潮到上海,颜滨不再受到家庭传统的限制,对个人生活饱含憧憬。在充满现代化装置的上海,他努力在包容的文化氛围中探索个人生活方式。因看不惯周围商人的阿谀奉承、唯利是图,认为商业行为背离了道德标准与传统价值观念,颜滨一直试图脱离商业,仅仅视其为谋生的手段。尽管切实的人生目标尚未确定,"不过将来我总非商业中人,那是可以断定地说的"①。一条不沾铜臭、不损道德的路径才是颜滨所希望的,而自我价值的实现亦是其考虑谋生道路时的重要指标之一。作为当时中国现代性的象征,上海在经济、文化上极度包容,使颜滨获得组建新的社会网络、构建新身份的可能。

三、择友有道

据颜滨自述,他是一个容易受环境影响的人。他所处的天然环境不算理想:家庭与工作很大程度上组建了他的社交圈,而他与其中的成员并不如想象中意气相投。在入读补习学校前,颜滨与元泰号中职员相处最多,然而他们精神追求有限。

颜滨认为青年时期应该修炼意志、奠基人生。为实现远大理想,他不甘堕落。在他看来,青年是人生中最宝贵的一个时期。人生好像是一座正在建筑中的大厦,是否牢固耐久,完全要看其基础如何,而青年正是在筑基础的时候。他将来是伟大或渺小、卓越或庸碌,俱

---

① 1942年6月23日。

在这个时期奠定。每一个人俱应该有一个坚定的意志,这个意志便应该在脑子最敏捷的青年时期立定,他的一生便应当照这已定的方针一步一步地前进,那么结果一定是很美满的①。

元泰号的工作环境令颜滨难以忍受,同行的某些生活习气同样令他不齿。随着工业化和商业的发展,上海兴起了一系列娱乐产业,其中即包括舞厅。舞厅成为男性青年消遣的热门选择。他们可在这里结识异性,享受陪伴、交流和刺激,从而找到满足、解压甚至放纵的途径。社交活动中,出入舞厅被视为一种潮流。在传统观念逐步松动、现代性逐步渗透的背景下,跳舞场的舞女令许多男性青年沉迷。颜滨认为舞厅等处偶尔往观、品茗听乐也无不可,但总是不涉足为妙,因舞厅终究是堕落的场所。元泰中有不少与他年纪相仿的青年,喜爱出入舞厅:秉衡"不是打牌就是上跳舞场",而仁济消遣的"目的地不脱舞厅等处"。当颜滨不得不为应付友人而同去时,也因看不惯而提前离场,拒绝沉沦于商业社会中。一次,秉衡与鹤鸣提议去金山舞厅,颜滨也附和同去。这是他第一次出入此类场合,另两人却较他熟练许多:"秉衡他是此中专家,随着迷人的歌声,搂了一个浓妆艳抹的舞女而起舞。鹤鸣虽然不会跳,可是他也看得眼红。"②颜滨小坐片刻,因实在看不惯而独自离去。他在此事上态度坚定:"绝不同流合污。"③

颜滨的拒绝源自对社会不正风气的警惕。颜滨曾听闻隔壁五金号职员王玉被舞女所迷、跌入色情深渊的故事,并视其为前车之鉴:"他的她是一个二十二岁的女子,却已有了丈夫,然非正式夫妻,是被人所藏的金屋之娇。她的出身是舞女,生性淫荡异常,她因她的丈夫未能给予她充分的情欲,所以她就使出媚人的手段,百般勾引。何况她的容貌又是不错,帮助她做了媚人的工具。"他认为王玉入世未久、

---

① 1942年6月23日。
② 1942年8月22日。
③ 1945年1月1日。

情欲初开,不计此中的利害,因此两人打得火热。虽然现在还未出事,然将来若有万一则不可收拾①。浮靡堕落的舞厅没有吸引颜滨,反而将他驱离了欢乐场。既自视有为的青年,颜滨无法认同在舞厅沉溺于娱乐的生活方式:"环境的引诱,最为可怕,青年的意志总是薄弱者多,怎能不处处临深履薄般地谨慎从事呢。"②当立鹤在咖啡馆与一个女侍者谈得起劲时,颜滨冷眼相观,因他清楚这是她们惯用的"灌迷汤"手段,目的无非是要人花钱:"为修身,为经济,她虽然不时挑逗着我,但我却只作似知非知般的淡然处之。"③这次颜滨也尽早离场,在归途中反省此种场合之危险,今后应少涉足为妙④。他深知其中的商业陷阱,因此拒绝进入此种暧昧场所,从而保持个人操守,减少经济损失。

  商人趋利,同僚堕落,令颜滨意识到所处环境的恶劣,深感青年的"修齐治平"并不容易,如逆水行舟。令他鄙夷的"本号中大多数人"皆是庸碌之辈,毫无追求而自甘堕落,是需要竭力避开的恶劣环境。他相信环境与生活密切相关,并引孟母三迁事例,视其为孟子之所以为圣贤的原因,而他对自己当下的处境亦努力保持警醒:"现在的我正是受到了环境的诱惑,固然本身意志的薄弱,也是未可逃避的罪恶,但恶劣环境的支配,确是大部分的原因,凡是一个较平凡的人,是谁也不必否认的呢?怎样做一个超特的人呢?我不是常常把自己看作一个有为的青年吗?不愿同污合流,未曾随俗浮沉。"⑤他在日记中写下"修身、齐家、治国而后平天下",试图将此贯彻于每日实践中⑥。因对传统价值的尊崇,儒家思想成为颜滨寻求内在力量的本源。他努力寻找改变现状的动力,以提升修养和实现理想来应对外在压力。

---

① 1942 年 7 月 19 日。
② 1944 年 11 月 5 日。
③ 1945 年 3 月 1 日。
④ 1945 年 3 月 1 日。
⑤ 1944 年 6 月 16 日。
⑥ 1944 年 6 月 17 日。

因深知恶劣环境对青年的影响,颜滨竭力为自己创造一处进步的环境。1942年6月,颜滨开始入读第四中华职业补习学校(以下简称"第四补校"),每晚工作结束后上课,学习英语和国文。在这里,他终于找到了志同道合的友人:"一班充满着热情毫无虚伪的少年,真是我理想中的同志。"①虽然补校的学习效果一般,最令颜滨欣慰的即是认识了许多富有热情、毫无虚作的青年学友,这被他认为是最大的收获。夜校作为一个提供额外学习机会的场所,汇聚了有相似学识追求的个体,形成了一种共鸣和认同。这种友情是对于知识的共同追求所建立的纽带,展现了青年共同的学术兴趣,与号中同龄人大不相同。补校友人共同上课、办刊、集会,为颜滨的苦闷生活增添了无穷乐趣:"近日常能聚知友于一室,其乐诚也无涯。"②补校塑造了颜滨的社交网络和交友模式,与这些志同道合的年轻人相伴,成为他寻找清正生活方式和积极社交圈的选择,与他对个人修身的追求相符。

颜滨看重精神层面的交往,书信是他和朋友维持联系的重要途径。颜滨与友人常常通信、寄送贺年片:"我信札之繁多,在本号可称首屈一指。"③他们写信互诉近况、交流理想,"控诉这世风日下的社会"④。颜滨曾直言"需要周围的友伴们不断地勉励我"⑤,以使其不至在恶劣的环境中堕落。他总能从友人信中汲取到能量。一次,他在苦闷消沉时读到友人静敏来信:"你是一个高傲、有志、忠诚的青年,展望前途,光明无限……男子应该坚强有毅力。"又一次,邵顺衮来信,与颜滨交流互勉,使他从迷茫情绪中清醒:"在他的心目中,我敢相信一定认为我也是一个不平凡的人物,那么难道我甘自弃吗。"⑥

---

① 1942年7月18日。
② 1945年1月16日。
③ 1944年1月19日。
④ 1944年3月3日。
⑤ 1942年12月25日。
⑥ 1944年1月31日。

好友之间互相寄予的莫大期望,总能让他立时振作起来。通过信件交流,颜滨与周围同好深度共鸣,并更加确认自己的修身之道。

在颜滨看来,好友之间不仅要互相勉励,毫不讳言也是真朋友的重要特质。当他感到生活单调无趣时,友人若芬的一席话如同当头棒喝,使他从沉睡中惊醒:"一个有远大意志的青年是不应该专在小圈子内打转,虽然我们认识并不多久,可是我早已知道你的为人,固然在一般普通的人群中看来,你是超特的,你是够得上人们的称赞,可是严格地说起来,你并没有多么好,你有许多缺点……"对于朋友的责备,颜滨并不恼火,并认为这是可贵的教训,反要感谢她的盛谊。他从善如流:"她竟是一个不平凡的女子,假使我不知改过,那岂不是还不如一个小女子!"①同样,他也如此待人,对友人的堕落无法坐视不管,适时提醒。当他听说秉衡只知享乐,终日过着醉生梦死的生活时,不免产生担忧:"秉衡最近一年的生活实在过得太糜烂了,所交的朋友全是一班纨绔子弟。"颜滨自认应当尽规劝的义务,因而屡次与秉衡恳谈,劝勉他改过自新②。

颜滨的交友观念与家庭影响密切相关,颜滨父亲曾经济援助友人的过往令其自豪,但其破落后的凄凉,也让颜滨颇觉仅凭利益维系的交往不足为信。回想起父亲与亲友的故交,颜滨不无自豪地回忆道:"在那个时期的父亲尚还得意,并且他很能救人于危、援助人家的,所以往来走动的人的确不少。"③言辞中颇见对父亲的敬重。而父亲与友人的信件来往更加深了颜滨对父亲的怀念:"内中有沈铠洪叔向他借钱的,有仁甫叔托他荐生意的,也有名扬伯的,仲磷姑丈的共约有五六封。读完了这几封信之后,心中起了一种莫名的反动。而父亲的慈影也很快地泛上了我的心头,又增加了我无限的怆悲。"旧日通信的繁密与父亲落魄后的冷清,也让颜滨对人情冷暖有了深

---

① 1945 年 8 月 4 日。
② 1942 年 6 月 14 日。
③ 1942 年 11 月 24 日。

刻的认识。在他父亲失意之后,"生活日趋困苦,而一般往日趋奉的立刻视同陌路,终于家困颠倒,郁郁而死"。这对颜滨造成了巨大打击:"使我认识了人情的势利。"①

父亲的助人令颜滨自豪,深感友人的重要性,而世态炎凉让颜滨注重与朋友的神交和精神互助。面对元泰经理暗讽他朋友过多,颜滨坦坦荡荡:"我的朋友,自信都是前进有为的青年,往来大部分为学术上关系。"②在对知识、学问和思想交流的推崇下,超越经济交往与私人利益的关系凸显出一种纯粹的友谊,是颜滨理想的关系。颜滨珍视友谊,同时谨慎择友:"社会上万不能没有朋友的互策互励,但朋友也并不是个个都是有益的,所以当然应该慎重选择。"③颜滨尤为欣赏思想深刻、志向远大的青年。在一众朋友中,他认为邵顺衮言辞深刻、思想纯正、目光远大,"显然超出了寻常之人"④。而对方似乎也将颜滨视为知己,令他受宠若惊。朋友间的互相鼓劲和支持,成为颜滨希望在未来创造一番新的事业。

在亲情疏离、同僚堕落的环境中,颜滨积极寻找生活方向和理想伙伴,友情成为弥补颜滨情感缺失的重要元素。在传统家庭结构逐渐解体的背景下,颜滨缺乏家庭温暖,也无精神支持,唯有友情予其安慰:"在家庭里我虽得不到些微的温暖,但我拥有更可贵的友情,作我生活里美丽的点缀。"⑤友情的珍贵亦在苦闷的职场中得到强化。对商业、上司的反感令他在元泰感到孤独和不适,而精神追求的高下及同僚的堕落造成他与职员的疏离。第四补校的友人给予他支持和勉励,弥补了职场中无处可寻的理解和共鸣。旧环境的不如意使他渴望友谊,主动寻求"真正"的朋友建立紧密联系,自发创建理想的新环境。友

---

① 1942年11月20日。
② 1944年10与12日。
③ 1944年1月31日。
④ 1944年1月31日。
⑤ 1945年2月16日。

情不仅成为颜滨情感上的寄托,更是他摆脱束缚、追求新生的反映。

四、婚恋自由

家中继母的物质索取令颜滨对家庭中的情感支撑不自觉加以重视,而职场同僚品格的缺失使他不得不另寻好友,这些经历在客观上滋养了他的精神世界,对他未来家庭的构想产生了影响。在颜滨的婚恋观念中,多见他对情感、德行等内在品质的注重,也使他与婚姻革命的时代浪潮不期而会。

20岁左右的颜滨,身边的同龄人已纷纷成家。元泰号中每有人返乡结婚,店员皆同庆,于离沪前日为其置办酒席,作为预贺。1942年底,职员秉衡即将回乡结婚,元泰众人为其送行,特地叫饭司备了一桌丰盛酒菜。宴席相当热闹:"欢呼畅饮,猜拳行令,直吃得杯盘狼藉,酒醉饭饱方才散席。"①此次酒菜费用由秉衡之外的九人平均分摊,经济拮据的颜滨虽感破费,但认为结婚是需要尽力为之的重要人情往来。1944年2月,职员鹤鸣、唐良栖也将返乡结婚。元泰生意虽冷淡,离乡前夜照例举行一次预贺,准备了一桌丰盛的酒菜:"虽云贺郎,但究其实,还不是聚餐嘛!依旧是猜拳行令,兴高采烈,当兴尽而散,总是杯盏狼藉了。"②

周围同事的婚事常使颜滨被迫陷入对个人婚姻的思考。师弟唐良栖先于自己成家,引来了旁人议论:"颜滨,你看,你的师弟都一个个结婚了,你呢?为何还不给我们吃喜酒?"③周围亲友到了适婚年龄纷纷结婚,长辈也劝他及早成家,颜滨常以"我年龄尚轻,再迟四五年也不为迟④"为由敷衍;实则认为长辈观念陈旧,不以为然:"过后

---

① 1942年11月29日。
② 1944年2月3日。
③ 1944年2月3日。
④ 1942年7月9日。

回味这句话,在古旧的思想里确有相当的理由,比较新一些,这种心理至少减少得多。"①颜滨曾明确表达反对旧式婚姻:"我对于自己的婚姻,绝对重视,决不愿含糊从事。若凭媒妁之言,父母之命买卖式的婚姻,当然非我可甘接受。"②他明确表达了对旧式买卖婚姻的反感,坚决主张娶一个情投意合之人,而非盲目进入婚姻。"我是绝对反对旧式买卖婚姻,盲目进行,以致造成种种恶果。所以,我立志要娶一个情投意合自我中意之人,否则宁可终身不娶。"③20世纪初,打破婚姻专制制度,反对遵父母之命、媒妁之言的婚姻模式成为一股主流思潮。这一思潮提倡自主结婚,建立平等、自由,以感情为基础的文明婚姻。陈独秀在《恶俗篇》中认为人类社会产生婚姻的原因是男女之间彼此相悦的感情,但封建婚姻制度却违背了这一自然原则。婚姻不由当事人心甘情愿决定,而是由他人做主,被逼迫着结婚,这纯粹是野蛮的婚俗。颜滨对此深以为然,周遭环境的揶揄和长辈不厌其烦相劝,反而让颜滨愈加坚定了自身对婚姻的态度。与家中长辈的观念相比,姐姐较能理解他的想法,成为亲人中少有的知音。颜滨的师弟们一个个结婚,有好事者笑问颜滨为何还不给他们吃喜酒。姐姐关心颜滨的终身大事,也曾见过他的一两位女友,却并不着急催促,或因她已入婚姻围城数年,知其中甘苦。

青年迟迟不婚有多方面原因,经济问题是首要的,颜滨更因时下生活离乱而庆幸自己独身。结婚需要一定的经济基础,包括支付婚礼费用、维持家庭生活等。彼时上海生意停顿、物价高涨,如颜滨一般的小职员连维持基本生活都捉襟见肘。他认为自己目前的生活水平和经济状况还无法承担婚姻带来的经济负担,何况他尚有乡间家中之累,结婚无异于自寻烦恼、作茧自缚:"年龄之轻,生活之高,都造

---

① 1942年7月9日。
② 1944年2月3日。
③ 1942年7月9日。

成我没有急于求偶的主要原因。"①不仅颜滨,其身边亲友也受经济限制而为婚姻发愁。友人秉衡为婚姻问题苦闷,因他的家庭希望他能在年内结婚,但是处在米珠薪桂的今日,这笔费用相当可观,无处取得,何况婚后生活负担也相当困难。颜滨很能理解,他曾听闻老家亲戚庄成忠因结婚背上一笔巨债,可见此事绝非儿戏②。因秉衡才21岁,颜滨劝他与母亲相谈,过两年再做打算也不迟。然而,即便婚礼费用勉强凑齐,眼下的沪上生活也实难应付。颜滨眼见姐姐一家因姐夫失业而顿失经济来源,万般无奈下只能作回乡打算,不宜成家的想法愈发强烈:"我为他们思索良久,也得不到一个十全的答案。啊!处此乱世,我的确称幸自己幸而只一人。"③战时的婚姻关涉生存问题:在此乱世,一人生存要比一家生存更容易。

  社会动荡不安,战争给生活带来极大的不确定性,也使颜滨认为婚姻更需慎重。他多次强调,只有在战乱平息之后,自己才会考虑婚姻问题:"我早已说过,战事一日不平,则我一日不作此想。大丈夫应先立业而后成家,我时常还有这样的雄心。"④沦陷使颜滨暂缓了婚姻规划,反而激发出"立业"的宏愿。日记中多处流露出他的壮志雄心:"我觉得我的希望实在是太多了。我希望我能够成为一个周游世界的旅行家,我希望我能做一个除暴扶弱的侠士,我更希望我能成为一个为国家为民族而奋斗的英雄。"这些并非仅是幻想,颜滨心中早有一个切实的想法,即到内地去,到抗战前线去:"向内地发展,尽我的力量贡献给国家,万一奋斗失败,而死在那祖国的怀抱里,这也是我所愿的,若能为国牺牲那也是求之不得的。"⑤在生存焦虑中,颜滨首先将个人生存焦虑与国家存亡相联系,成家与儿女情长因而被迫

---

① 1942年7月9日。
② 1942年11月30日。
③ 1945年2月26日。
④ 1944年2月3日。
⑤ 1942年2月1日。

退居次要位置。

新旧婚姻观念的交替正在发生,婚恋问题是当时青年群体热议的话题,颜滨本人同样对这一话题充满兴趣。他曾关注补学开展的辩论会,辩论"青年在恋爱进行时,应当公开呢还是神秘"的问题①。青年之间也为恋爱、婚姻中的苦恼相互攀谈。一晚立鹤来访,向颜滨请教恋爱问题:他的恋爱对象是他已死的哥哥的未婚妻,二人感情不错,但将来不知如何是好。颜滨见其"一番杞人忧天的态度"只觉头痛,"他把这种复杂的事情来问我这个初出茅庐的小伙子,叫我除了劝他慎重从事及最好能先得到家长的同意外,再也想不出别的主意了"②。不久,颜滨再访立鹤,见他已憔悴许多,想必是为情所困。颜滨曾言立鹤意志薄弱、无法控制情感,但设身处地考虑,自己也想不出好的办法。最终,立鹤与女友分手,怏怏之下意欲返乡,使颜滨感叹"情场的残酷,竟不下于战场"③。面对青年交往与伦理的冲突,颜滨与友人不同,并没有产生道德上的困苦。虽然颜滨比较开明,但对旧伦理和新情感之间的冲突没有仔细地考虑,也并没有对婚恋的超脱想法。在实际的婚恋建议中,他还是遵从旧伦理,仅把新认知作为一种观念,令他困惑唏嘘。

同在上海的经历令颜滨对姐姐特别关切,而对姐姐困境的深知,影响了他的女性认知。1942年,姐姐有了第二个孩子。怀孕后,姐姐因营养不良而消瘦多病,使颜滨感慨:"每一个少妇若一旦有了小孩,那么她那红润的面庞,立刻变成萎黄,活泼的表情立刻变成呆滞。总之,一个做了母亲的女子,她便将失去了所有的快乐与健康。"④ 1944年,姐姐的第三个孩子出生,她因奶水不足而焦虑。颜滨见状一面安慰勉励、一面感叹"女子的心理总比不了我们男子,所以遇到

---

① 1942年8月16日。
② 1944年1月31日。
③ 1944年5月1日,5月16日。
④ 1942年10月2日。

困难,未免要感伤而叹悔"。

颜滨虽对女性的婚后生活抱以同情,但仍期待相濡以沫的真情出现,时常陷入对坚贞爱情的美好想象。七夕节晚,他在巴黎大戏院的广告内看到"今夕何夕,愿有情人同来度此良宵"一句,感触良多:"虽然这(牛郎织女)只不过是一个神话,但它却表示出他俩相爱的永恒不变,无论如何的困难,他们也要想尽办法,鸟鹊搭桥,来作此一年一度的聚首。"①当晚他本想至法国公园"卧看牛郎织女星",但终因号中过七月节而未能实行。七夕节似乎无人在意,令他揶揄这种悲痴的爱情已不适用于现在了②。此番感触似乎源于他过往恋情的创伤。他曾为自己虽贫贱浅陋却也为人所爱而庆幸,却又怨恨她们的离去:"上帝好像故意将所有的不幸都加在这个可怜的孩子身上,每一个爱他的人都经不起环境的压迫,一个个离开了他。"在他看来,现实的残酷是致其恋爱不顺的主要原因。他在恋爱一事上愈发迷茫:"这个可怜的孩子,依旧徘徊在迷糊的岔路口,过去的痛苦使他未敢向前一步,愿上帝赐一个完美的归宿在他的面前吧!"③

民国时期,伴随着上海人婚恋观的更新,自由恋爱的氛围浓厚,社会开始逐渐塑造男女自由婚恋的认知。现实生活中,颜滨向往婚恋自由,期待由友谊而步入婚姻的成家方式。颜滨曾偶遇友人家驷与其女友在法国公园约会,彼此依偎说笑。女方是颜滨小学同学的堂妹。二人经人介绍相识,交往约半年,借青年会订婚。他们经友谊而进入婚姻,令颜滨无比羡慕:"我想这才是最理想的结合,他们将来的幸福一定是很完满的,这使我多么的羡慕啊!"④此理想与《小说画报》中婚恋小说所见理想姻缘不谋而合:"理想姻缘的模式则是一对青年男女,双双出自学堂,中英文俱佳,不仅彼此一见钟情,连父母也

---

① 1944年8月25日。
② 1944年8月25日。
③ 1944年8月3日。
④ 1942年4月15日。

深感合情合礼,美满无憾。"①

为了构建心目中的新家庭,本就热爱交友的颜滨积极尝试,结识了不少女性朋友。颜滨感到自己常对女性发生懵懂的兴趣:"也许是年龄已到需要异性的时候,对于异性,不知怎的,近年来总很容易发生情感,并且一个又一个的。"②颜滨并不认为这是喜新厌旧,而是因为他并不急于确定一位终身伴侣:"我不是未曾计划到这件事,但生性的高傲,选择的苛刻,至今还没有一个合意的对象。"③颜滨交往过几位女友,均以无果告终,这使他感叹"在异性中间,我也尝尽了酸甜苦辣的滋味"④。他的第一位恋爱对象是莲姐,发生在1942年,当时二人都是19岁。颜滨回想起当时的种种情景,未免有些可笑,但是他初次尝到恋爱滋味:"这时候我还是一颗最完整的赤心,没有做作,没有虚饰,在我知道势必未能永久在一起的时候,我们就进一步成为姐弟。"⑤几年后,莲姐已嫁作他人,成为一个孩子的母亲。二人虽较少来往,但友谊仍在。

莲姐之后,颜滨还交往过数位女友,皆是他在上海自行结识的。同乡梅姐,二人在上海亲戚家暂住时相识,"不过我对于她始终不曾起过特殊的观念"⑥;静敏,第四补校同学,颜滨曾"一时为她所颠倒,不过数月后,我即发现她还足以称我理想中的伴侣,而把她冷淡下去";岚姗,在由甬来沪之船上相识,但"探听得她与鸿志早已有了超乎朋友的情感后,便不敢与她十分接近,因为我决不愿夺人之所爱";怡馨,第四补校同学,"我们虽然每天见面,但我始终揣测她不透";霞丽,第四补校同学,二人接触时间不长,但"决不能因她生性豪爽,不

---

① 熊月之主编,罗苏文、宋钻友著:《上海通史》(第九卷),上海人民出版社1999年版,第272页。
② 1945年4月19日。
③ 1944年2月3日。
④ 1944年8月3日。
⑤ 1945年4月19日。
⑥ 1945年4月19日。

惯于她人的温存,就说她对我没有异常的情感,何况我的确也有几分爱她呢";其他补校女同学如曹瑞棣、姚瑞云、秦绮英等,"她们虽然都给我一种特殊的好感,不过我始终不十分发生兴趣,至于胡秉梅,那更是完全属于胡闹"。细数几段感情,颜滨在结尾总结:"至于将后的永久伴侣,究竟是谁,我现在显然还不想挑选或决定,当然还无从知道,那也只有看将来的际遇了。"写下这则日记时,他正与一位曹若芬小姐交往,二人也于第四补校相识。

颜滨对婚姻的不急不慢和顺其自然,固然是接受新思想的结果,但背面亦可见他对伴侣认知的懵懂。颜滨的感情在多位女性间游移不定,由1944年1月的几则日记可见一斑。颜滨先于13日访莲姐,"她出嫁已三年余,而仍不忘旧情,这样地关怀于我,真使我且感且愧";14日与友人游南市,因曾经同游的静敏不在而作"遍插茱萸少一人"的感慨;15日则约会了怡馨,先至国泰观《鹏程万里》,再游法国公园。颜滨虽不急于婚姻,但当聊到婚姻问题,眼见周围友人都已有定局,昔日女友也纷纷先他成婚,唯有他仍在渺茫中时,他也怅然若失:"啊!怎不叫我有'曾经沧海难为水'之慨呢?"①与不同异性的交往让颜对异性思想有所认知,但随意的交往并未令他的婚恋观念有所开拓;对恋爱背后的婚姻,颜滨更觉迷茫。

一方面,颜滨有对伴侣的确切期待,也有十分明确的恋爱主张,欣赏能理性看待恋爱的友人。立鹤前车可鉴,颜滨愈加警惕沉溺恋爱的风险。他曾与友人谈论恋爱观念,友人认为恋爱只不过是一种人生的点缀,作为生活上的调剂则可,若为恋爱牺牲一切,则人生的意义岂非狭窄。朋友的纯然理性令颜滨钦佩,却也知其不易:"年轻人能有几个意志有他这般的坚强呢。"②颜滨的恋爱观相当务实:"在你交到一个异性的时候,首先应该先认清对方的身世及性情,然后再

---

① 1944年10月19日。
② 1944年4月29日。

以清醒的理智来决定你应采取的态度及步骤,尤其在友谊达相当程度,而至紧要关头,更应运用毅力,做精密的分析,以免造成事后的烦恼和痛苦。"①他担心越轨行为,由他在徐岚姗面前的失态可见。颜滨在返乡船上识得徐岚姗,心生倾慕,但十分谨慎:"但有一件最重大的疑问(她订婚否),使我感到一些恐惧,但愿事实并不似我所想般的可怕。有机会我一定先要探问清楚,以免盲目深进,走至不能自拔之路。"②得知岚姗已与鸿志交往后,他依然邀请岚姗看电影。二人在影院两手紧握,身体相依,令颜滨心猿意马。幸而理智时常在警惕着他:不可夺人所爱,才未有更过分的行动。"事后思之,不禁捏了一把大汗。啊!好险啊,几乎不能自拔了。"③他时常提醒自己,青年意志薄弱,需要理性克制。沉溺恋爱与其修身宗旨时有违背,不能自已的情感令他畏惧。

另一方面,在现实交往中,他始终难以摆脱传统观念的束缚,对订婚和门户等婚俗不由自主地顺从。他也曾因与女友身世相差极大而退缩:"若芬她是一个高中毕业生,她的家境拥有佣人四五个,与我相较,何啻天壤。"故此他再三考虑,不知是否该使关系更近一步。他对门当户对的重视,也践行了某种平等意识,不过是基于传统价值观念的。颜滨的婚恋观念反映了他个体在时代变迁中所处的社会背景。他接受了自由恋爱和女性独立思考的新观念,但同样也受到传统观念的束缚。颜滨的认知受到历史事件和个人经历的影响,他在传统和现代观念之间形成了认知冲突,反映出社会在婚恋观念上的分歧和转变。

入读夜校后,颜滨虽遇到了不少与他年纪相仿的年轻人,却仅仅与追求进步的女同学止于暧昧情愫。五四运动之后,男女同校变得普遍。在20世纪之前,中国女性一直受到传统观念的束缚,认为"女

---

① 1944年4月29日。
② 1944年4月28日。
③ 1945年2月20日。

子无才便是德",这使得她们进入大学学习一直被视为一项禁忌。然而,随着时代的变迁和社会观念的逐渐开明,一些教育改革的声音开始浮出水面。1901年,蔡元培率先在《学堂教科论》中提出了"初、二两级"男女学生可以同校的观点,打破了男女分校的传统。在颜滨就读的补校,男女学生人数并无显著差异。在1943年的秋季班上,颜滨遇见静敏,后者符合他心中的"新女性"形象。起初颜滨只是佩服她的学识和品行,未敢有任何奢望,只愿能永久交一个比较密切的友侣,之后互生好感①。静敏的家境与他一样破残,她曾向颜滨表达无论如何都要离开阴暗的家庭,以寻求新的生活,使同样视旧家庭为牢笼的颜滨心有戚戚。静敏有学识、有抱负,敢于付诸行动,与颜滨过去交往过的女性都不一样。她计划在未来担任孤儿院的教师,颜滨赞其是一份极富意义的工作。不过,静敏虽喜爱颜滨,但也曾劝告他应以事业为重,不该在儿女情长上花费精力。这份新青年的独立宣言让颜滨在欣赏静敏的非凡之余,亦感到二人关系的若即若离,或许正因如此才最终导致了他们的分离。

社会结构的变革与教育水平的提升影响着颜滨对伴侣的看法,在新思潮的影响下,他期待自己的伴侣是一位"新女性"。五四运动后,女性地位发生转变。他在这一历史浪潮中敏锐地感受到社会观念的变迁,从而在日记中表达了对新女性的认同。一次,在《大众》杂志里,颜滨读到一位名为"伟"的作者与其女友的信札。令他惊讶的是,伟的女友也叫莲姐。读完书信内容,颜滨感到文中二人与他和莲姐的故事多有重合,不由感叹命运奇妙。不过他不得不承认,伟的莲姐是一个有思想、有学识的新女性,伟是由敬佩而爱慕;相比之下,他的莲姐"却只是一个庸俗的文盲,二者真不啻有天渊之别"②。他对于新女性的认同与他对于传统观念的不满,展示出他对思想独立之

---

① 1944年1月4日。
② 1944年6月20日。

伴侣的期待。

与欣赏新女性相应的是,颜滨对旧女性特征的指摘同样明显。梅姐在上海维新兄家住过一年,对颜滨一番热诚,使他感激万分。然而梅姐的态度总令颜滨感到神秘,时而冷淡、时而热情。不过据颜滨来看,"她有时的冷漠完全是出于旧礼教的观念过深,怕羞、避嫌所致"①。颜滨对新旧观念之分甚为敏感,言辞间常见其对两者的区分。他曾参加费家二哥婚礼,闹新人的手段也取西式婚俗:"叫新娘新郎互贴红纸剪的称心如意,最后又叫他们来一个 Kiss。"②在时行风俗中,婚礼在公园、旅馆或教堂等处举行,如"文明结婚"的新式婚礼从形式到精神都体现西化色彩。又一次,众人在婚礼上怂恿新娘唱歌:"新娘在被迫下,数句沙哑而听不清楚的歌声,简直不堪入耳,若芬及怡馨更笑得捧腹",使颜滨与其同伴都觉扫兴。他将其归因于新娘观念陈旧、不够落落大方:"可惜新娘为老式女子。"③新旧观念被用于解释日常所见女性,可见颜滨对陈旧观念的拒斥。尤其是对旧女性的指摘,反映出他对传统婚姻观念和性别角色的抗拒。

颜滨婚恋观念的形成源于他对新旧观念变迁的敏感。原生家庭带给他的过度重担,让他渴望温暖而期待情投意合,希望能自由交往而不受父母之命媒妁之言的影响。而过早离家使他疲于生计,行业铜臭又令他本能地对金钱十分敏感,故而不能摆脱门户之见的影响。残破的旧家庭体验令颜滨被迫出走,而姐姐的努力让他看到了新家庭中的希望。加之社会思潮和学校教育的影响,更让他对"新女性"有特别的好感。但新的思潮仅仅成为其恋爱行为的指导,而无法撼动如"门当户对"等传统观念在其心中的地位,更实际导致其恋爱经历全都展示出无疾而终的状态。

---

① 1942 年 6 月 28 日。
② 1942 年 3 月 15 日。
③ 1945 年 5 月 11 日。

五、日记制造日常

1942年1月1日,颜滨写下了他的第一篇日记。他早晨七点半左右起床、洗漱,心中不知不觉涌起种种回忆:

"这可贵的民国三十年与我们永别了,在这一年里我得到了什么呢?啊!只不过是失败与悲痛呀!我真不愿想下去了,就这样地结束吧。往事不可求,来者亦可追,我期待着这新的一年,能使我成功与快慰,好好努力奋斗吧!"①

这是上海被占领之后的第一个新年。在刚刚过去的"可贵的民国三十年"里,上海正处于第二次世界大战中,承受着多方的巨大冲击。自1937年淞沪会战以来,上海成为"孤岛",虽然公共租界中区、西区和法租界未被日本占领,但四周区域皆沦陷于日本军的铁蹄之下。1941年12月8日,太平洋战争爆发,日军随即进驻上海租界苏州河以南区域。颜滨写日记时,正值上海全面沦陷一个月,整个上海在战争中遭受了巨大创伤。如此时局下,"失败与痛苦"或许不仅是颜滨的个人体验,更是绝大多数上海民众的共同感受。不久,日军即开始对上海的掠夺:工部局易主,落入日人掌控;金融实业被接收,关闭和封存无线电设备;"敌侨"遭迫害,被强制进行收容和集中管理。"孤岛"时代结束,上海再非安乐地。沦陷之下,一些人离开了上海,奔赴后方或暂返故乡;一些人积极参与抗日活动,共产党的地下组织与抵抗力量在暗中崛起;更多的人留在上海,颜滨也是其中一员。新年到底为上海民众带来一丝喜气。当天,元泰五金号众人汇集北京路店中聚餐,饭桌上特意添了四个菜。饭后,因节庆休假,颜滨与几位职员同往共舞台看戏,返回号中已是傍晚。他在睡前给女友打了一通电话,互诉衷肠。他的生活看似与一个月前并无不同,然而事实绝非如此。

---

① 1942年1月1日。

写日记首日,颜滨在首行顺次写下日期、星期、天气、旧历日期,居中排列。每天的日记字数不一,一般都在两三百字左右,约占半页纸;无话则短,寥寥一行也有。日记没有固定的主题,有时他也会记录下具体的生活事件,有时仅仅抒发内心情感。起初,颜滨会在文末右下标注写作时间,如"记于是晚九点半"。这个习惯不久被弃用,但夜晚仍是他最常写日记的时间。结束一天的生活,颜滨通常在睡前回顾这一天。1942年下半年上海开始实行灯火管制后,颜滨曾一度将写日记的时间移至早晨,晨间日记多半是对前日的回顾或对当日的安排。日记成为其生活的一部分:"早晨六时起身,正是黎明的时候,初秋的清晨更觉凉爽,到公园里打罢了太极拳,尚有余暇,便至黎明学园听讲国文,约七时半回来,写一篇日记后,早点,一张大楷,数张小楷或抄写文件,再阅读国文,约至十一时余休息。"①晚上日记之后,通常已是九十点,也到了颜滨入睡的时间:"晚上读书归来,写上一篇日记,记上一些账目,这样一定已到了睡眠的时间了。"②不论早晚,颜滨以日记作为每日刻度,这久而久之形成了某种固定仪式,成为其生活方式的一部分。颜滨对生活细节和个体经历高度重视,写日记使他很快便从中体会到新鲜与乐趣。

这种满足波及至对文具的喜爱。颜滨使用的是一种横写的日记簿,价格约5角钱,在物价飞涨的当时不算太贵。写日记后,他开始对文具感兴趣:"我好像对于各种文具特别感兴趣,真是越多越好。"③他买了近一打笔记本,又购入了好几支钢笔。1942年的文具价格尚且可以负担,因而购买压力不大:"来到了求古斋,看中了两本日记簿,其代价为每本五角。我想,在这百物昂贵之时,其价格尚还便宜,就买了下来。"④颜滨已有抄簿一打以上,其余如铅笔等也都不少,但

---

① 1944年9月9日。
② 1944年3月16日。
③ 1942年12月16日。
④ 1942年1月4日。

依旧未能满足欲望,仍不断购买①。每每行至永安百货时,他总被文具专柜吸引,至1944年经济拮据下也不吝高价买入:"经过永安公司,进去巡视一次,至文具部,见各色练习簿及稿纸等,占有欲不觉随之而起,也不管近日银根的紧缩,付了二百余元,买了半打36页大抄及洋簿一本。"②用他的话说,工欲善其事,必先利其器。有了称心的纸张墨水,写日记亦乐此不疲。物质匮乏时期对文具的极大热爱和购买行为,可见其对精神需求与书写渴望。

日记的另一重要内容是记账。颜滨时常在日记中记下个人开销、物价涨势以及社交场合的消费,并会在月底回顾当月的收支,以评估自身的经济状况。他记录下每月工资、粮食补贴、额外收入等,甚至麻将的输赢金额也详细记录,从中可见他时刻面临着经济压力,对生存问题的关切置于个体生活的核心位置。上海沦陷不久,即经历了百物高涨。颜滨从报上获知物价的惊人涨势,也将它们记下。其中记录最多的是米价,尽管颜滨基本在元泰五金号中就餐,不需要在配给粮之外想方设法购米,但米价的天文数字使他对时局具有悲观的判断。在每月入不敷出之后,颜滨尝试做了一些囤货倒卖的生意和证券交易,所赚也很有限。当物价日益沸腾后,记账失去了意义,因为几乎每个月都过着入不敷出的生活。金钱只出不进,颜滨仍旧有记下消费金额的习惯,只是这种记录已不再具备评估过去和规划未来的功能,仅仅是一些令人叹息的天文数字而已。

在日记中,不时可见颜滨为保证日记的私密性所做的努力。尽管日记有很强的私密性,颜滨应当也对日记妥善保管,但在言论审查严格的时期,出于避免笔祸的考虑,颜滨将敏感词汇以代称标记。当谈论政治相关的内容时,颜滨以"×方""某方"的写法指代日方。此

---

① 1944年3月30日。
② 1944年7月19日。

种写法并非颜滨的独创,在20世纪30年代末,如《申报》等报纸上已开始使用这些称呼指代日方。颜滨模仿对此种写法,作为一种规避政治风险的手段,也是他个体层面的自我保护,力图在记录的同时避免不必要的关注,可见他对当时政治环境及自身处境的高度敏感。除此之外,颜滨并无将日记公之于众的打算,也不曾有过与他人交换日记的行为。

在与自身的反复对话中,自省、修身是颜滨日记的一个重要主题。颜滨在日记中频繁提到对自己生活的反思和对环境的觉察,对环境与形势的险恶具有清醒的认知,认为自己需时刻警惕,否则将随波逐流。他曾读孟母三迁的故事:"环境之与生活,未能否认的,有严密的关系。孟子之所以能成为圣贤,其母之三迁之功是未可磨灭的。现在的我正是受到了环境的诱惑,固然本身意志的薄弱,也是未可逃避的罪恶,但恶劣环境的支配,确是大部分的原因,凡是一个较平凡的人,是谁也不必否认的吧?怎样做一个超特的人呢?"他强调环境对于个体成长和品德塑造的影响,而日记是其在时代洪流中构建自主环境、避免被卷入泥淖的工具。

颜滨将日记作为一种修身实践,既对这一实践过程的阶段性有明确意识,也对这一实践的产出有清醒的再运用。虚度光阴、沉迷麻将、疏于功课等行为都令颜滨感到羞愧。为约束自己,他曾于写日记之初自拟十条要求,作为座右铭:

一、早上七时前起身,晚上十时前睡觉。

二、每日至少写大楷二张、小楷一百以上。

三、每日至少习英文一小时以上。

四、须多看有益书籍,用心研究。

五、勿作无谓消遣,勿看有害小说。

六、对于店中各事务须格外注意。

七、节省一切浪费,养成储蓄习惯。

八、对尊长要有礼貌,对朋友务须自谦。

九、每做一事须要心意一致,有始有终。

十、深谋远虑、胆大心细、忍怨耐劳。①

这些座右铭涵盖了起居作息、学习、节俭、礼仪等方面,可见颜滨试图通过规范行为来建立一种有序感。社会的动荡和不确定性推动他寻找稳定性和秩序感,而制定座右铭则是颜滨在历史变革中对自我规范的尝试。在动荡的社会环境中,他依然追求自身的成长和提升,并在座右铭中将这种追求具体化为个体行为准则。

执行准则与一种"有意识"的生活在颜滨内心情境中的呈现有关。日记书写成为一种自我反思的工具,通过将日常生活和内心感受记录下来,个体得以深入思考自身经历,提高对情感、行为和价值观的认识,实现一种意识水平的提升。写日记也被视为目标设定和自我管理的行为,通过记录每天的思想、感受和经历,颜滨能够更清晰地了解自己的目标,并为未来的生活制定计划;通过重读日记,颜滨回顾过去的经历、感受和思考,从而深入了解自己在某一时期的心理状态、情感变化以及面对的挑战。这种有意识的书写有助于抵御生活中的不确定性。写日记被看作是一种在生活中保持清醒和有意识的方式,通过记录、反思和管理自己的思想和行为,颜滨努力维持自己对生活的敏感性,过上有意义、有目标的生活。在颜滨的生活情境中,这种写作行为似乎有助于他在战时环境中找到一种相对清醒的生活方式,远离无意识的蹉跎与堕落。

作为有精神追求的青年,个人在事件中的应对行为成为颜滨记录和分析的对象。每当他沉迷麻将、虚度光阴而荒废学业时,他常常联想到家庭责任与社会期望,亲友的期待、故去亲人的寄托:"被麻醉了的孩子,醒醒吧。快把你打牌的手和脑放到学业上去,四周的亲友

---

① 1942 年 1 月 3 日。

是怎样地期待着你啊！在天之祖母及父亲不是把最大的责任和希望完全地寄托在你的身上了吗？"

在颜滨的日记中,辞旧迎新成为特定时间节点的表达方式,不仅是对过去一年生活的总结和反思,也是对未来的期望。1944年,颜滨回忆起去年在垦荒社里写的一篇作文《完了一九四三年》,词句中充满了豪气,对本年更寄托了莫大的希望,当时曾得到老师这样的评语:"豪气冲牛斗,与流俗人似属不同。"那时颜滨觉得很高兴,并且对这1944年幻想着:"残酷的战事一定能在这一年中结束,世界一定能变得美丽起来,而我该更是多么的活跃。可是在这一九四四年已成结束的今天呢？世界变得更可怕了,战事愈来愈烈,战死饿死,我真要怀疑,这还是不是一个有理智的人类世界。而我呢？除生活更加拮据,负担更觉不易外,什么也没有多大的变化,若真想找出什么变化的话,那么就只有在我年龄表上又增加了一年。今天我不再想说什么空泛的言论,希望更谈不到,因为我相信,未来的一年,将是更惨厉,世界一定有更大的变迁,人类一定又得打上一个大大的折扣,而我自己未知能否逃出这一个劫数呢。啊！我真不敢想象,唯有看我自己的理智及毅力来为生活作些微的希冀了。"[①]1944年元旦,颜滨照例在日记中写下辞旧迎新的感悟。与沦陷初期对未来局势的惶惑不安相比,他"确信已奠定了胜利的基础"。胜利即在眼前,这使他的内疚感愈发深重。离胜利越近,"孤岛"偷安的感受却越真切。在1944年元旦时,颜滨表达了对已奠定胜利基础的确信,但这同时让他感到内疚感更深。社会的变革和战争带来的心理冲突在他的文字中得到了体现,是时代变迁对个体情感和文化认同的一个有力案例。他已无颜作任何赞颂或勉激的词句:"事实摆在眼前,簇新的1944年也许能带给我们簇新的面目,还是让我默默地期待着吧。"在个人方面,颜滨认为自己在学识方面虽谈不上任何进步,可是在修养方面确

[①] 1944年12月31日。

已有显著的改变。他已认清无病呻吟只是弱者的表现,要利用快乐的心境,去努力做好本职工作。他有坚强的自信,要做一个不平凡的人物。他热烈地希冀着,这簇新的1944年能赐给他更多的快乐、更多的鼓励①。"从今天起,又是新的一年开始了,我早已说过,对本年未敢有什么希望,更不愿定一个空泛的计划,唯有每天顺我性之所好,而合理地努力去做,不随俗浮尘,不同流合污,有一日,学一日,有一分力,做一分事。"②这使得辞旧迎新成为一个更为丰富、深刻的文化实践,记录了个体与历史、社会的交织。

在自然时间节点之外,颜滨还以日记作为另一种时间节点:"在不知不觉之间我的日记已写完了一本抄簿,今天我已开始写第二本了。回看已写好的一本,虽只短短的两月不到,然而已有无限的兴趣,我想若能继续不断地记下去,将来的乐趣是不待烦言的了。"③"写到今天的日记,恰好用完了三本练习簿。自从元旦起迄今已相近八个月之久,中间虽然也有断断续续的地方,不过至少记有三分之二,我愿以后永远地继续下去。"④写日记成为他生活中的一种乐趣,而非仅仅是一项任务。他对记录的生活细节产生了浓厚的兴趣,表现为对自己生活的关注和对个体经历的珍视。这种对记录和回顾生活的关注,是他在动荡中找到的一种积极而持久的心理支持。写作成为一种心理调适和自我关注的手段,见证其在动荡时局中寻找内心安定的努力。

尽管书写带来新鲜和愉悦,使颜滨立下每日不间断的志向,但坚持记日记并非易事。恶劣天候、日程繁忙、疾病侵扰,都有可能遭致日记的中断。1942年的夏天,上海暑热非常,颜滨的日记停滞了近一个月。数月后他随姐姐返乡,其间也未曾动笔,他自觉是"心撒野

---

① 1944年1月1日。
② 1945年1月1日。
③ 1942年2月26日。
④ 1942年8月20日。

了"的缘故①。1944年,因元泰五金号安排颜滨改宿至栈房,使他写日记产生诸多不便;1945年,颜滨先因患病停笔,后遇经济困境,几乎每日奔走于证交所,无暇执笔;而经济拮据也更令他心浮气躁,无心记录②。尤其在灯火管制严格实行后,颜滨欲执笔时总已没有了电灯,一日疲劳之余也急于就睡,便提不起写日记的兴趣了③。尽管日记出于上述客观原因而中断,但颜滨往往将这些理由视作借口:"不过凭良心说,不记日记的原因还是我自己的懒惰。"④每当日记中断,他都懊悔万分,拾起笔继续的第一篇总要反省自己的懒惰:"已有三天没有记日记了,一方面是这几天我的生活平淡得没有记下来的价值,然而另一方面自己的懒惰也是不能否认的事实。"⑤1942年9月至10月,颜滨几乎又有一个月没有写日记,这使他联想到自身品格的缺陷:"天哪!我实在是太不长进了,充分地表现出了中国人的劣根性(五分钟热度)。昨晚我细想了许久,觉得可怕极了,若长此以往,则将来实在是不堪设想,一个毫无学识的人,怎能在现今的社会上立足呢?"⑥社会不稳、情感烦闷影响了颜滨对写作的积极性,然而在自省的目的导向下,持之以恒作为一项修身要求时刻提醒颜滨,使他对连续性产生强烈执着。

事实上,在生活平淡、缺乏刺激的情况下,颜滨写作的动力和兴趣逐渐衰减是不可避免的。他多次提及生活平淡与书写愿望之间的冲突:"平淡的生活,想不出值得一记的事情,近两天的日记都只寥寥数言。"⑦"平淡无聊,不堪下笔。"⑧他认为日记的重要作用之一即是

---

① 1945年2月8日。
② 1944年12月20日。
③ 1945年4月14日。
④ 1942年11月22日。
⑤ 1942年3月24日。
⑥ 1942年10月1日。
⑦ 1944年2月6日。
⑧ 1944年7月31日。

"锻炼人的有恒"。为此,他在 1944 年曾一度立下志向,要求自己每日必作一篇日记。1944 年的日记的确几乎每日不断,中途少有缺失;然而在强制性的持续下,一些无话可说的空间产生了:"当我拿起笔来要起这篇日记的时候,我觉得实在无事可记,然而因为不愿间断,不得不草草地写了一段""星期日更觉无聊,真是春意阑珊,做事不高兴,连记日记也好像是多余的事。但因从本年起,从未间断,我要保持不断的记录,不得不胡凑了几句。"①此类表达屡屡出现,甚至因为实在无话可说,专记"无可一记",足见颜滨在平淡状态下努力保持日记连续性的种种努力。这些仅有形式而无内容的日记,反而使日记展示出作为某种"常性"载体的重要意义。

写日记第三年,颜滨已能领会日记的深意,即培养人的恒心。出于对日记中断后的懊悔与对连续记录的承诺,颜滨仍勉强写下几句,因他认为持续写日记是一件磨炼品格、培养恒心的事:"一方面我深能认清日记的功用,另一方面也可以说慢慢地已成了习惯。对于别的事,我根本谈不上一个'恒'字,但从这两年余的日记看来,也是可引以为豪了。"②写日记两年后,颜滨已有"习惯如自然"的体会:"在我首次记起的时候,有许多人都说我至多不过数月,而我到现在居然也已有两年有余。所以我认为有恒与否,差不多都在于心之所好,但有些事情,当初虽觉勉强,日久则往往变成习惯,倒觉非做不可了。"③通过建立固定的仪式和规律,颜滨获得了一种安全感,这是其在时局动荡中保持个体身份和秩序感的一种手段。日记的习惯为他的生活引入了有序性和规律性,创造了一种日常节奏,使他能有意识地面对每一天,而非无目的地度过。

当日记作为一种仪式进入每日生活,人为的"有恒"努力即创造出"有常"的生活节律。颜滨曾一度感到生活失常,但"每天除一篇还

---

① 1942 年 1 月 30 日,1944 年 3 月 12 日。
② 1944 年 5 月 7 日。
③ 1944 年 5 月 27 日。

债般的日记外,不做一事",成为失常中的底线保证①。日记之所以能还债,正因它是混乱生活中的固定事项。每天的写作行为成为一种令人熟悉的仪式,带来对生活的控制感,失常的生活仅靠每日寥寥数言的日记维持,悬于一线。他试图保持日记媒介本身的连续性,即便其内容已不再与他对生活的理解、对情感的关注相关,但他将持续的写作活动视为制造"有常"的手段,即便写作亦是一种负担。日记成为给予颜滨生活节奏的重要工具。持续记录的努力作为一种文化实践,创造出一种生活的连续性,从而在不确定的环境中找到一种稳定感。在写日记这一动作的每日重复,亦即文化实践的持续中,颜滨试图找到一种持续的、相对稳定的生活节奏。这种节奏是其构建自我生活的前提,也在不经意的时刻成为与外界抗衡的力量。制造"有常"是对社会动荡的一种积极参与和对个体命运的主体性承担。写日记作为一种相对有序、持续的文化实践,在生活的混乱与不可控中抚慰了颜滨的心理,提供情感上的稳定,是他在动荡时期中保持内心平静和稳定的一种方式。颜滨找到自己的坐标,在混乱中找到持久的文化支点,这种生活秩序带给他内心安定的感觉。他在时间维度上建构了自己的身份认同,将个体经历和成长与文化、社会的变迁相连接,形成一个相对连续的个人历史。

当一本日记簿写完,颜滨常有"告一段落"之感,使他产生回顾过去、总结反思的愿望。日记成为区分颜滨个人时间的载体,也成为他回顾过去的契机。每个节点都是一个自省的时刻,当一本日记写完,颜滨习惯性地回顾过去的文字,分析自己的成长过程、思考模式的变化。日记成为划分生活节点、感受和思考的独特方式。情感的节点不同于普通的时间刻度,反映了颜滨在时间中的主观感知、情感变迁以及内在成长的特征,为他提供了深入自我认知和人生意义构建的机会。他在情感、思想、经历上的一段旅程,并非简单地按照日历刻

---

① 1944年6月13日。

度进行;每本日记的开始和结束成为对自身的反思契机,形成对人生目标和价值的清晰理解。个人内在世界的故事构建起来,它与时间先后次序并不完全一致,更使他深刻地理解了自己内在世界的发展和演变,为其提供了自我发展的线索。

具有强烈情感体验的事件分割了颜滨不同时段的内心世界,然而每每回看总令他失望——据其"差不多完全是悲哀与失望"①之语,这些事件往往与痛苦相关。对人生的反省往往在颜滨重读日记时涌现。"我的日记到今天止也已写完了两本,回看这中间所记着的差不多完全是悲哀与失望。找不出一个快乐的日子,这使我多么的痛心啊!但是过去终于成了过去,再也不能挽回了,现在只有希望将来在第三册的日记簿中能够创造出一条光明之路,好!期待着吧!一切痛苦与悲哀随着第二册而消失!许多欣慰与快乐同着第三册而来临!"②写完第四本时,他惊异于此种苦闷未曾改变:"可惜在这整整一年,在我的日记簿中简直找不出半件事可以值得注意,实在是太平淡了。我希望在明年也就是从第五册簿子里有新的成就与变化。"③这使颜滨决定在1942年12月26日停笔,因为他相信在最后五天里,也绝无值得一记的事情。当他有意识地回顾自己过去的生活,生活琐屑最终导向了莫名而起的苦闷,成为一个重复出现的主题。

事实上,颜滨不时发出"莫名的苦闷,又紧缠着我"④的个人困惑,可以在价值失落的时代空气中找到共同的依据。如邹韬奋1936年的观察:"在现在的中国里,除汉奸卖国贼外,大概都不免在苦闷的气氛中。尤其是热情洋溢的青年,他们特富于敏锐的感觉,纯洁的心情,每日展开报纸所看到的记载,尽是民族的敌人横行无忌,激进侵

---

① 1942年5月17日。
② 1942年5月17日。
③ 1942年12月26日。
④ 1944年7月1日。

略的事实,悲愤的情绪,实有难于抑制之苦。"①民族蒙难下,青年的表达欲望强烈。谢冕回忆自己的40年代时言:"战争带来了父亲的失业和家庭的离散,朝不虑夕的生活对于我的童年,是一场望不到头的苦难。战乱和动荡,饿殍和伤残,贫穷给我的是早熟的忧患。我的心很自然地接近了社会的底层,同情弱者,悲悯挣扎在死亡线上的众生。我于是在黑夜呼唤黎明,其实我并不真知我呼唤的是什么;在孤独中我反抗黑暗,其实我也并不理解我反抗的内涵。"②战争作为一种先验的苦难,自颜滨出生起便存在,导致了颜滨对生存的焦虑贯穿生活始终,一种饥饿感——吃不饱、穿不暖、行不得的艰涩处境成为他日记的底色。颜滨在生存线边缘的呼唤、反抗,未必在当时就显现出确定的真意,而可被看作一种理所当然的集体无意识行为。哪怕并不清楚呼唤什么、反抗什么,但挣扎本身似乎是此种处境下青年的本能。

苦闷在这个过程中既是个体内心的真实体验,也是当时社会状态的折射。社会动荡使人们面临更为复杂的身份认同压力。颜滨透过日记记录了这一时期的社会心态,借此探讨自身在历史巨变中的定位。通过书写,他试图厘清内外在矛盾中的身份认同,探求在苦闷中的自我认同和价值观。日记也是颜滨对时局和社会变迁的反思与抵抗,即使颜滨有一定的愿望和理想,也受到来自家庭、环境以及金钱等方面的强大制约,难以实现抱负和理想。"怎样做一个超特的人呢? 我不是常常把自己看作一个有为的青年吗?"③通过这些自省,颜滨试图理解自己的行为动机,找出问题所在,为改变提供动力。通过对自身生活、家庭、社会环境的深刻反思,寻找自我改进和成长的路径。

这种挣扎不仅来自经济的压力,还涉及价值观的动荡。20世纪

---

① 邹韬奋:《邹韬奋谈人生》,吉林人民出版社2021年版,第96页。
② 谢冕:《咖啡或者茶》,长春出版社2012年版,第10页。
③ 1944年6月16日。

40年代,面对庞大、分裂的世界,善恶的标准不再清晰,青年落入了现代性的生存危机之中。王富仁论及20世纪40年代的知识分子时,对于时代空气曾有深刻的把握:"他们得自己选择,自己为自己的选择负完全的责任。没有任何一个人能为他们指出一条绝对完美、完全正确、万无一失的人生道路。任何一个人都只是各种不同人中的一个,连自己的父母兄弟、老师朋友都只是人生漩涡中的一个泡沫,连他们之间都没有共同的信仰,就更无法为人选择出一条共同认可的人生道路。(中略)即使他们做出了一种自己能够认可的选择,这个世界对他们仍是沉重的,因为他们的任何一种选择都同时面临着各种不同选择的纠缠、狙击乃至围剿。只要他们的选择是真诚的,他们就得以自己的方式承担起整个世界的沉重。在他们面前,世界上的一切都成了不确定的,唯一真实的就是自己的感受,他们必须在自己的感受中建立起自己对世界、对人生的认识。他们必须依靠自己的心灵直接感受这个世界,一切略带明确的东西都是在困惑、迷惘、痛苦、焦躁之中建立起来的,都是感受之后的结果,而不是感受之前从别人那里接受过来的现成标准或现成结论。"①19岁的颜滨对存在的意义产生迷茫,向人生发问:"为什么要有人生,人生究竟为些什么?这个问题凭我的生活与经历,始终也找不出一个正确的答复。"②在与自我、与时代的不断对话中,他或迟或早都会问出这个问题。日记记录着他对于身份认同模糊的、困惑的体验,将心理冲突具体化为文字,以求在表达中寻找心灵上的解脱。

五四运动之后,一种理想的青年形象落成了,而青年的彷徨也被继承下来。继20世纪20年代新旧之间的彷徨之后,20世纪40年代善恶标准的模糊、现实与理想的距离又引发了新的彷徨,在沦陷上海造成了生存、道德与精神层面的种种焦虑。他的面前似乎也总横着

---

① 王富仁著,李怡、宫立编:《王富仁学术文集(第3卷):中国现代文学论集(上中下)》,北岳文艺出版社2021年版,第380页。
② 1942年6月25日。

两条路:它们不局限于家要不要回、从商还是从文、恋爱还是婚姻的个人问题,更经沦陷语境的框定,使颜滨陷入生存与道德、抵抗与顺从、进步与堕落等时代困境。现实中二选一的问题被连续生产出来。在经济、政治、文化等意义上的"动荡",颜滨颠簸于顺势而为与逆势而上之间。从结果来看,他彷徨左右,始终未能付诸某种确切的行动;然而,彷徨的痕迹留诸纸上,使其自我意识展示出不逊于行动的历史实感。焦虑——一种并非不可被实证的情感潜藏于日记制造出的日常生活中,触发个人的思考与行为,于微处提示着历史的另一条叙事线索。

第二章

生存焦虑：
当"投机倒把"成为唯一的路

经济与民生作为普通民众关心的头等大事,成为超越政治处境的首要考察对象。沦陷之后,上海经济秩序紊乱,对市民生活造成极大影响。在日军的经济掠夺下,五金统制、货币政策、米粮配给等政策对个人生活造成何种影响,如何应对,应对方式是否具有阶段性?关于这一时期的经济情况,颜滨在日记中记有日常开销,便于物价取样。日记中记载了不少日常开销,可推测出他的基本消费习惯。他尤其记录了米价的惊人涨势和个人身处其中的生活与情感,可用于探讨饥饿对起居作息的影响及其应对手段。面对物价飞涨、入不敷出,素来鄙视铜臭的颜滨见识到金钱的魔力,应对方式从"安分守己"的开源节流、亲友互助,最终走向"机会主义"的囤货倒卖、股票交易。本章将讨论颜滨的经济情况,观察他不同阶段的生活状况,讨论个人欲望是如何在生存焦虑的逼迫下被诱发、乃至膨胀的,如何为战时的经济政策所操纵的。

一、经济困难下的开源节流

1940年,17岁的颜滨入元泰五金号做学徒,至1942年大约刚刚出徒。太平洋战争爆发后,上海港几近瘫痪。此前的畸形繁荣破灭,迎来的是贸易停顿、民众失业,物资短缺成为战时生活经济的主要特征。国际贸易尤其受到重创,除仅有若干日输法轮行驶外,进出口贸易与航运几近完全停顿。原料品进口困难,导致上海市场上物资匮乏、价格飞涨。各种原料、食品逐渐缺乏,生活资源来源遂成严重问题。工业生产亦较前大为缩减,大部分的资产被冻结,因战事而致业务停顿者,非仅各协约国商行而已。尤其在上海沦陷后,日军依赖中国的物资,对中国占领区的依赖更甚。

上海经济停滞、民众生活困难,有以下原因:其一,失业者众多。颜滨姐夫启昌所在的永盛薄荷公司定于1942年3月底解散,他家三人俱将因此失业。颜滨感叹往后生活难过:"值此米珠薪桂之时,真所谓要坐吃山空,不得不另寻出路。"工商停滞导致工人失业者甚众,华人企业停闭者难以枚举,失业者盈千累万。据工部局1940年12月份工业报告,当月公共租界及沪西越界筑路区内失业工人共计达6万人,工厂停闭者计210家,各业工人有22 000余人失业;至于码头工人、车夫、苦力等失业者则更多,达36 000人以上。尚有余力的商户多存观望,不愿遽弃所业,凭借栈存物资才能勉强安度年关。除上海原有人口面临失业之外,更骤增外地无业居民。失业潮直接影响了个人的经济和就业状况,也使原本相对安定的社会出现严重动荡。颜滨尚能有一饭碗在手,尽管待遇每况愈下,也已算是相对幸运的。

其二,难民涌入,人口倍增。为了逃离战乱,人们聚集在上海这一看似安全的地方,因此涌入了庞大的流动人口。过去三年来,内地民众纷纷来沪;太平洋战争爆发后,因兵灾匪祸避入上海以求安全者更日增一日,致人口急剧增加。至1942年时,上海人口已达600余万人,较事变前激增100万—150万人之多。上海的物资难以供给如此众多的市民,日常所需物品匮乏致使生活渐入困境。

其三,货币贬值,物价上涨。大约自1939年底开始,上海物价上涨漫无止境,至沦陷后更因局势骤变而涨势剧烈,迫得市民难以苟延喘息,即使薪给迅速调整也还不足应付。1942年4月24日的工部局公报显示,3月上海华籍工人生活费用的新指数达1 781,此生活指数较1936年约增18倍,而1元币值仅等于1936年价值的5.61分,市民的生活成本愈加难以为继。生活指数的上升直接影响了市民的生活水平,大部分民众在物质匮乏的环境中感受到巨大的压力。通货膨胀自20世纪40年代开始,致使物价至1944年翻了近十倍。40年代初,旧法币100元的购买力足以买下两头大牛,但在1945年却只能购买一条鱼①。从1942年开始,薪资逐渐贬值,物价猛涨,使得人们的生活变得艰难。1942年1月底,颜滨整理当月零用账目,"竟花去105元6角,超出预算已有五倍"②。

港口输入的阻断、工商制造的停滞以及人口暴增,导致上海人均物资骤减、物价飙升,许多市民不得不返归乡里。失业者不仅自身生活难以为继,也被当局视为这座城市的累赘。当局促请华籍居民凡非绝对必要居留者,尽速返归故乡。当局亦出台种种便利归乡政策,如川费减半、速发通行证等,许多工厂也给予返乡雇工津贴。返乡者多以宁波、无锡与绍兴为目的地,往返此等区域者络绎不绝③。物价腾贵,许多市民作返归故里之计。回籍之后,至少乡间食粮充裕,可解决基本吃饭问题。1942年3月,颜滨友人王荣祖失业后无力生存,即托颜滨购买船票,返回宁波老家。然而,与家庭的疏离使颜滨不曾有过回乡打算,上海整体的经济低迷对他造成的影响也非常有限——在上海一众五金号中,元泰财力绰有余裕,在沦陷初期仍负担了号中职员的吃住开销,每月薪金也照常发放。

背靠元泰使颜滨尚不至面临走投无路的局面,而他本身生活习惯亦简朴有度。在穿衣方面,颜滨购衣通常以实用为主,价格低廉。他春季着夹衬、派克斯长衫;夏季着短衫,材质多为棉布、府绸,华丝纱已算是相当好的料子;秋冬着驼绒袍、绒线衫。除非万不得已,颜滨鲜少添置新衣,只有当现有衣物实在无法满足极端天气时才作考

---

① 上海社会科学院《上海经济》编辑部编:《上海经济1949—1982》,上海人民出版社1983年版,第81页。
② 1942年1月25日。
③ 1942年4月25日。

虑。即便添置,也是先购买衣料,再请亲友中懂针线者帮忙制衣——此种请托自然是免费的。1942年的夏天闷热异常,颜滨仍穿着闷热的派克斯长衫,已不合时宜。伯母劝他做一件华丝纱:"据说只需新法币一百五六十元左右。"①然而,即便是夏衣,定做一套也需花费巨额:"至少需配纺绸衫裤二套,却也需洋二百左右。那么,一共岂非三四百元了吗?叫我哪里做得起呢?"②至于冬装则更非他轻易敢想:"稍能入目的衣料,每件至少五百元左右。"③不过,绒面袍料衬人气度不凡,使颜滨难免产生必要以外的物欲。1942年冬天,因旧驼绒袍略短,颜滨在大马路上购入一件花呢衣料欲制新衣,花去430元之巨。事后他自我反省,所谓旧衣略短不过是借口:"依旧不能免俗地充满了虚荣心。"都市的摩登风气显然影响了颜滨的喜好,他意识到自己的铺张,将新买的面料收好,又买入两方哔叽,作旧驼绒袍放长之用。节俭的生活习惯同样反映在穿衣方式上。为减少衣物磨损概率,颜滨从好友家驷处习得工装与常服分开穿着的方法:"他工作时的衣服甚为朴素,只穿了一件短短的布夹衫,足上穿了一双旧皮鞋,与出外时截然二人。"④颜滨也效仿此举,以求尽力延长衣物寿命,避免无谓开销。若逢有着衣要求的特殊场合,颜滨则多向旁人借取用以应付。这类衣物昂贵且不实用,他不愿为其特费一笔。如1942年旧历除夕晚,元泰号中晚餐需着马褂,颜滨向友人维新求借:"很好的一件,毛葛制料、摩登套纽"⑤;参加友人婚礼时需着皮鞋,颜滨也问姐夫借得一双。借衣既得体面,又不破费,是常见的节约方法。

与衣服相比,添置一双鞋则更是一项大额支出。成品早已买不

---

① 1942年7月2日。
② 1942年7月2日。
③ 1942年7月2日。
④ 1942年4月29日。
⑤ 1942年2月13日。

起了——1942年初,颜滨曾去大马路逛街,橱窗陈列的皮鞋标价均在一百元以上,棉绒鞋也需四五十元左右,"使人不禁有望鞋兴叹之慨"①。至1942年6月,鞋价更因物价翻倍而水涨船高:"一双最起码的鞋子竟也需五六十元之数,若说皮鞋则更非五六百金不办,稍微好一些的话那么你怀中的一千元钱恐怕已经不是你的了。"②皮鞋贵不可及,颜滨平时多穿布鞋、拖鞋。一旦穿坏也并不直接购买,而是自制鞋面,再请鞋匠配底,从而节省部分费用。颜滨曾请亲戚代制一双缎面鞋面:"白的面子加上淡蓝色的线做成的松鼠偷葡的花,看上去很是文雅,做工也很精细"③,令他十分满意。然而,配底每双起码五十元,又使颜滨犹豫起来。他本打算寻出一双旧皮底与新鞋面马虎配作一双,幸得从姐姐处获赠白皮一方以制底,便又在南市寻找价廉的皮匠,因南市物价通常被认为较租界低廉。不料问过几家鞋铺,均要价八元中储券,与法租界无异。颜滨因急用只得依价照付:"综合这双拖鞋的价位却近五十元之数,真非意料所及。"百物俱费,尽管颜滨几经周折设法节省,但省下至多不过十元④。

在衣着之外,颜滨的出行同样奉行俭约,多半依靠脚力。遇上雨天,颜滨也坚持步行。如果雨势不大,他便感恩天公作美,称其为"一个小小的幸运";若不巧被淋得湿透,他也苦中作乐、自我调侃:"这并非要省去这区区的几角钱,实在要锻炼我们的勇气。"⑤颜滨自有一"不坐电车"的口号,作为日常出行的原则,并奉行乐观主义:"(出行)无论远近总是利用我的两只脚,一方面可以省去不少车资,另一方面则又可借以运动运动,这真是一举两得。"⑥只有遭遇暴雨或路途过远时,他才考虑代步工具,因为若强行冒雨行远途,鞋子恐要不

---

① 1942年1月8日。
② 1942年6月3日。
③ 1942年6月21日。
④ 1942年6月2日。
⑤ 1942年4月14日。
⑥ 1942年6月3日。

保。代步工具有电车和黄包车两种可选,电车价格相对更低。1942年冬日的一天,马路上积雪极厚、泥泞非常,颜滨欲叫黄包车,但起码要价二元,他最终赌气乘电车回来。然而自1942年5月起,法商电车也实行涨价,各路车辆头等涨一角五分,三等涨五分,导致颜滨乘坐电车也要再三犹豫了:"汽车已绝迹,最大众化的电车也是一涨再涨,人皆言'行不得也哥哥'"。① 电车涨价后,为节省路费,颜滨外出时基本步行,致使鞋子消耗更快;一旦遭遇恶劣天气,为防止仅有的一双高脚套鞋穿洞起见,他也只好乘坐电车②。每临雨雪季节的考验,他不得不在车与鞋之间左右权衡,不敢无故动步③。

虽能自足,但捉襟见肘,基础消费亦需再三取舍。

尽管他并没有过分的消费,也没有过多不良嗜好,但从沦陷开始,颜滨就意识到了自己捉襟见肘的问题。买饼干一斤半,每斤计洋6元,共计9元,而尚还是碎货。不知不觉就用去20元之巨,这俱是在他的预算之外。他原本计划月底结余50元左右,不料差不多要全军覆没了④。这种情况在1944年尤为明显,尽管颜滨薪金涨至4 800元,但物价上涨更为迅猛,导致生活水平不如1942年。至1944年底,因通货膨胀严重,颜滨不曾动过置办冬衣的念头:一件普通袍料涨至10 000元,做成后更需30 000元的天价。

基本生活开支方面,颜滨能省则省,极少为图轻松方便而随意铺张。为使精神丰足,颜滨培养了一些娱乐消费习惯,当然也相当低廉。观剧是颜滨最喜爱的娱乐活动,日记中常见颜滨与亲友出入上海各大影院和剧场的记录。几乎每次观剧后,颜滨都会记下剧名、主演、票价,偶尔还会记录剧情梗概。1942年,颜滨几乎平均一到两月去一次影院,当时电影票价在2—3元。至1944年7月,颜滨与朋

---

① 《申报》1942年4月30日。
② 1942年6月3日。
③ 1944年5月24日。
④ 1942年4月17日。

友相约往兰心大剧院观《艳阳天》,票价竟已达250元。此外,逛公园也是颜滨的一大爱好,他有晨起入园打太极拳的习惯,傍晚饭后也常至园中散步。他最常去的是法国公园,因其距离元泰最近。公园门票价约为3角,由于颜滨游园频繁,办理一张不限次数的"派司"①更为划算;但因"派司"价格不菲,颜滨犹豫再三,最终才忍痛买了一张。对文化娱乐的需求在经济拮据的情况下,显然使他不得不再三掂量。

经济问题也影响了颜滨的社交活动,使他屡屡陷入窘迫之境。颜滨热爱交友,与朋友的畅聊往往能使他纾解积郁,获得乐趣。他常与二三朋友约见叙谈,但社交活动也免不了破费。1942年,法租界新开了一家"四姊妹"咖啡室,不少男女青年趋之若鹜,友人炳麟提议至"四姊妹"一坐。时髦新派的西点当然对颜滨具有吸引力,但费用使他为难:"若将不应吧,则情面上说不过去;然应承吧,则势必由我请客,这笔费用一定可观。"②踌躇片刻,颜滨还是同往。尽管他只吃了三杯咖啡、两客馒头,至会账时仍被6 600元的金额吓了一跳。这笔消费非但把他当日所得薪金如数出清,甚至倒贴2 000元。1945年7月,颜滨与女友若芬同至西藏路吃点心,两盒冷面竟花去现钞一万余元:"经济很窘的我真觉得后悔。"③社交应酬时的拮据令他苦恼,本该轻松愉悦的约会也因囊中羞涩而充满遗憾。免费的去处实在难寻,因不得不优先考虑费用问题,颜滨拒绝了不少邀约。这违背了他广交朋友的性情,暗中滋长了苦闷。

除个人开销外,亲友间人情往来与社交礼仪的花费也未因经济萧条而免除,令颜滨颇有"人情急于债"之感。1944年2月,颜滨接连面临姐姐家外祖父、祖父的阴寿及月底大阿哥的生辰,应酬花销频繁。"各依眼前一般普通的礼节往来,至少须在一千开外,叫我一个

---

① 派司,上海话中的音译词,意为出入证、通行证等。
② 1945年3月1日。
③ 1945年7月21日。

小职员怎能担当得起呢?"①碍于情面,颜滨送出了当月仅余的二百元,尽管这个数目"贻笑于人",但也已占去其月薪的五分之二。如此大笔支出使颜滨难以承受,他开始思考如何在拮据条件下礼尚往来。几个月后,旧友莲姐生下一个女儿:"思考起过去的情感,似乎一份人情是不可减少的。"②颜滨本打算赠其一对金制响铃镯聊表心意,但因囊中羞涩,只能退而求其次地选取了相对实惠的银底镀金材质③。职场亦有难却的人情往来,每逢元泰职员结婚,其余人等有集资为其摆酒祝贺的习惯,费用由众人分摊。1942年底,职员秉衡即将回乡结婚,元泰众人为其送行,特地叫饭司备了一桌丰盛酒菜。宴席相当热闹:"欢呼畅饮,猜拳行令,直吃得杯盘狼藉,酒醉饭饱方才散席。"④此次酒菜费用共计306元,由秉衡之外的九人平均分摊,每人计需34元。1944年2月,职员鹤鸣也将返乡结婚,离乡前夜照例举行一次预贺,所费在3 000元左右,每人应出200余元。此种婚娶等重要人情往来,颜滨一向尽力为之,但难免感到捉襟见肘:"我感到支出明显超过收入,这无疑又是一种经济威胁,然而又有何办法呢。"⑤这些场合的礼金和宴席费用成为颜滨生活支出的一部分,但他不愿因经济问题怠慢人际关系,只能一再压缩个人开支。

家庭、职场的人情应酬已足够令颜滨犯难,然而经济吃紧并没有对十里洋场的麻将社交造成影响。麻将作为上海人特有社交活动的一部分进入颜滨生活,使他陷入赌博的困扰。逢年过节,颜滨亲友常聚姐姐家,麻将成为他们饭后消闲的固定活动。虽然颜滨深感"这实在是一个恶习",却时常难却亲友的邀请,彻夜雀战,伤财费时。他向来输多赢少,输少"已是万般称幸了"。1942年元旦聚会,当晚两次

---

① 1944年2月17日。
② 1944年5月24日。
③ 1944年5月24日。
④ 1944年7月5日。
⑤ 1942年3月6日。

雀战,颜滨各输去 1 元,他尚不觉得什么;二月农历新年时,他竟足足输去 120 元之巨,懊悔至极:"在这四天中真可称为醉生梦死。"麻将成瘾愈发严重,1944 年农历新年,颜滨输去 8 000 元,徒留"疲乏的身体和懊丧的心情",这令他感到已到不得不戒赌的境地。他将这一天定为"戒赌日",期望以此自我警示①。然而,每当颜滨试图逃离雀战,总免不了遭受亲戚的挽留甚至揶揄。如此氛围下,素来重视人际关系的颜滨也只好从命。他在日记中无奈写道:"在这样的社交场合,为了不招人讨厌,也不能过于固执。决定戒赌的我,这时也只好通融了。"②

  衣食住行方面,颜滨已能省则省;人情社交,他也勉强为之。唯在教育方面,他毫不吝啬,将其视作一项自我投资与人生实现的途径。他重视知识汲养和自我提升,并期待以此提高社会地位。1942 年下半年,颜滨报名入读第四补校暑期班,选修了他最感兴趣的英文与国文,每晚 8 点至 9 点上课。学费为每期 10 元 5 角,另有教材亦需自费购得,总计下来并不便宜。英文课所用教材有两本,一本为该校自编的《短篇英文选》,"薄薄的一本,一共只有 66 个 Page,却需洋(新币)2.50";另一本是《陈氏英文法第三篇》,在利益书店购得。因颜滨是老主顾,店家给予优惠,"厚厚一本仅需 2 元"③。基本生活费之外,补习学校的支出占了最大部分,但颜滨仍坚持报名上学;只有在经济拮据的 1944 年下半年,他才放弃了英文课,仅读国文。1944 年,当家中瑞妹到了读书的年纪,"两千元的费用固然使我生畏",颜滨也坚持送她读书,从而"履行一个没有父亲的哥哥的责任"④。颜滨并未因为瑞妹的女性身份而忽视她的教育,"宁肯节衣缩食来培植她",这源自其进步意识及个人经验。入读第四补校的正面体验使颜

---

① 1944 年 1 月 29 日。
② 1944 年 2 月 23 日。
③ 1942 年 7 月 3 日。
④ 1944 年 8 月 12 日。

滨重视教育,这种观念影响了他的消费活动,并使他深信真才实学与个人成就密切关联:"社会决不会埋没一个有学识有作为的人才。"①

颜滨对读书的重视也与其文学兴趣相关。他爱好文学,喜爱读《万象》《春秋》等文艺杂志,这些通俗作品给予他无限的生活乐趣和文学启蒙。对他而言,杂志价格不菲。1942年,他曾打算去利益书店去买一套心仪已久的《万象》,共七册,"不料价格每本须一元四角之巨,七本却须九元八角之多"②,令他进退两难。入读第四补校后,颜滨开始在该校创办的中华业余图书馆借阅书籍。借书便利又实惠,仅需保证金4元与每月手续费3角即可借阅,比购书经济许多。随着在补校读书学习、结识同道,颜滨对文学的喜爱从阅读延伸至创作。1944年,他与补校同学合办了"星火"学习社,并创办了《星火》杂志。社团活动也需经费支撑,"星火"每月设会费200元与300元两档,用于杂志纸张的购买与印刷。颜滨作为社团领头人物,往往尽力而为,交300元以作表率;但因白报纸在沦陷期间价格数倍上涨,所征会费也不过是杯水车薪。出于兴趣的读书、办刊带给颜滨精神上的充实和满足,尽管为此花费不少,但他从未想过削减这项开支,因为文学的滋养、与同道的交流是其晦暗生活中难有的慰藉。

1942年4月,颜滨听说苏州河旁的大多数五金号将于五月底解散,而元泰尚能勉力维持。颜滨统计其当月工资,加上津贴共有71元,每日另补贴6角早点费。1942年5月,薪资88元6角。6月起以法币2元调换中储券1元,至本月21日至停止调换。物价涨起一倍。号中待遇也依照中储券结算法币的方式发给,共109元,颜滨认为"还算合理"。6月底,颜滨的薪水突然猛增了一下。"猛加了一下,上月分只有109旧法币,以二做一计算只有55元不到,这次突然所加,是另加40元作为津贴。甚为满意。"③"据胡先生今晚开出的

---

① 1946年2月9日。
② 1942年1月12日。
③ 1942年6月30日。

单子,下个月我的薪水竟然有一百四十九元中储券了。上个月只有一百零九元的旧法币,以二作一计算只有中储卷五十五元还不到。这次突然所加,计算法是照上个月薪水数以旧法币改作新法币,另外再加40元算是津贴。虽然照近来的物价计算,这区区之数不值一提,但是这次总算意外的收入,并且所加的数目也不在小数。对于各种缴用不无小补,我已觉得甚为满意了。"①拿了这笔突然而加的薪水,大家笑逐颜开,称心满意了。颜滨不由感叹,金钱的魔力是伟大的,它能够影响人类的悲欢哀乐,控制一切生物的生活。尽管也有一些人对它感到厌恶,但是当他们身处困境的时候,也只能向金钱低头。"古语所说,'一钱迫死英雄汉'及'钱能通神'等语,大概就是指这个道理。"②

物价很大程度上塑造了颜滨的社会关系与心灵状态,而他得出的结论充满无奈:"只能向金钱低头。"可笑这万能的金钱,它能使子弑父,弟害兄,但它却不能破坏我们俩的友谊。

"关于金钱或利益方面的进出,我素来气量是很大的,我不惯向任何人斤斤计较,但世人大多数总喜贪小便宜。"

"晚饭后同祥麟闲步法国公园,谈起此后的愿望及目前的处境,彼此都不胜唏嘘。但我还比他远观得多,尤其对于金钱问题,我们的酒仙太白说得好,'人生得意须尽欢,千金散尽还复来',也足以解嘲了。"

二、米价疯涨下的粮食危机

1944年,颜滨的薪金涨至4 800元,较1942年翻了10倍。这似乎是一件好事,然而同期物价涨幅更甚,实际生活尚不如两年前好过。他在1944年2月的日记中记录下米价已达每石3万元的新高,

---

① 1942年6月30日。
② 1942年7月1日。

而煤球的价格也上涨到了7 400元一担,令他心惊。他听闻从前有人将煤球比作鸡蛋以示煤球之昂贵,不由感叹如今的黑心煤球已超鸡蛋价格的十倍不止。通货膨胀使基本的生活用品也变得奢侈,人们感叹过去的物价仿佛是"一个奇异的神话"①。短短两年,物价已由起初的逐步上涨变为肆无忌惮的飞跃。其中,米价一再狂涨是通货膨胀的一个直接体现,对市民的口粮供应造成了极大的影响。日军侵占期间通过控制粮食供应来加强对上海社会的掌控。中国产的食米被指定供给日军及日本国内需求,而上海和天津所需食米则由中南半岛的法属东南亚殖民地供应。如此利害关系下,日本对上海米粮的掠夺日益加剧,市民的基本生存物资被步步压缩。

自1942年初,上海开始缺粮大恐慌。工部局为防止米商哄抬物价,规定禁止国米运入租界:"不论何种食米超过一升者未领许可证不得擅自搬运;凡违犯本布告而运入界内之国米,当予没收,不另给偿。"颜滨记下这一消息,猜测这正是近来米价狂涨的原因:"这是谁也不能预料的,近几天的米价竟似断线的风筝般地狂涨,由二百几十元起到今天竟达六百元左右,据说最近到一千元也未可知呢。"②此项禁令一出,由华界贩米入租界的乡民已渐少进入租界,而入租界内贩售者则居为奇货,高抬售价。购买者亦争先购储,致每斗价格高至四十五六元至五十元。见有利可图,米店和杂粮商家趁机将库存提高了一倍以上,并纷纷掀起涨价风潮。早市的喊价声已达每石500—600元之巨,贵贱由距离公共租界的远近决定,而公共租界内的价格更是高得离谱。民食恐慌达到顶峰,杂粮成为人们退而求其次的选择。糯米、黄豆、赤豆、苞米、红粮等被疯狂抢购,就连无人问津的赤豆价格也由每斤一元六七角涨至二元四角。政令发布后的短短几日内,各粮店获利相当可观,堪比七年之功③。

---

① 1944年2月9日。
② 1942年3月13日。
③ 《申报》1942年3月13日,3月14日,3月17日。

由于沪郊和外省的大米无法进入上海市区,大部分市民只能购买当局配给米粮食。当局令各米店限额售米,每人一例以一升为限,不许多购。每到米号出售洋米的日子,民众在各米店门前依次排班等候,拥挤状况总是前所未有。然而,通过此种渠道能够买到的粮食配额极低,根本不能维持生存,导致出现一批逐利的"轧米者",每日赴租界内购米再转售与人。他们轧得平米一升,转手出售即可获利1.5—2元不等。以此为生者不在少数,强壮者挤轧在前,一日之内可轧得三四升以至一斗不等,获利颇厚;而怯懦贫民终日挤轧,终落人后,从早到晚,粒米不得买归。轧米引发了一系列社会混乱,尤其是排队时挤压踩踏事件频出,几乎每天都有妇孺不堪挤压、倒地受伤的新闻见报。民众既遭挤轧痛苦,又受饥饿之厄,因"吃"的问题苦不堪言。

然而,贩米者也并非占尽便宜,因为贩米已成了性命攸关的生意。许多人因失业走上贩米道路,为求薄利糊口,他们不得不冒死穿越警戒线,惨遭日军杀害屡有发生。颜滨也曾目睹他们的惨状。1942年2月的一天,他晨起散步,从马斯南路直到徐家汇路,看见一群负米者陆续走来。他好奇地跟从前去,看见他们从徐家汇的铁丝网边越网而来,转眼又见铁丝网旁的一口口棺材,心中大为触动①。《申报》上几乎每日可见米贩丧命的悲剧:一宁波妇人至沪西购得白米后,途经打浦路康琪路口时遭流弹击中,伤势颇剧,生命堪虞;②一随父母从北新泾来沪贩米的男童,在进入警戒线时因人流混乱而与亲人失散,无家可归③。在当局的胡乱作为下,米价高涨的诱惑与收入无源的困境共同引发了民众铤而走险的心理,然而与之相伴的却是生命代价。

1942年初的严冬气候加剧了这场米粮恐慌,使饥馑导向死亡。

---

① 1942年2月28日。
② 《申报》1942年2月4日。
③ 《申报》1942年3月6日。

冬季本就是市民死亡率的高点,因为寒冷与疫病常常导致死亡。颜滨的一位远房嫂子就在1月因染时病去世,遗下了弱小的孤女。据上海殡葬慈善机构1942年2月的公告,同仁辅元堂总计埋葬大小尸体1 525具;普善山庄埋葬成人尸体2 625具,儿童尸体3 886具①。因数量前所未有之大,致使收殓棺材都出现断供。更令人扼腕的是露尸数量增多。据法租界公董局统计,1942年1月,租界内露尸多达900多具,而2月的死亡人数更超去年同期三分之一。2月的一天,颜滨在日记中感叹气候寒冷非常:"今日的寒冷可算入冬以来所未有。天空白茫茫的,雪花时断时续地飘着,北风发狂般地怒吼,吓得我不敢出门一步。我想在明天早晨的申报上,露尸,定有一个空前的记录,我不禁诅咒着上帝的残酷而悲叹流浪者的命运。"这类露尸均非冻饿而毙于路旁,大部分为死者亲友不愿为其收葬而弃之街头,因每具薄棺价格约20元,购置棺材尚需一大笔费用。此种情形尤以儿童为多,不少婴孩因家人无力抚养而遭抛弃,在饥饿和疾病的双重折磨下相继死亡。大量市民无力获取口粮,因不堪饥馑而曝尸街头,然而当局却似有意将他们的死因归为吸毒,从而弱化饥荒的恶劣影响。《申报》曾刊文暗指当局混淆视听:"昨天我亲眼见到一个二十多岁的青年,在巷口倒下去,面如白纸,瘦骨嶙峋,嘴里轻轻地喊着'饿煞哉'!这自然不是毒质在血管起作用,而是胃壁没有东西吸收所致,直到有人投给他一只大饼的时候,他贪婪的目光只注视着而已,不能动手拾取了;最后是放弃了可以解决'饿煞哉'的食粮而饿死了!"②在饿死、冻死之外,更有大量因生活无望难耐而自尽者,引发了社会关注:"是亦近来生活压迫下之牺牲者,情殊可惨。"③

无法调和的极端困境之下,一些人生出"饿死不如犯法"的念头,

---

① 《申报》1942年3月13日。
② 《申报》1942年3月17日。
③ 《申报》1942年7月30日。

实施当街抢掠。上海几乎每条街巷都出现了一群抢食的乞丐。一日,某面包公司派送大批面包,行经新闸路酱园弄附近,突遇大帮乞丐约三四十人,上前抢劫一空①。颜滨曾目睹这些人成群结队、当街明抢,他称这些人为"马路英雄":"无论食物或日用品,一被看见立抢一空。尤其妇孺是最易下手的对象,因体格悬殊,抢劫者几乎不费吹灰之力。"②抢食者通常三五成群游走街头,紧盯过往行人手中的食物,等待机会。污秽是他们唯一的武器——抢到食物后,他们并不急于逃跑,而是将食物迅速送入口中,即便失主追上也只能自叹倒霉。有时他们取调虎离山之计,由其中一人先行抢夺摊点,待小贩追出数米远后,同伙再趁机将摊位洗劫一空。他们不惧打斗,甚至攻击警员,此种犯罪行为在热闹街区即已十分猖狂,偏僻之处则更不必说。然而当局对此漠不关心,路人也多半袖手旁观,助长了抢风大盛,社会秩序因食物匮乏而几近崩溃。

为维持基本生存需要,当局试图推行苞米作为大米的替代。苞米又称玉蜀黍或珍珠米,在某些地方也被称为六谷,意为除了五谷之外的谷物。1942年2月,工部局发出文告,劝告市民改食苞米:"中国自有史以来,人民即以米为主要给养,是以米为华人最适宜之粮食,殆无疑义,盖不仅因其具有营养价值,抑且售价公道,供给丰富。惟自战事发生以来,上海之米价日升,来源渐竭,故为市民着想,当务之急,允宜考虑采用一种可与米兼食或在必要时完全替代米粮之食料。"③当局也曾考虑过富含营养且价格低廉的马铃薯和豆类,然而在短时间内改变民众的饮食习惯并非易事,最终选择了与大米差别较小的苞米作为替代。当局声称苞米在浙东、苏北一带早已普及,在上海虽是初次试行,然其对于民食而言经济实惠,呼吁上海市民培养苞米与米兼食的习惯,以延长存米供应时间。1942年3月起,各米店

---

① 1942年2月25日。
② 1942年3月13日。
③ 《申报》1942年2月21日。

仅准在每周一、周三及周六售食米,每周五则售碎苞米。米店出售的苞米并非研磨成细粉或粗粉,仅将其碾碎成颗粒,等同于洋米大小,其作用在于易于与洋米混合煮食。各大食品厂亦推出独家烹饪方法,"苞米炒酱""甜苞饭"等所谓新式食谱层出不穷,大都将苞米佐以盐糖制成。厂商在发布食谱之余,则顺带推销自产的调味料配套售卖,使其吃起来不至于味同嚼蜡。市面上甚至发明出一种"桂花饭",所谓"桂花"即是苞米。"桂花饭"将碎苞米直接与白米一起煮,开锅后白色的米饭中夹着鲜黄的苞米,据称极似桂花与米饭混合的口感①。听闻苞米开售的消息,颜滨受姐姐之托决心买来一试,当日却因购买者众多,大多米号均告售罄,最终白跑一趟:"我虽然未曾买到,但已首次地尝到了其中的滋味。"②苞米因当局推荐而成为大众哄抢之主食,每人每次限购一升半,其购买难度不亚于大米。尽管苞米售价约为洋米的四分之一,但对于颜滨而言也不算便宜:"最近当局想起了一种苞米粉以调剂民食,但其价格也需一元七角一升,买时也需排队,这叫我怎不叫苦怨天呢!"

与这些为维持基本温饱而铤而走险者相比,颜滨的处境要优厚许多,因其所供职的元泰具备大商号的经济实力。至少在沦陷初期,元泰经营尚佳,未见节衣缩食。号中饭司照例供应三餐,颜滨长住号中值守,早晚自然在号中吃;如果当日因事外出,一到午刻也务必赶回吃午饭,"从不放弃这应得的利权"③。然而,自从米价飞腾,元泰亦初显力不从心之态。号中素来重视旧历新年,不仅供给职员饮食,还在年节之际摆酒款待职员。往年要从初一吃到初四,早上是年糕汤,中午是酒席;1942 年却形式有变,除了分岁酒之外不再另办酒席。分岁酒奢侈如旧,定为三桌,每桌菜费为 200 元。这一数目相当可观,使怜悯饥民的颜滨心生不悦:"假使拿来救济贫苦者,若每人十

---

① 《申报》1942 年 3 月 7 日。
② 1942 年 3 月 13 日。
③ 1944 年 6 月 5 日。

元,可救六七十人之巨,岂非功德无量,但是我们拿来只作一餐之饱,实在于心何忍呢!"①然而,颜滨当时尚未察觉元泰的铺张已较往年收敛——分岁酒外仅供普通餐饭,其余一概折钱按人分配。当时颜滨尚对这个办法感到很满意:"因为有钱可拿之外,尚还有吃,这岂非是一个既经济又实惠的好办法吗?"②然而,在艰难时局中,供粮单靠金钱已不能解决。颜滨还不知这场饥荒即将波及自身。

新年酒菜折现的办法只是一个开始,更大的危机随后到来。由于上海的大部分商店供给职工及其家眷膳食,其人数倍于普通家庭,因此每月需大量食米。当局实施配给米制度后,商店不得不饬大批职工亲往挤购平价米,致使店中无人经营,营业遭受巨大影响。许多无存米的商铺为此所困,委顿不堪,只得作关门打算。元泰同样遭遇了营业困顿,号中存米只减不增,似将陷入坐吃山空的境地。1942年2月,颜滨敏锐察觉到每餐分配的大米越来越少;至3月,他听闻号中存米仅剩二十几包,而米价已涨至每石约160元。号中无法如往日一般供应餐食,首先断供了职员家眷口粮;又想出一折中之计,每月每人发放米贴60元,既没有完全免除商店的供给义务,也能适当缓解存米的短缺问题。然而,米帖的发放方式令颜滨愤慨:店中规定只有已婚者可以领取,而未婚者则一概没有。社会文化在分配中起着意想不到的关键作用,决定着谁能够获得优先供给——家庭被视为比个人更为重要的单位而享有特殊的福利,未婚者则遭此不公的排斥而被边缘化,令尚未成家的颜滨感到毫无道理。此项规定发布次日,颜滨便同其余单身店员一齐向经理讨要说法,然而经理一面称米贴的发放是依照银行规定办理,一面又暗示或将在薪资方面提升待遇,以示安抚。不过这依旧无法令颜滨满意,因为与天价大米相比,杯水车薪的贴补几乎无济于事③。

---

① 1942年2月13日。
② 1942年2月13日。
③ 1942年3月1日,3月2日,3月4日。

更令颜滨愤慨的是,号中有权阶级与高级职员的待遇似乎未受影响,米价高腾沦为元泰压榨底层职员的借口。1942年端午,号中共设两桌丰盛酒席,菜费约为五六百元,而颜滨想买一只1元5角的粽子也舍不得①;11月,号中为预贺秉衡结婚再摆酒席,共费去304元之巨;年末,经理胡次桥在杏花楼做东请客,大摆15桌,每桌菜费500元,铺张程度令颜滨咋舌。与此同时,元泰普通职员的餐桌上已没有米饭,而改食碎米粥。碎米粥的味道远不如米饭,颜滨不但吃不饱,且晚上多起夜,妨碍休息②。号中摆酒照常,唯独在职员薪资与餐食上克扣,引发了颜滨对元泰老板的不满:"在一般资微本小的小店,当然还有情可原,但老大如本号,真无异九牛去一毛,然竟也晚上实行吃粥,未免有些说不过去。"③

尽管如此,与上海大多数商铺相似,食米问题如雪上加霜,导致元泰的经营更趋萎顿。因受连年战事影响,上海整体的商业环境已繁荣不再,再加沦陷后市民购买力减退,各商号现货去路日见停止,以致营业不振;如今各种重要食粮千金难求,往后恐怕难以维持员工餐饭,眼看无以为继。一部分商店缩小营业范围、准备小规模经营,不少商号均受困于经费,不得不停止营业,清账关张。据经理车懋章的消息,苏州河旁的大多数铁号在无可奈何之下,将在五月底解散。在颜滨听来,车懋章无疑暗示着若市况如此持续,元泰在粮食将尽之时,也将走上解散之途④。尤其当1944年6月的米价骤涨至一万两千元一石,并伴有传言称未来有钱也难购得时,颜滨开始猜测元泰"一群贪而无厌的老板们"恐将借此减粮裁员,号中中下层职员人皆自危。他起初认为时局如此、号中困难,适度减粮也是无奈之举;但元泰老板一再过分克扣,甚至摆出与小店同等的吃粥做派,实在难逃

---

① 1942年6月18日。
② 1942年12月15日。
③ 1944年6月4日。
④ 1942年4月6日。

借机压榨职员以自肥的嫌疑,令他鄙夷且愤怒。因此,当听闻元泰经理恐将解散店铺、婉劝职员自行返乡暂避等辞,颜滨也理所当然地将其视为资本家的惺惺作态,因其真实目的无非是为逃避遣散费用。事实上,解散并非危言耸听,这似乎成为沦陷之下上海大小商铺不可避免的命运。1942年初,颜滨姐夫启昌所在的公司即遭解散,姐姐一家顿时陷入生活的窘迫,四处另寻开源以求生存。当姐姐忧心忡忡地向颜滨说起此事时,他尚不知道不日自己也将遭此命运。不过,颜滨也并未过分悲观,因他对劳资关系不满已久,若得借此机会脱离元泰而自谋生路,未必不是一件好事。他始终认为能力与学识是立足社会的关键:"我不信,一个人会养不活一个人。"①

因号中供米减少,食不果腹的颜滨开始探索新的食物,尝试以粥、面、煮山芋、番薯饼、汤圆、包子、烧卖、年糕等作为主食,且常吃花生米、五香豆、玫瑰饼干、桂圆汤、莲心汤、赤豆汤等点心。一日,颜滨与几个职员同在元泰号中大嚼:"预叫饭司买了二斤肉,烤了两大碗,我们五人一餐吃完,也许已将令人咋舌,不想我们还叫了两斤黄酒,更使人不敢置信的,我们竟又叫了一碗糖醋排骨,我同连生以肉下酒,而秉衡及祥麟不会吃酒,竟以茶当酒,以肉下茶,当更属新奇了。这一餐我们直吃到两点有余,三碗大肉,也早已一扫而光,我们的肚子已吃得难以动弹了。"②颜滨兴致勃勃地记下难得的饱餐,这固然是一件快事;然而,无规律的少食多餐已在不经意间成为他的进食习惯,这种失去节律的生活引发了某种失调,使他感到"过上了一种糜烂的生活"。自从号中晚饭改成粥后,颜滨因睡得较晚,总不免闹饥荒,唯一对付饥饿的办法只有进食:"最近非唯进食,还要喝酒,往往吃到深夜。"这使颜滨感到近来生活方式的颓废:"我发觉这样不只于金钱上过于浪费,至于身体方面,也违反养身的规矩,还有因睡眠时

---

① 1944年12月29日。
② 1944年2月22日。

间的不充足,引起日间的疲倦好睡,学业方面也受到极大的影响,我想尽可能减除这种幽灵般而又糜烂的生活。"①在主食缺位的情况下,乍看丰富却杂乱无度的饮食——而非纯粹的饥饿——引发了生活的失调。

  米粮的持续供应不足导致社会饮食习惯被颠覆,进而诱发了人们对未来的担忧。米饭已许久没有出现在市民的餐桌上,这使颜滨忧惧上海前途将尽:"一切繁华的畸形发展俱已走上灭亡之路,所以我对于上海的时局是绝对悲观的。"②焦虑、恐慌、失望等情绪弥漫在整个社会中,直接影响人们对未来的期望和信心,心理波动继而影响了社会稳定与个人适应。1942年3月初,上海阴雨不断,颜滨想到农历头八与二八的天气与作物生长相关,恐怕当年的收成又将不堪设想,哀叹这是人民应有的劫数③。粮食问题引发的担忧似乎波及颜滨对城市与个人命运的认识,生活失常更引发了颜滨对宿命的感叹。1945年6月,米价之贵已远出所料,将近百万一石④。姐姐家改吃赤豆及米稀,她向颜滨叹苦。颜滨讽刺而无奈地写道:"这是战神的赐予,给我们一个磨炼的机会。"⑤

  米粮问题影响了颜滨的身心状态,其长久以来俭朴节约态度也被颠覆。他对于将来经济状况倍感担忧,但此种担忧眼下无解、未来亦不可知,节约和储蓄都失去意义。盘点过去1943年的收支,颜滨感叹物价惊人的变化,为自己尚且能够维持温饱而庆幸。然而未来一年将有何变化,仍不可知。面对飞速变化的时局,颜滨只觉得未雨绸缪也是无益,干脆不作杞人之忧。他读到李白的《将进酒》,以"千金散尽还复来"的豪情聊以自慰⑥。当维持日常基础所需的金钱已

---

① 1944年6月4日。
② 1942年2月23日。
③ 1942年3月4日。
④ 1945年6月14日。
⑤ 1945年7月20日。
⑥ 1944年1月3日。

成为天文数字,金钱仿佛失去了意义。"吃一次酒所费至少在200元以上,近日来差不多常常在吃,若是每天用100元吧,则一月已需3 000元,回顾薪水,共只1 700元,细算一下,不觉为之咋舌,意外的收入,年来几乎绝无,照情理说,当然非从节约入手不可,但素来鄙视金钱的我,又不愿过分的吝啬,所以对于经济的前途,数月后不知将如何呢!"①虽然花费众多,但颜滨慢慢感到,一种今朝有酒今朝醉的生活也无不可。几周后,因受维新款待一只鸭子,颜滨欲回请一只鸡和一只蹄子,所费预备在千元左右。他难得出手大方:"一次次地只吃别人也有些不好意思,何况人生真能有几回醉呢?若不是近日经济拮据,这真是难得有的乐事啊。"②这固然是人情所迫下的"大方",但物价日渐疯狂,不知明天将涨到何处去,反倒使他徒增了千金散尽的勇气。粮食问题塑造了颜滨的情感体验,不安的情绪催发了反常的消费行为。这使他从前奉行"能省则省"的心态发生转变,饥饿的威胁无法用金钱衡量。当生活最基本的粮食变得有价无市,它似乎比任何层面的崩溃都更为直接地暗示着颜滨生活秩序的崩塌。

三、艰难时局下的囤货投机

1944年底,永孚五金号出了偷窃事件,被窃轧钢约三百分,计价三四百万之巨。此事传至元泰,引起众人议论。职员卢光琪向来阿谀善媚,因车经理在旁,便竭力主张这是个人品行,非关号中待遇:"假使一个人品行清高,虽穷决不致做贼,并且他还把自己举为例子。"颜滨对此大声驳复:"一个人决没有甘心为贼的,假使店中的待遇足够维持他生活的话,正如管夷吾所说的,衣食足而后知荣辱。"他认为,"穷"只不过是一个笼统的名字,虽穷而尚能菜饭饱、布衣暖,决

---

① 1944年8月19日。
② 1944年9月27日。

不能算穷极,在现在的世界上有多少人管不饱自己的肚子,别的可以商议,肚子却不能马虎,"荣辱"二字总抵不住身上寒、腹中饥,为贼为盗怎能与资本阶级对下之待遇无关呢?颜滨言辞激烈,在场职员哑口无言,车经理也对他侧目而看。颜滨稍泄胸中之气,坚信若劳资矛盾照此下去,此类事件将不断发生。生存焦虑之下,颜滨心中关于善恶的价值基准似乎发生了动摇。他已确定空谈道德没有意义,邻商号的偷窃事件激发了元泰职工的议论,颜滨没有参与对上司的溜须拍马,而尖锐指出了劳资矛盾背后的道德问题。元泰老板对职员权益的漠视和剥夺,使颜滨对社会中的阶级矛盾更加敏感,继而引发了他对生存与道德的思考。经济形势已然如此,而老板的态度更令人寒心。在大义、小义皆无的环境下,如卢光琪般大谈道德者别有用心,而固守道德则如同笑话。

由于物资短缺和市场紧缩,物价不断上涨,给市民带来了沉重的生活负担。除若干被统制物品外,物价仍有上涨趋势。而法币购买力之下降及游资之充斥,复诱致投机商人乘机活动,纷起囤货。或买卖外币,或争购日用物品。

上海沦陷后,入不敷出的失业民众大量返乡。码头每日人头攒动,船只不绝。面临物资紧缺的艰难时局,日伪当局无力扭转贸易停摆的现状,试图通过调整人员结构以减轻社会管理压力。1942年1月,日伪当局与工部局会商,为防止物价之继续高涨,并为适应目前之经济状况起见,促请公共租界的所有非绝对必要居留的华籍居民,"为公共租界的福利与秩序着想,即尽速返归故乡"①。妇孺及失业民众是当局劝返的主要对象。当局极力劝导不具备生产力者返乡,干预人口调控,并施以种种便利政策,目的均为期望民众速回原籍。其一,增辟归乡交通路线。工部局与日伪当局合作,以船舶与火车载送居民返乡。乡近上海者可徒步而返。其二,免费发放归乡通

---

① 《申报》1942年1月5日。

行证等。以往通行必须携有市民证或县民证。为予以失业归乡民众便利起见,免费发给"归乡特别通行证"。领有此项通行证者,虽无市民证或县民证亦可自由通行。对于华籍居民愿意迁离而返乡者,准其携带个人物件,不受任何限制,亦无须申请许可证。法租界亦宣布,自1月28日至2月15日止实行票价减半优惠,界内遣散华人返乡之火车轮船票价减免一半;乘三等火车者车资减免一半等。此外并有代卖船票、车票等服务,以图民众迅速归返。这些政策旨在缓解失业问题、减轻人口拥挤。政府的介入成为维持社会供给的推力,试图通过调整人口流动以维持社会相对稳定。

  在当局催促之下,许多困顿市民不再坚守,准备离沪返乡。在个人的困顿和当局的催促下,许多人离开了上海。据当局1942年1月初的调查,日军进驻租界后四周以来,上海华籍居民返回四周各区之故乡者已逾25万人[①]。工部局发放返乡居民通行证处,连日拥挤情形,有增无减。每日申请人数在三千名左右。其返回目的地以宁波为主。至3月,工部局每日签发通行证数量达5 000张,累计领证返乡者已有30余万人。沪西区范围颇广,市民之欲返乡者较别区更多,因该区系工厂区域,近以各大小工厂均相继停工,有大批之失业男女工人,无留沪上之必要,故急须早日离沪归乡。颜滨身边的不少同乡离开了上海,原因均为物价日高、生活无以为继。1942年3月,莲姐的丈夫久康回乡,目的是措借银钱。同月,颜滨同乡秀姐的哥哥王荣祖也因失业,预备回乡。9月,秀姐亦决计返甬,因乡间祖母年事已高,需人侍奉,况且回家后至少可省一半以上开销。颜滨前去送别,路遇大批归乡者,仅为送他们上船即耗费了三四小时。仁佑失踪后,仁佑的妻子也打算带女儿回乡。阿嫂去别人家做奶妈,本将女儿寄养在友人家中,可前不久遭退还。眼看着生活无以为继,阿嫂也只能计划离开上海。她托颜滨向其堂兄借钱20元,但颜滨并未向堂兄

[①]《申报》1942年1月8日。

开口,而是自掏腰包,也算尽到一点帮扶的义务①。一周后,颜滨的大妈也决定回乡去了,也是迫于生计②。

然而,颜滨未曾萌生出回家的念头。一来与原生家庭观念不合,返归乡里令其无所适从;二来返乡后个人收入全无,更成为旧家庭的经济负担。或许是因为与继母不睦,哪怕上海生存压力如此之高,周围亲友纷纷离沪,他也情愿留在上海。偶有一次因父亲诞辰返乡,他与姐姐一家结伴同行,因返乡需巨额费用,通常需通盘计划,由数人结伴而行,以使费用最廉③。

留在上海,意味着要负担高昂的生活成本。他不得不调整消费观念和生活方式,以面对物价飞涨和生活费用的上升。与难民相比,颜滨尚幸运许多,因度日艰难时总有亲戚互相接济。亲戚之间的帮扶和借贷成为缓解经济压力的手段。颜滨也借钱给他人。长时间未有音讯的三舅父忽然来函,称生活陷入困境难以为继。舅母即将分娩,急需资金,使他陷入绝境,请求颜滨紧急汇款数千元以解急。颜滨忆起舅父曾对他的好处,无法推辞,眼下虽然经济拮据,但至少要省出一千元寄与舅父④。有时他也向号中车经理、舒先生借钱。囤货的款项也多半靠借,因小小职员无法一时拿出一笔可观的资金。

与朋友会面时,也因咖啡厅有熟人,得以实惠。青年会因有熟人,较之其余咖啡厅价廉不少,"非但可免小账,并有折扣",成为颜滨一众座谈的首选。当天几人用了一些咖啡及西点等,价格果甚廉,所费只174元⑤。亲戚间的经济往来足见家族和社会网络的作用,可以提供资源、信息和情感上的支持,是人们在困境中的重要支

---

① 1942年12月13日。
② 1942年12月22日。
③ 1944年3月14日,3月15日,4月7日。
④ 1944年2月17日,2月25日,3月4日。
⑤ 1944年12月25日。

持系统。

经济秩序的紊乱使很多旧家庭男性无力一人承担开销,女性不得不筹划开源补贴家用,本有独立计划的姐姐也趁此浪潮新谋生计,准备盘赁烟铺以求脱离公婆管制。颜滨周围的家庭,多由女性操持门户。颜滨的两位嫂子曾向他询问,有无适合之生意可做,其中一位托颜滨去买股票。女性也为谋生发愁,这使颜滨感叹社会的畸形。开源的契机都来自生存困境,但姐姐的情感动机是对经济独立的渴望。生活拮据是原因之一,更重要的是,姐姐早有意脱离大家庭。若能盘得一烟草铺,便可脱离公婆的约束和冷眼,不必寄人篱下。姐姐决心脱离大家庭,组建自己的小家庭,因此急于寻一家小店,往后补贴家用。姐姐与姐夫原本计划盘下的一个烟草店,但因晚了一步,被人捷足先登。这家店铺地段较好,价格也只要 1 500 元,因此十分懊恼。不过次日,他们又将价格提至 2 000 元,令老板有些动摇。最终他们终于盘下店铺。颜滨虽未入股,但借给他们 500 元。他们本预备定农历十九日开张,可是因资金不足,只得展期。因店基、生财及存货各方面共用去了三千多,因此近来的经济甚为拮据。姐姐旦夕又要生产,不免有些发愁[①]。

沦陷导致的物资紧缺令市民生活紧张,不少市民看到物资大势,纷纷投机倒把,试图从中盈利。自沦陷开始,颜滨的一些亲戚尝试从事倒买倒卖生意。3 月,颜滨听闻三阿哥打算做"一个目下最流行的所谓单帮客人"[②]。所谓"单帮客",即倒买倒卖的生意人,来回奔波于两地之间,甲地进货、乙地出售,从中牟取差价。若三阿哥将来买卖顺利,颜滨及周围亲戚俱打算一试,不过此事最后不了了之。一个月后,遭遇裁员的姐夫启昌也预备在南市开一间杂粮号。姐夫邀颜滨入股,但颜滨一度考虑后仍觉把握不大,所以未置可否[③]。从商起

---

① 1942 年 11 月 26 日,12 月 14 日,12 月 23 日。
② 1942 年 3 月 27 日。
③ 1942 年 3 月 27 日,4 月 24 日。

业需要资金,亦有风险。在生活尚能得过且过时,颜滨对入股合伙等事大多谨慎,并不轻易参与。

除初期资金的筹措之外,开店还面临诸多困难。姐姐为盘下店铺,屡屡遭遇公职人员趁机揩油。在替姐姐办理户口报进手续时,颜滨遭遇了公务人员非难,对方以不适用此种通行证为借口,向颜滨勒索。勒索过程啼笑皆非:对方坚持索要五只螃蟹,颜滨则表示愿意提供一打蛋糕,终未能达成一致。后因遇见一位熟人,而仅以一百元即得以圆满解决,"证实了出门靠朋友这一说法的真实含义"①。几经周折,姐姐的烟草号"老祥兴"终于在6月开业②。1944年,为处理姐姐的营业税事务,颜滨再访财政局,巧遇熟人姜炳麟。他与姜炳麟谈起姐姐的店铺,对方答应例外帮忙,而且收费相对优惠。颜滨在感激之余,却也"更加明白了财政局内部的腐败程度竟然如此之深"③。尽管颜滨曾看不惯姜炳麟行为放荡,但由于他的哥哥姜炳泉曾任财政局稽警处处长,而现为消费特税科科长,在南市相当有势,对方对颜滨所求之事尽心尽力,使他心生矛盾④。他虽痛恨公务人员的仗势欺人,但也不得不看到权势的好处。

新置铺面有效缓解了生计,但姐姐在门面问题上受制于人,加之香烟行市骤变,烟号开始难以为继。一年后,"老祥兴"烟号面临房租到期的问题,姐姐与房东产生分歧,以至无法延期。姐姐急需寻找新房,但或是价格昂贵,或是地段不佳,一直未能成功。终于找到了一处各方面令人满意的房子,需38 000元。然而,"老祥兴"尚未有足够的基础来负担这笔费用。公婆态度冷漠,袖手旁观;而姐夫启昌更是毫无男子气概,对姐姐的焦急毫不在意,甚至以微笑应对,如同局外人一般,令姐姐感到愤怒和绝望。颜滨自己也已在前日将所有余款

---

① 1944年5月13日。
② 1944年6月11日。
③ 1944年1月24日。
④ 1944年10月8日。

投资于股票,无法提供资金支持①。至傍晚时,姐姐打来电话告知,房子已经被其他人抢先租赁。数天的辛苦奔波,最终化为泡影。颜滨感到既气愤又同情,感叹租金价格②问题、找房的辛苦以及资金筹措的压力。随后,全凭姐姐的勤奋和毅力,费力找到一幢房子,耗资八万五千元。他们支付不起这笔款项,必须向各方借贷。屋主要求在当月十五日支付半数四万余元,加上搬迁和装饰费至少需要两万以上③。不料,不幸的她,刚顶下了房子,而香烟市场竟起了重大的变化。香烟价格的狂涨竟超过黑市,非但得不到一点利益,反将蚀去本金,也使他人减少了信用心,无疑增加了借钱的难度。

伴随着商业市场的变化,金融体系的随机动荡也波及了"老祥兴"的后续处置,烟铺出顶时不得不保留部分货物以防币制突变。人们对未来货币制度和物价的不确定性表示担忧,这是当时战时经济中常见的问题。1944年9月,因姐姐要生育,以及未来"老祥兴"势必不能兼顾,若雇人则蝇头微利,无异为人而役,姐姐一家开始考虑烟号的去留。启昌及公婆的意见,是将店及房子全数出顶,所值约有30万元,依目前放利息以最低一角利计算,则每月可净得3万元,且身体自由安适得多。颜滨也认为此法可取,唯有姐姐却始终舍不得,一方面是因放弃两年来打下的根基实在可惜,另一方面则是对货币的不信任——因目前谁也无法预料未来币制及物价的变化如何,中储券是否能保持相当的价值。手握房屋、店基、存货,好歹不至于遭到尽数瓦解的危险;若将店铺出顶,固然眼前能够安顿,但未来中储券难保不贬值。最终因以姐姐身体为先,决心将烟号出顶:"金钱为身外之物,自不能与身体相并提。"④他们以一种折中的办法,将房屋及店面出顶,但将几种主要的存货例如肥皂、洋火及香烟等依旧保留

---

① 1944年1月21日。
② 1944年1月22日,1月23日。
③ 1944年5月6日。
④ 1944年1月29日。

下来。"万一物价及币制变动,尚能保得部分实力。出顶所得预计能有30万,除5万外用,尚余25万,以15万作为放息,那么所得之息及启昌为公司里的薪津已够一家之伙食。剩余10万则随机应变,做些别种生意,那么各方面皆不致怎样的吃亏。"几经讨论下来,这已是"没有办法中的办法"①。

颜滨虽不似姐姐一家因失业而被迫另起炉灶,却也因元泰待遇远不如往日而倍感经济窘迫。1944年11月,颜滨在元泰号中分得红利45 000元。若在往年,这应当是一笔可观的储蓄;然而对于彼时物价而言,"不足作一袭衣之用"②。生活指数日高,颜滨已无法仅凭薪金维持生计,于是打算开源。当友人沈鸿志邀请颜滨合作筹备西药行时,他跃跃欲试,因他早已耳闻西药行是"有百利而无一弊"的好生意。孤岛时期,上海的西药行业就已迎来畸形繁荣。药品囤积风气之下,药价不断上涨,经营西药投机的西药行大量涌现。1937—1941年,药房和西药行从1936年的160家左右递增至260家左右。全面沦陷后,不少工厂成为日军掠夺的对象,名存实亡,但制药工业却因国内各地仰仗上海供应药品,投机资本又乘机囤积居奇,使资本家获利甚多。1943年上海制药厂已增至130余家,很多厂从事合成药的制造。投机性很强的新药业,1942年起户数继续增加,到1945年已由300家左右增至650家左右。自1943年后,主要从事药品投机的西药行户数超过了药房户数③。颜滨也深知此间利润丰厚:"我们所以醉心于西药之事,完全为求其本轻而倍数较他物为低的缘故。"④

西药行看似一本万利,但颜滨生性谨慎,且自知办事能力也尚浅薄,因而涉足之前顾虑重重。他曾听说沈鸿志与金信甫合办纸行期

---

① 1944年9月24日。
② 1944年11月10日。
③ 上海社会科学院经济研究所著:《上海资本主义工商业的社会主义改造》,上海人民出版社1980年版,第22—24页。
④ 1944年12月20日。

间信甫挪用公款的消息,深知商业合作的风险:"鸿志他可以收轻车熟路之功,而我呢?可以说一无经验,并且经济又须仰仗于人,办事能力又自知浅薄之极,因此不得不做慎重考虑,以免受愚,虽然鸿志是绝对可靠的,但事非经过不知难,事先怎能不慎重行事呢。"不过,在得知鸿志是一个"胆大有为、慷慨急公之青年"之后,颜滨信心倍增①。1944年11月,二人正式计议出本50万元设一西药行,地址借颜滨好友岚姗之舅父家蔡威医师处,有现成的电话、药橱可用,房钱亦较便宜,进出货当也相当便利。店内无须置人,有事可请岚姗家通知,尤其伙食一项可以免去。颜滨虽不愿做冒险之事,但为增加经验、贴补生活起见,考虑一夜后决心一试。为了资本问题,颜滨不得不仰仗于人,四处向亲戚筹借。这是颜滨进入社会谋生以来头一回向人借款,免不了胆怯。不料亲戚得知颜滨来意不愿相借,称"你自己若有实力不妨一试,若想依仗他人,则还是安守为是",使颜滨颇感屈辱。最终,开设药行之事因资金匮乏而不了了之②。

一个月后,颜滨与另一好友德伟谈起生活的困难,决心再试办西药行。然而药行水深,颜滨至四马路各药房试问价格,同一药品价格却相差甚远。由于二人完全外行,决定找一个业中人士合作,经其指点再行定夺③。他们经人介绍拜访了信谊药厂、拜耳厂的职员,但最终因与对方"性情未能合契"而放弃了合作④。资本不易措置,他与德伟而又属完全外行;何况经营副业固然可以补贴,但也须防备号中察觉。如此一来,便无法分拨时间照料副业,想必也不会有大起色。由于障碍过多,颜滨经细细考虑后不由感到营业希望渺茫。前前后后,颜滨设想过摆香烟摊、饼干摊等,但都因缺一适当之管摊之人而无果告终。几番折腾,颜滨不禁苦笑自己为生计奔波的窘态:"他人

---

① 1944年11月9日,11月15日。
② 1944年11月19日。
③ 1944年12月21日。
④ 1944年12月20日。

闻之,也许将笑为真乃穷极无聊了。"①

金融动荡令颜滨个人投资损失惨重,也令其受托所作投资倍感压力,同时加深了其远离商业的想法。他在1944年底所买入的同丰染织五百股,约蚀去了两三千元之巨;受贤诚嫂及文安嫂之托所买入的景福五百股,每股也蚀去了一元,让他甚感不安②。为尽力将损失减至最低,颜滨急急为二人办理了股票卖出手续。幸运的是,尽管其他股票皆疲,唯独景福表现尚佳。合算下来,颜滨为两位嫂子赚得了五百元,终于松一口气③。然而受人之托投资,其压力较之个人盈亏更甚,颜滨感慨再不能轻易允诺此类请托:"的确,我自己很明白自己的性情再也难以与商界接近。"④

商业经济的颓败令颜滨心灰意冷,他甚至与师友一行人尝试返归农业,幻想以此摆脱困境。1945年底,第四补校的袁桂华先生提议,借同学之力合办一"黎明农场"于真茹(现称真如),与颜滨的想法不谋而合。颜滨对农场本甚感兴趣:"中国素称以农立国,然试观农业及农村,均不足以与他国相较。农夫们皆墨守旧章,不知改良,且农人多是没有知识的一群,不知农产对于国家的重要,振兴农业是当务之急。"几日后,有意参与者集于杜美公园商谈,初定资本金二百万元,分一百股,由同学自助缴认。大家公推袁桂华为总经理,又推举数人任会计主任、场地管理人等,业务分配分明有条,颜滨也领一文书科职。股款当场缴认,同学皆认三五股不等,颜滨也认了五股。虽还需设法筹得股款,但他对农场抱有极大的希望。然而,直到众人至真茹场地清扫时,才知所谓"农场"不过别家农园中的一角的一方狭小地土,堆满碎砖、长满刺藤,给颜滨的热情浇下一盆凉水⑤。除

---

① 1944年12月27日。
② 1944年2月7日,2月10日。
③ 1944年2月21日。
④ 1945年2月17日。
⑤ 1945年7月14日。

场地本身外,经营方面的困难也不少。经费问题首当其冲,而袁桂华虽擅长教书,办事却糊涂,更令同学兴致大减①。因物力人力皆感不足,颜滨预感农场已呈难产状态。众人最后一次在青年会召开股东会时,出席者不足半数,此事最终不了了之②。

合法的经济活动屡试屡败,"投机倒把"几乎成为讨生活者唯一的路。颜滨试图调整经济活动来适应时局,然而开源未果、节流无用,他直叹生活困苦:"随着战事逐渐走向最后的关头,也即人民生活最为艰苦的时刻。每一天所遭遇的,除了极少数例外的资产阶级,几乎所有人都会摇头叹息,愁眉不展。他们或诉说着眼前的困境,或担忧着将来的艰难。"实业生意的挫败提醒着颜滨前期资本的重要,使他开始调整经济策略,尝试进入非正常经济领域。当时人皆言:"工不如商,商不如囤,囤不如投机。"身在商界的颜滨,开始从事囤货投机。

事实上,颜滨起初对于囤货兴趣不大。尽管萧条导致寻常交易体系完全崩溃,颜滨也目睹了盈利由守业者转入投机者的实况,但他坚定地守住了道德底线。1942年初,姐夫启昌面临失业,开始琢磨种种谋生路径。2月,启昌带来消息,称剪刀皂80元一箱,正是囤积的时机,询问颜滨是否合买几箱。剪刀皂为中国化学社生产,是上海的传统民族工业品牌。由于从未尝试过囤货,颜滨深感不安,因他素来痛恨囤户,且一时间无法筹齐款项,道德压力使他回绝了姐夫。一个月后,颜滨又听闻启昌生出买卖军票的念头,立即奉劝姐姐勿做投机生意,慢慢再做打算。他态度明确且坚定:投机风险甚大,绝非明智选择。

然而,面对投机倒把到来的丰厚利润,颜滨开始动摇。一个月后,颜滨无意中发现剪刀皂价格高涨,难免心生悔恨:"最使我痛心的是启昌兄叫我合买十箱剪刀皂,其价为每箱八十元,而我因出路不便

---

① 1945年7月16日。
② 1945年8月5日。

而加以拒绝,他也就不买,却不料现在竟涨到三百二十五元,相差竟达二百四十五元,我同他最低限度也能每人至少赚一千元左右,这实使我懊丧之极。"①颜滨的悔恨体现了他在道义和经济利益之间的真实矛盾。囤积在当时是一个备受谴责的行为,因其将导致物价飞涨,使底层困苦民众更难生存,这与颜滨一贯的为人之道相违背。选择囤货涉及个体在市场经济中的生存策略,不仅是一种经济行为,同时也涉及囤积居奇、炒作物价等社会伦理问题的考验。颜滨对囤积这种行为所带来的道德负担具备敏感,但当他看见囤户因此获利而无甚风险时,又不禁后悔自己错失良机。

上海的商品投机先是因为纱布缺乏,价格奇涨,于是有人开始囤积获利。不久以后,粮食也上涨了,囤积粮食的人更多。以后百货五金,几乎无货不涨,法币贬值的现象显著。太平洋战争后上海物资更见紧缺,至1942年2月,囤积商已成为必备物资供应者,市场全无定价。《申报》载:"最近买卖物品已无过去自由,大宗日用必需品尚无启封出笼确息。商人转移目光,操纵各种非统制物品,暗将售价抬高,以致近日一部分物品涨风颇为猛炽。"②同年4月,日用品火柴、肥皂、洋烛等各货卖价,较一月均涨达三倍以上,涨势神速飞腾。大致出于业外人大量囤积及一般市侩兴风作浪,盲目拉抬,不问厂盘价格,只求货物拖进,造成彼囤此积,一线直上,市面一日数涨③。这样的经济形势与不停变动的货币政策密切相关。

当时上海的货币制度剧烈波动,市民陷入了普遍的恐慌,颜滨同样被卷入了以旧法币易货的大潮。1942年1月31日起,兴亚院制定《伴随大东亚战争开始华中通货金融暂定处理纲要》,开始禁止旧法币流通。同时,为了强制推行中储券在上海市场流通,日伪开始不断调整旧法币和中储券的兑换比例。至同年3月6日《华中通货暂定

---

① 1942年2月6日,3月19日。
② 《申报》1942年2月25日。
③ 《申报》1942年4月8日。

处理要纲》正式颁行时,兑换比例涨到了每元兑三角左右,而钱庄收购价格仅为兑二角左右。每人可向储备银行调换三百元,这使得许多人纷纷前往调换,形成了长队。对此,颜滨感叹"三百六十行中又多了一行"。他猜测当局之所以调出储备票,无非是为了戏弄民众,将无用的储备票调换成有用的法币,或者是借此机会取消法币[①]。他在日记中记录了上海市面的恐慌:"据大多数人的推测,法币将被强制淘汰,而将流行储备票了,所以人心大起恐慌,纷纷地以钱易货。"颜滨在维新处尚存洋二百余元,全部拿去买了府绸,约180元一匹[②]。人们在政治和经济的双重压力下,不得不面对货币贬值、物价上涨等困扰。普通市民对于政府政策的不信任和对未来的担忧使得社会更加不稳定。颜滨在日记中透露出对通货膨胀和货币贬值的担忧,而政府的一系列措施也让他怀疑当局的真实意图,这种对政府的不信任感加深了他对未来的不安全感。

虽然汪伪政府不断颁行政令以推广中储券,但频繁的价值波动引起了民众的恐慌,被迫流入市场的中储券难以获得民众信任。1940年12月,《中央储备银行法》声明"中央储备银行"发行"中储券"作为该区的货币,并规定"中储券"与法币等值流通。然而,太平洋战争爆发后,日伪货币政策日益激进,1942年3月30日,《整理货币暂行办法》,声明旧法币和中储券不再等价通行。此后数月间,旧法币兑换中储券比率不断贬损,至5月后更急转直下,仅5月下旬的兑换率变动就有6次之多。颜滨读报时,见报载从某天起以法币二元调换中储券一元,至某月某日止停止调换,以后则一律通用中储券了。然而,一些奸商居心叵测,大幅提高中储券的售价,导致物价再次猛涨,给普通民众造成了沉重的打击[③]。日伪用中储券取代法币之后开始滥发纸币,这引发了物价上涨,大面额中储券的滥发与物价

---

① 1942年3月9日,3月19日。
② 1942年4月3日。
③ 1942年6月1日。

飞涨随即形成恶性循环①。

货币制度的朝令夕改激发了民众对中储券的鄙夷,更增加了持有者的惶恐,市民和商家为应付政令开始敷衍买卖。1942年5月底法币与中储券二比一的兑换率稳定之后,市面上突然传出一种谣言,声称中储券不能再通用。这一消息瞬间传遍整个上海,引起了空前的骚动,令藏有中储券的人惴惴不安。一些市民趁中储券尚能通行,不管价格,尽量购入日用品等。同时,商铺老板也无法信任中储券,不约而同地提前打烊,有的甚至贴出"家有喜事"等通告,以提前关闭店面。"他们既不敢拒绝收受储备券(因为这种传言未能确实查明真相,不收则恐怕被人诬陷,导致意外的麻烦),又不能不卖,所以这似乎是他们唯一的办法。"②尽管次日《申报》称此为渝方分子散布谣言,以破坏新法币价值,劝告市民切勿上当等言论,但是具体情况如何却难以得知。如今市场上大部分商店已被迫恢复使用新法币,仅有一小部分仍在拒绝之列。最荒谬的是,某些方面居然派人在各商店橱窗或门口张贴"本店只接受新法币,不接受旧法币"等标语,颜滨感叹"这种行为实在是毫无廉耻可言"③。货币政策混乱引发的矛盾,被转嫁为商人与民众的矛盾。货币政策引发的社会动荡不仅影响了市民的心理状态,也对市场和商家产生了深远的影响。

政策的频频变动使中储券存亡未卜,颜滨也对这种不确定性时常感到焦虑,遂将意外到手的中储券悉数抛出。1942年8月,颜滨在号中分得中储券红利,因实在"不信任这类似废纸的中储券",故与两位元泰职员同去看象牌盼更④,预备批量购入以待将来善价出售。确认货色无误后,便打算买入。每磅150元,共计8盒,约20多磅,约需3 000元。三人平分,颜滨出千元买下。他在日记中记录下这第

---

① 朱国栋、王国章:《上海商业史》,上海财经大学出版社1999年版,第179页。
② 1942年6月15日。
③ 1942年6月15日,6月16日。
④ 指象牌五金部件。盼更是一种五金零件,象牌为品牌名。

一次的囤货,不再顾虑这一行为的恶劣之处。这次囤货小有盈利,入手三个月后卖去,颜滨盈利265元。然而一个月后,象牌盼更再涨,价格已到300元一磅。初尝甜头的颜滨仍在日记中懊丧不止:"可恨鹤鸣将象牌盼更卖去,否则至少有一千余元赚矣。"[①]1942年底,颜滨对囤货倒卖的观念已颇为宽容。他与同乡维新说起五金物价之飞涨,而元泰等人身在五金界却一无所得,不由感到可惜。维新兄从前虽曾买了一些钻头,可是直到现在已有半年之久,所涨却有限,万不能与他物并比。而颜滨自己更不必说,埋怨鹤鸣早早将象牌盼更卖去,否则到现在价格已到300余元一磅,至少有1 000余元可赚[②]。囤货投资的中储券零余,颜滨也悉数购入日用品,匆匆地购买了一件衬衫、两双袜子和四块肥皂。直至手中储备券仅剩十余元,才计划"随遇而安"。

对于处于通货膨胀和货币不稳定背景下的市民来说,即便通过倒卖商品获得一时的利润,仍需要面临手里货币贬值的风险,可能使其在未来失去原有的购买力。在这种环境下,货币的价值不断受到侵蚀,市民的财富也可能随之缩水。这种现象进一步加深了人们对货币的不信任,促使他们采取将储备券兑换成实物商品的策略,试图规避通货膨胀可能带来的财富损失。因此,即便取得了一些利润,市民也难以摆脱对未来货币贬值的担忧,从而在经济决策中不得不考虑如何应对这一不确定性,使得经济行为更加谨慎和保守。这种情况同时也凸显了通货膨胀对个体和社会层面所造成的经济压力和困扰。

旧法币被废止导致市场开始慌乱,中储券被迫流通,当颜滨拿了连本带利共1 300元及前存1 000元的中储券,反而愈加不安,因他一旦走上囤货之路,便不得不再度设法将中储券换成实物。首次囤货

---

① 1942年12月14日。
② 1942年12月14日。

成功后,颜滨尝到甜头,几天后在顺昌泰再次买入牛油盼更50多磅,共计2 030元,总算将中储券脱手①。首先,由于货币政策以及金融控制措施的实施,通货膨胀在社会中蔓延,导致商品价格急剧上涨,市民普遍感受到购买力的下降。这一不稳定的经济环境使得市民对所使用的货币产生怀疑,由此形成了对货币信任的普遍缺失。其次,面对货币贬值的现实,市民不得不采取措施以保护自身财富,转将储备券兑换成衬衫、袜子和肥皂实等物商品,以规避通货膨胀可能带来的财富损失。这种不计成本的购买反过来又导致商品价格虚增,加重了通货膨胀并进一步刺激民众消费,形成恶性循环。部分清醒的商家选择限制营业时间以回避这场闹剧,但绝大多数市民被恐慌推动着盲目消费,进入动荡的无底洞。这导致中储券虽进入市场并大面积流通,却日渐丧失了货币属性,其本身的不断"繁荣"导致经济日益凋敝。

在通货膨胀、物价飞涨的背景下,自行囤货、投机等非正常手段成为规避财货蒸发的唯一途径。于颜滨而言,灰色收入更成为其温饱的保障。1944年1月,物价狂涨,现钞贬值,囤货投机利益尚可。1944年初,颜滨计算了自己去年一年收支,支出26 000元,薪金约4 800元/月,红利14 000元,此外收入18 000余元,总计收入38 000元。最大的收入竟来自囤货,这令颜滨感到虽然花费巨大,但"运气尚佳,收入尚堪对销"②。尚有生油40斤、肥皂1箱亦可作为盈余。综观去年支出竟达26 000余元之巨,数目浩大令人心寒;然而细察账目,却无可省之处。若无囤货、投机等盈利,未知将成如何局面。汪伪滥行币制,导致普通民众被迫卷入金融旋涡,囤货和投机作为非法牟利的手段,在这一时期成为普通民众绝境求生的下策。生活的绝境最终将颜滨逼出道德的困境,最终与险恶时势和解,对投机行为"有些木然了"③。

---

① 1942年8月22日,11月22日,12月14日,12月16日。
② 1944年1月3日。
③ 1944年1月20日,3月7日。

颜滨与友人结成了联盟,互相通告商品即将涨价的时讯,以便把握时机赚入薄利。一次,孙云德告诉颜滨,其厂里所出品之药即将涨价,机不可失,劝他一同合股进货。颜滨勉力借来一万元充数,算是逢场作戏①。英文课的袁桂华先生也曾联系颜滨,称有些五金货可买,供他考虑②。

艰难时局下普通市民难以安生,颜滨虽然得以与同业互通消息、投机苟活,但又时常陷入深深的道德顾虑。为维持结余的蝇头微资,颜滨托前辈买进同丰染织股票五百股,此间除拉连生合伙,还令借了两千余元。但此时令他深感不安的不是拮据,而是自认罪恶的"投机"行径:"这能否算投机的余孽或奸商呢?"③此外,在生活中意外遭遇将死的难胞,更令他与同学一同哀叹他们的命运,并自觉罪不可赦。每每扪心自问,他总觉愧对难胞,因囤积暗中助长了生活资料不均④。事实上,颜滨在恶劣时势中并无选择,底层职员想要求生只得如此,他的内疚和自惭多受道义感驱使。在巨大的生存压力下,个体会被迫采取一些对他人不利的手段,以确保自己的生存。这引发了伦理问题:在面对困境时,个体是否可以放弃一些道德原则来换取自己的生存?这种选择往往导致内心的挣扎和矛盾,同时也呈现出社会和历史环境对人性的考验。他意识到个体在生存的压力下可能会被迫采取对他人不利的手段,而这种选择往往是痛苦的。

在行动本身引发的愧疚之外,"投机"还引得个人读书、修身计划被打乱,这同样使颜滨惶惶不可终日。"投机"本就令颜滨内心不安,不时的失利更引发他对日常修身计划被打乱的恐慌。事实上,灰色的生存之道不但不能令颜滨发迹,更多时候反使他面临亏损的风险。3月抛出的同丰股票蚀去4 800元,他哀叹"不幸之至"的同时,又自

---

① 1944年7月24日。
② 1944年10月17日。
③ 1944年1月20日,3月7日。
④ 1942年11月27日。

恨旧有读书时间被生计占去。"又为了害人的金钱奔波了一天",旧有读书计划被打乱,令颜滨内心困苦不已①。"若经营后,对于书本定将置之脑后,即写字作文,定也未能专心,这岂非完全违反了我的本性吗?"②与个人修身相应,生活的拮据还令他从旧有社交关系中脱节:"本人已省到无可再省,而对外素来豪爽成性、慷慨好友的我,除几件如董汉亭君的因病贷款,为朋友者义不可辞等事情外,如礼节往来等费用,亦已被我假作痴聋,免去不少。"在整理第六期《星火》材料时,颜滨想到自己对好友间往来的苛刻节省,深感苟活对社交的减损:"但靠节流又有什么用呢?所以近日来一想起这事,便觉茶饭无心,胸如火焚,连日记也断绝了这许久。"③与商业不相亲近的心思在投机后被再度激发,而旧时对囤户的憎恨也一时间成为令自己担忧的谶毒,道德底线和人生追求的双重悖逆将他推入深渊。

在道德意识备受困扰的同时,逐渐艰难的倒卖更屡屡令他绝望。1944年底,他预备向华泰烟行代购中高乐香烟100条。当天清早收到消息,称现有50条,价为每条1 350元。颜滨贸然购入后,至10时左右,每条价已跌至1 250元。他多方交涉至11时,得知退还无望,只得自认晦气。当日下午烟价又转跌为涨,他急忙在虞洽卿路和北京路之间再次倒手,才勉强有所补救。几经周折,颜滨疲惫不堪:"只两小时之差,物价竟变如此之多,目前做事,诚也难矣。"④1944年下半年,上海民众物资日趋穷竭,生活成本不断飞涨,"只一夜间米价由每石三万余涨至五万,翌日竟又创六万余的新高价。其他黄金及各种物资,无不一日数价,横飞直窜,五金价也是如此。"⑤与之相应,市场上其他物价的波动也难以预料。企图从中获利的颜滨未能如愿,

---

① 1942年11月22日。
② 1944年12月25日。
③ 1944年12月20日。
④ 1944年12月1日。
⑤ 1944年12月20日。

在香烟价格的剧烈波动中身心俱疲,且最终无力回本。同时,颜滨友人在其劝说下入股后也遭连累,使他无颜以对①。他终于意识到,即便想出了种种办法,也无法对抗倾城的经济崩溃。他素来认为金钱不过是身外之物,不向往奢靡的欢愉,甚至担心一个不慎而反受金钱之累。但至1944年底,他深感近月来生活的一再飞涨,生活难以为继,在日记中写下物价之荒唐:"意外的收入,年来几乎绝无,照情理说,当然非从节约入手不可,但素来鄙视金钱的我,又不愿过分的吝啬,所以对于经济的前途,数月后不知将如何呢!"②这样的绝境中,薪金之微薄令颜滨愤慨:"试问以这区区之所入,作何用途呢?"③

至1945年,频繁的空袭导致生活成本涨溢无度,颜滨对人情社交的执着更使自己徒增难言之苦,以致他在急症缠身时险因医费问题遭遇不测。同年3月,颜滨脑后突生疮疹且日益恶化,较之疮疾之苦及手术之痛,他更因礼金之忧而不能坦然赴医:"这笔医药之费,既未能省,然从何出之?更兼月之十四日为翠娥姐三十寿辰,十五日为邵顺衮君结婚嘉期,两重礼节,非四千莫办,此款尚无着落,何况更患此恶疮,年来虽自命旷达,亦不免戚戚矣。"④对社交情分的看重令颜滨至姐姐家求援,姐姐急遣瑞妹至临近顾筱岩医师处挂号,颜滨才不得不往就医。随后得知病疮至少有三日险象,吃食等皆须小心从事,若不慎恐有生命之虞。颜滨不得不拆东补西,向号中借得三万元后,还上此前欠款及医药、送礼等费,所余已不足一万元:"实为余所深虑也。"⑤经济之忧令他对社交脸面的维护难以为继,加深了他整日忧愁:"医费之大,经济之窘,而素来又不惯寒酸相,诚使我有难言之苦矣。"⑥

---

① 1944年12月26日。
② 1944年8月19日。
③ 1944年12月20日。
④ 1945年3月12日。
⑤ 1945年3月13日。
⑥ 1945年3月12日,3月13日,3月14日,3月18日。

一场病后，若不另行开源，生活将再成问题，颜滨遂开始涉足股票交易。因见黄金、公债、美金及股票等皆大好，颜滨终日盘桓于证券交易所。证交大楼人如潮涌，股民一片望高之情，在颜滨看来机会累累，期望同分得一杯羹。起初，他因毫无资本，未敢遽然下手，以致于失之交臂："观势余有八分把握，因之放胆做高，然略一踌躇坐失良机，损失却达十万，事后犹觉悔恨不已。"①几天后，颜滨又在证交大楼盘桓，股市初继春假前之涨风扶摇直上，不料未半小时即直线下跌，令人咋舌。他不禁称幸未曾下手，感慨："日前因失去获利之机会而懊丧，诚属多余，并且这种投机场合，实在也不是我辈所应插足也。"②股市涨跌迅猛，令人心惊肉跳，却也使颜滨明白一时盈亏的无意义。不过，此心态并未保持很久。几周后，他初试买入股票，小赢一笔，尝到甜头的颜滨自认"投机目光不错"。他虽然提醒自己保持清醒，称"这种场合，其性质本无异于赌博"，但仍在赢得五万元后又进了一些，"我确信机会正在后面"③。然而远出颜滨所料，股市渐趋下游，据说全因银根奇紧④。几日后，他终于忍痛在低价下将所购之股割去。因其并未过分贪恋，当机立断卖去，与蚀本者相比已算幸运。他从中学到教训，不愿再轻易涉足："一场投机梦，至此告一段落，总计亏盈，余不足五万，刚敷本月开支，诚也可怜矣。"⑤

此后，颜滨经济上的紧迫感愈发严重。年收欠足导致米价上涨，人情交谊更完全退出生活，寻食糊口成为生活的真实写照："四乡因天久旱，田为之裂，稻未能种，某方乱发纸币，今日有五千元券之发行，一万之券不日亦即将问世。以上数点，实为米价狂涨之主因。"⑥颜滨的每一次囤货几乎都与当局的经济政策相关。他不是一个贪心

---

① 1945年3月29日。
② 1945年4月3日。
③ 1945年4月21日。
④ 1945年4月23日。
⑤ 1945年4月24日。
⑥ 1945年6月11日。

的人,却被迫走上这条灰色的道路。投机未能使颜滨的生活好转,反而令他陷入钱货相易的恶性循环,在贫穷之外更添提心吊胆;然而,若不行投机,则连基础生活都无力维持。正如颜滨在 1944 年初回顾过去一年收支时所言:"综观去年支出之浩大,实属令人心寒,细察账目,却无可省之处,若无意外收入及盈利之分得,未知将成如何局面。"[①]沦陷所致的经济失序下,普通人的"投机"称不上盈利手段,也与"发国难财"的叙事截然二致,而是不得不为之的无奈之举。它或许带来盈利,但更带来风险,使"以所劳换所得"的安定性不复存在,更令毫无经验者被迫铤而走险。"机会"——赌徒心理与欲望挑唆——进入了普通人的经济生活:尝到甜头者想要更多,而失利者则为回本一错再错,最终倾家荡产。更多的人属于后者,他们在金钱的不可信任中不得安生,一次又一次被卷入货币、物价、股市的虚无符号里。

---

① 1944 年 1 月 3 日。

第三章

道德焦虑:
"知耻"作为道德的底线

1942年1月1日,陈公博要求市民对日合作。对于市民而言,何为合作?日军进驻租界前后,上海民众面临是去是留的选择。颜滨多次渴望到内地去,支援抗战,报效国家,但因种种原因未能成行。留守上海使他产生身份上的罪恶感。因颜滨自沦陷起便感到身份的罪恶感,探寻此种情感的源流需追溯其前史,即将"到内地去"——一种脱离"亡国奴"身份的唯一选择——这一口号风靡上海的时期纳入考察范围。留在上海,面临日伪统治的民众大致不得不进行两种政治参与:一是经济统制下的被迫交易,二是基层管理组织的强制编入,两者均关涉家国存亡、政权流离、身份混乱等问题。对于强权压迫下的民众而言,一定程度的妥协在所难免,但如何与失德保持距离、展现不起眼的拒斥态度,其中并非没有弹性。当情感——羞耻——而非行动作为一条道德底线,在"顺从"与"尽管顺从但知耻"两者之间,是否存在一种介于积极合作与积极抵抗之间的空间,使民众展现出一种态度上的消极。本章将讨论颜滨的政治参与,通过考察侵略者以何种统治手段触及民众,给民众造成何种感受,民众又以何种方式回应,试图从中解析出民众的一种生存策略。

一、"到内地去"与"留在上海"的矛盾

1942年1月5日,颜滨在日记中写道:"'到内地去!'这个愿望,

长时间潜伏在我的内心中,然而我却始终没有这勇气,不顾一切地去实行,直到现在仍不过是一个愿望罢了。"①"到内地去"是颜滨在日记中多次提到的口号,也是贯穿其生活始终的夙愿。这是一个风靡"孤岛"时期的口号。1937年8月,淞沪会战爆发;11月,国民党从上海撤退,国民政府也从南京迁至重庆。政权的被动撤退引发了离沪的民众动员:1938—1939年间,在救国团体与大众传媒的推力下,"到内地去"的呼声在上海社会中弥漫,人尽皆知。应运而生的杂志《内地》在创刊词中申明了内地的重要战略地位:"国民政府已迁都重庆。全国各大工厂、银行、文化机构、学校等都已迁至内地。从现在起,内地将成为抗战后方的中心,每一个中国人的目光都集中在内地。"党、政、军的相关人员最先开始内迁,他们为避免被日军利用,主动或被动地前往重庆。其后,各大城市中人、财、物的转移迅速展开,工厂、公司、大学亦开始迁移,目的地有重庆、武汉、昆明、贵阳、桂林等西南各地。

"到内地去"的口号在呼吁浑噩的知识青年的同时,也给不能解决生计困扰的底层青年增加了压力。上海沦陷后,小部分青年走出去,大部分留下来。走出去的青年寻找革命道路,大部分青年还留在社会上徘徊不前。《申报》曾载《他》一文,讽刺那些高喊口号、毫无行动的人:"即便像他这样的人也可称为'救亡青年'吧。(中略)尽管他在三个月前高喊着'到内地去'的口号,最终却未行动。不去的理由有很多,包括母亲不同意、旅费不足、没有同行者等等。"这看似是对懦弱知识分子的讽刺,但对于底层青年来说,诸如"母亲不同意""旅费不足""没有同行者"等理由,的确是现实障碍。对于颜滨这样的底层民众而言,到上海是为在国巢倾覆之际维持小家的残卵,到内地即意味着对小家庭的彻底捐弃。对底层民众而言,"母亲不同意""旅费不足"背后是更为深刻的认知和生计问题,"到内地去"并不是

---

① 1942年1月5日。

个人逃离上海、拥抱自由的过程,许多家庭会因此陷入更艰难的困境。上海沦陷后,普通人到内地去的难度更大了,战局日渐紧迫,交通愈发困难。颜滨好友张信祥与张光祺二人原本打算1942年1月5日动身,不料杭州方面又有战事,不得不推迟数日。

上海沦陷后,内地工作的展开牵动了社会体系的再组织,动员农民参与抗战工作不仅意味着实质性支援,更能形塑一种共同的战时文化,有助于促进中国社会的凝聚。之所以呼吁城市青年到内地去,主要是为动员农民参与抗战,此即"内地工作"。迁至重庆不久,蒋介石即于1937年12月16日发布《南京沦陷告全国同胞书》,对内地农村进行了战略考量:"(中国)最后决胜之中心,不但不在南京,抑且不在各大都市,而实寄于全国之乡村与广大强国之民心。"①然而,与蒋介石的期望相反,大多数内地农民对战争和政权漠不关心。陈毅曾基于在南方农村进行游击战时的经验指出,内地农民对抗日救国的态度如同隔岸观火,仿佛事不关己。柳乃夫的《内地实地调查报告》中也提及这一点:"一般农民好像根本不知道上海的抗日战争。他们只是喊着要杀'东洋鬼子',对于敌人是如何蹂躏我们、我们如何打败敌人,一点也不了解。只有实际受到日军空袭并遭到实际损害的农民才愿参与后方的工作,其他人对于这场战争的了解还不够。"由此,"内地工作"的当务之急是对农民进行宣传、组织和动员,使他们明白这次战争与以往的内战截然不同。这一工作需由有知识的青年来完成——"五四"以来,各派政治势力都看到了青年的巨大能量,视其为一支潜在的队伍。

在上海,"到内地去"的呼声更因大众媒介的发达得以迅速传播。作为新闻出版的中心,上海聚集了具有多元背景和观点的报纸、杂志,这些媒体得益于租界中立的政治环境,汇聚在抗日的旗帜下,组成了强大的宣传阵营,也促进了这一口号的流行。大小报上时见内

---

① 《我军退出南京告全国国民书》,《大公报》1937年12月17日。

地动员文章,其对象是"孤岛的有志青年"。如《申报》曾发表题为《到内地去》的文章,发动青年勿贪图安逸、参与救国工作:"'到内地去!'这不仅仅是一个口号,更是每个青年应有的志愿。战士在前线浴血奋战,而充实的后方支援同样不可或缺。为此,当局呼吁青年到内地去,许多陷入'孤岛'困境的青年毅然舍弃了安逸的生活,迎接悲惨的战地生活。"这种呼吁在上海社会引发了强烈共鸣,激起年轻一代的热情。各种抗日组织,如各救国会和战地服务团等,纷纷派遣成员前往内地,其中包括由学生和知识分子组成的团体。例如,"青年救国服务团"就是一个由 2 000 名成员组成的组织,旨在动员各界青年参与战时服务。动员效果达到空前高潮,甚至当内地青年过于饱和、人浮于事时,社会开始劝告青年不必盲目投奔,而应制定充分计划;即便去不了内地也不必烦恼,留在上海同样可以做救国工作;等等。

朋友奔赴内地的消息令颜滨歆羡,友人的来信更反复刺破颜滨的无望感,让他对无法离开的生活心生感叹。沦陷初期,颜滨的不少朋友都离开上海、奔赴内地,日记中不时出现此类记录。仅 1942 年 1 月间,前后即有七人到内地去:张信祥与张光祺二人将去求学;洪素参加农民动员工作;张爱弟及洪祖良的妹妹等三位少女向慈溪投军;信芝的哥哥已至金华备考无线电专修科,考中后将去四川。每当颜滨听闻这些消息都心潮澎湃,逐一记录。听闻友人赴内地求学,颜滨感叹:"这使我多么得羡慕啊!"① 一位女同学将赴内地工作的消息,更令他感叹其是青年模范:"她能够在顽固而古旧的乡间唤起一班有志的青年从事于那最有意义的工作,以一个弱小的女子而不顾一切地勇往直前,终于达到了她的志愿,这些俱可做每一个青年的模范。"② 每每收到友人来函诉说内地生活,颜滨都如梦初醒,惊觉自己在思想和行动上的落后:"只有孤独的我仍过着这无意识的生活。我讨厌这

---

① 1942 年 1 月 5 日。
② 1942 年 1 月 21 日。

生活,希望有一个极大的变动能改变这个可恶的环境,我愿吃苦,我不愿将这宝贵的青春作这样无价值的消耗。我要努力,因为我知道只有奋斗才能改变我这苦闷的心境。"① 在他看来,在沦陷区生活不仅是偷安,更是对生命毫无价值的消耗,亟待一场到内地去的革命将其推翻重来:"恨不得背上立刻生出双翅,做一个封神榜中的雷震子追随其后,彻底挣脱孤岛的牢笼。"② 周围友人奔赴内地的消息使他如梦初醒,意识到其身处无形牢笼的现实。此时的汪伪政权同样试图动员青年,提倡所谓"新国民运动"。然而颜滨从未在日记中提及"新国民运动"。与近在咫尺的卖国运动相比,三四年前的救国口号言犹在耳。

日伪控制下的上海呈现出与战火疏离的特征,上海民众更被困在"偷安"的氛围中。尽管动员声势浩大,但"到内地去"的毕竟是少数,离沪的决定并不容易。"到内地去"的口号下并非只有对"离沪者"的激赏,还蕴含了对留沪者的道德质疑。在上海谋生的底层民众随着沦陷滞留了下来,并背负了带有不抵抗色彩的"留守"名分,时刻被迫面对自己复杂的道德身份。据时居上海的医生陈存仁回忆,当时一部分人担心日军入侵法租界,选择离开上海,经杭州逃往国统区;另一部分信任租界庇护,认为租界反而更安全,选择留在上海。最终,约有二三十万人在沦陷前离沪,但仍有超过四百万人选择留下。1938 年的颜滨想必将自己定位为被动员的对象,以至于他每每思及内地,心中总是悔恨。作为未能离开的商号小职员,颜滨多次自称"留守孤岛的罪人"。之所以未能离沪,他自言是因缺乏勇气:"'到内地去!'这几个字在我的脑海中盘旋着已相当的长久了,然而我却始终没有这勇气,不顾一切地去实行,直到现在仍不过是一个愿望罢了。"③

---

① 1942 年 3 月 12 日。
② 1942 年 1 月 21 日,1 月 28 日。
③ 1942 年 1 月 5 日。

"孤岛"象征了当时上海人的处境,而租界"孤岛"的社会记忆植根于颜滨心中,与现实中内地的救亡青年形成了鲜明对比,造就了颜滨内心的孤立感。至颜滨1942年开始写日记时,上海已全面沦陷,告别了"孤岛"状态。"到内地去"的动员已因上海沦陷及言论管控而鲜被提及,但这句口号却反复出现在颜滨的日记里,成为他的夙愿。每当想起前线的将士,颜滨都为自身尚能"安居乐业"的生活感到惭愧,形容自己"偷安在孤岛过那无耻的生活"。作为滞留上海的民众,颜滨每每自感与内地人民抗日救亡不同,便会生出一种"留守者"的罪恶身份认同。这种身份认同与"孤岛"感觉紧密相连。这个内疚感折射出颜滨对自身的无奈和对同胞的愧疚,被延续的"孤岛感觉"贯穿颜滨日记始终。

首先,"孤岛"的地缘注定了它对救国话语的背叛。上海1938年《世风半月谈》刊文《有希望的青年到内地去》,矛头直指上海:"首先,真正的中国只存在于内地。眼下,沿海地区已经沦陷,中国已经没有了肉体,只剩下灵魂。但那是一种觉醒的灵魂。不去内地,留在上海——这座孤岛、死岛、魔岛——就是静待最后的胜利吗?这是无论如何说不出口的!请为中国想想吧。上海的青年如何能安于安逸的生活呢?"上海被描绘为与内地相对立的政治背叛和道德沦陷的现场,被剔除在救国的共同体之外。从这个意义上说,只有内地才是"真正的中国"。前往内地被直接视为与"正义"紧密相连的行为,而"留在上海、静待胜利"的态度则被认为对国难视若无睹,甚至难以洗脱"苟且偷安"的道德嫌疑。

其次,上海的"摩登"男女也使人作"犹唱后庭花"的联想。《申报》曾刊登一位西北女青年的读者来信:"20世纪出生的女孩子并不是懦弱的。当然,摩登女郎可能不愿意去内地。但是,我们自愿前往内地的女性,在体格上与男子相比并不逊色。我们西北的女性与上海的少爷小姐相比,后者会感到羞耻吧。"作者所言的"先进"与上海男女的"摩登"显然不同,甚至是相互对立的。她轻视那些对富裕、平静的生活充满留恋、对救国运动漠不关心的青年。不过,这位西北女性的批判的矛头偏偏对准了上海的都市男女,可见上海与西北的对立,亦即"上海"与"上海以外"的对立。留在"道德沦陷之地"而不参与抗日救国运动的上海青年,被描绘为"沉溺感官享乐、自我麻痹的人们",形成一种不道德的形象。

最后,这种批判指向了日常生活本身。上海人的日常生活受到强行的价值判断,被划分为"正确的生活"和"错误的生活"两个极端。1938年《上海妇女》杂志刊登的《到内地去还是留在上海》一文更从消费活动的角度将"留守"与"对日合作"画上等号:"我们所有的生活用品,无论是进口还是国产,都受到某种特殊势力的控制与征税。因此,在上海消费就意味着在经济上协助特殊势力。"换言之,在上海产生税收的消费活动都与资敌无益,此种激进的批判否定了日常生活本身。在道德二元的紧张氛围中,身为"留守者"的颜滨开始以道德标杆审视自己的每日起居、衣食住行。在媒体的步步推进之下,上海的失德语境就此形成,现代性的两面落在了个人体验上。

对都市生活的否定并不仅限内地与上海之间的矛盾,更混合了近代中国的各种新旧文化场景中存在的矛盾。上海的现代性与传统观念之间呈现出一种矛盾。内地是"遥远、疏离、没有洋楼或舞厅,没有奴仆谄媚的原野",是尚未被污染的"故乡";相反,作为大都市的上海,则唤醒人们对于"宽敞洋房、沥青道路、水洗马桶"等与列强侵略一并残留的摩登与屈辱并存的痕迹,是被"欣然接受"了的侵略遗产,进而被提炼为享乐主义的标志。这种现代观念与传统观念的矛盾揭示了一种价值冲突:现代观念带来的都市生活被视为抵抗的障碍,因其与侵略记忆及享乐主义勾连;而传统观念下对内地的理想化描绘,则使"到内地去"成为符合道德、洗脱罪恶的唯一出路。"罪恶"的上海成为单一文化符号,被用来界定个体的身份认同,使生活在此的青年也被突然分成两类:离开上海、参加抗日才是唯一正途,与"留守者"形成明显的道德分野。

上海的现代化与摩登生活被视为抗日抗争的障碍,其城市属性被视为与国家整体利益存在矛盾。这一认知影响了颜滨的自我认同,使他感到在抗争时期的安稳城市中生活是一种"错误",加深了他对自身身份的质疑和罪恶感,反映出城市身份与国家身份之间的错位关系。对于城市中的个体而言,他们的身份因侵略的到来与现代性的降临而被动重塑。城市的失德记忆与个人的苦闷共同作用,形成了颜滨"罪恶的留守者"这一身份认同。这种罪恶感一方面源自颜滨的前线想象,即奋勇杀敌的将士与苟且偷生的上海人的对比;另一方面则源自他的内地想象:内地是一片无拘无束的自由土地,与令人窒息的"孤岛"上海呈现完全相反的形态。正是"孤岛"状态结束之后仍然挥之不去的"孤岛"感觉,成为沦陷时期上海人的困境、压力和无奈的象征,在社会记忆与情感层面延续。

  痛苦和疏远的情感迅速蔓延到无法迅速前往内地的上海青年中。他们试图拯救国家,但却感到无从下手。青年们向报纸和杂志投稿,询问如何前往内地,坦白眼下的现实困难,甚至向编辑请教"人生的方向性"。换言之,是否前往内地已不再是地理性的迁移,而是关乎年轻人生命选择的问题。在由"留守"状态产生的抑郁困扰下,一些人甚至在投稿中表示:"如果去不了内地,只能选择自杀。"更有一位青年因表达加入军队的意愿而引发家长震怒,被禁止外出,最终选择自刎。这些无法前往内地而选择自杀,或与家人对立的案例在当时屡见不鲜。上海作家们捕捉到这些青年的苦闷,将其作为小说的素材。颜滨爱读的杂志《万象》中频繁出现上海青年"内地梦"主题的小说,共享了相似的精神指归:前往内地才是摆脱精神困境的唯一途径。这些故事中,每个年轻人都从"无意识"的生活中醒悟过来。他们为了离开"旧"生活,寻求"新"生活,因此渴望前往内地。内地被视为一种"乌托邦",是作者批判意识和理想的托付之地。去不去内地,与青年的自我实现捆绑在了一起。这与颜滨的成长经历和价值观念不谋而合。

颜滨使用的"无意识""新生"等词汇是五四时期青年经常使用的流行语,"有无意识"正是区分新旧青年的标准之一。根据"有无意识",青年可以分为"进步青年"和"非进步青年"两类。无意识即守旧、过时的意思。相反,有意识即反省、批判和理性,是理想的。此外,"无意识"经常与流行语"新生活"一起出现。根据胡适的说法,在文章《新生活》中,"什么样的生活才能算新生活呢。仔细考虑,新生活是有意识的生活",即有意识的生活与新生活紧密相连。胡适有如下解释:"凡是自己说不出'为什么这样做'的事,都是没有意思的生活。反过来说,凡是自己说得出'为什么这样做'的事,都可以说是有意思的生活……我们希望中国人都能做这种有意识的新生活。其实这种新生活并不十分难,只消时时刻刻问自己为什么这样做,为什么不那样做。"[1]颜滨自称现在的生活是"无意识"的[2],正是因为他对某种"正确生活"的观念具有敏锐而强烈的意识。为了掩盖理想与现实的落差,"无意识"一词常被颜滨用以自欺。当现实被否定时,作为现实一部分的"自我"亦成为连带批判的对象。寻求"新生"的颜滨试图逃离应该被否定的现状。

不过,《万象》仅描绘了青年们离开上海之前的精神痛苦,但一旦离开上海,故事便戛然而止,几乎不再出现对内地情况的描写。这或与当时的政治局势有关,但也可能是作者刻意回避了内地的现实:战地生活并非无忧无虑,奔赴内地者更良莠不齐,青年动机各异,更有人伺机牟利。例如,有一支文艺演出团队前往内地后,生活艰难、薪水微薄,面临着无法承受的生存威胁;还有人看中了内地商机,在上海采买了二手胶片和设备,拿去昆明放映电影,售票赚钱。更多的人则在兴高采烈地前往内地后,因毫无计划而流离失所,逗留一段时间后又纷纷回到了上海。实际看来,这些青年并非都有明确的目标,

---

[1]《新生活》1919年第1期。
[2] 1942年3月12日。

他们只是试图逃离"孤岛"上海的苦闷生活。

谈论时事是颜滨纾解苦闷的常用方法。1942年新年里,当他与舅父聊起上海的市况时,眼看着各大工厂、汽车行、商店解散,便不由感叹上海的命运渐趋灭亡,未来不知何去何从:"我们一般替人作嫁,毫无真才实学的,其前途实是不堪设想。我的心中早就有一个想法,向内地发展,尽我的力量贡献给国家。"①他对自己的境遇早有判断,深信一味退缩也绝不会有好结果。乡间继母多次给他写信,诉说经济困境,令他感到烦闷:"我真想跑到内地去,一方面可以解去这唯一的束缚,另一方面可以脱离这毫无生气、混乱之极的上海而吸到一口新鲜的纯洁的空气,同时为国家出一份渺小的力量。"②内地似乎成为颜滨苦恼的解药,一种逃离当前、寻找新生的途径;"到内地去"也未必要去川鄂贵滇,只要是一个上海之外的地方。在苦闷的作用下,政治口号与个体生活自然地联结在一起。颜滨始终在寻求与"留在上海"的不光彩身份的决裂。他渴望前往内地,实现他的"伟大理想",逃离在上海的"无意识"生活。身边友人的成功离沪也形成一种鼓励,让他觉得这件事仿佛并不困难。当他思考自己的出路在哪里,他仿佛与中国探寻出路的命运同步。当上海生活难以为继、报国愿望招手时,内地既是一条思想的进路,也是一条生活的退路。

在与三青团成员的一次偶遇中,颜滨的离沪之志到达顶峰。当日,一个二十余岁的青年来访,自称是来自内地的有志青年,受张信祥之托向信甫带信。这位青年拿出身边所带的一枚三青团的徽章以证明来历,这使颜滨肃然起敬。三青团全称三民主义青年团,是由国民党成立于1938年的青年组织,在国共合作抗日民族统一战线推动下组织了一系列活动,包括夏令营、运动会和文娱康乐等,引发了颜滨对三青团的向往。然而,颜滨对三青团的理解主要侧重于该组织

---

① 1942年2月1日。
② 1942年8月16日。

在抗日时期的积极活动,未能深入了解三青团的另一面,尤其在抗日战争进入相持阶段后,该组织沦为国民党反共的工具,并受特务分子控制。然而三青团成员侃侃而谈,动听的叙述使颜滨产生了朴素却盲目的崇拜。

在与三青团员攀谈过程中,颜滨了解到内地生活有秩序、工作有意义,却也对接洽人员产生了质疑。在当时的颜滨看来,三青团可以算是青年最好的归宿:"我久埋心头的雄心不由得勃然而生,恨不能立时离开孤岛而向光明之道迈进。这时我的心中已决定要离开孤岛,我希望开年店中分红利之后有了盘费,决定实行我的计划,所以我格外地同他谈得起劲,同时信芝他想跟他同去,我真兴奋至极,连连赞成,并加以激励。"①然而当他们晚饭时再度谈起这位三青团员时,却发现此人有诸多可疑之处,怀疑对方是个骗子:"他的言语前后完全不相符合,他所说的这次来沪的理由尤属可笑,而所说信祥向他借洋一百二十五元,更是毫无凭据,张信祥来信也并未提起,所以决定这个人实有欺骗行为,当然不能跟他去了。但是我可惜这个青年为什么要做出这种的行为,由此我更觉得世人之可怕而感叹着人的难做。"②因颜滨断定此人存在欺骗行为,不应随其行动,他前往内地的念头也随之淡去③。

此后,他仍在日记中不断书写内地,可见他内心充满了挣扎与矛盾。在这些文字中,他倾诉心声,释放焦虑情感,在苦闷中寻找留在上海的定位和答案。"到内地去"的呼声中,可见社会动荡造成的对身份的重新定义。"内地"超越了地理概念,变成一个重要象征,代表着更广泛的国家认同与抗战支援。青年对内地的向往不仅是为了躲避战乱,更是为了进步、崇高的社会身份与集体认同。然而面对现实的种种考虑,颜滨"到内地去"的热忱暂告冷却。他不得不在直面个

---

① 1942年2月10日。
② 1942年2月11日。
③ 1942年2月10日。

体与社会身份认同之间的矛盾和挣扎,在这里继续忍耐下去。

二、生存与道德的冲突

留在上海,意味着颜滨不得不直面日伪的占领。事实上,颜滨在日记中对日军的记录很少,因颜滨在实际生活中不常接触日军,也很少见到日本人。上海虽有 10 万名日侨,但他们平时多聚居于虹口,与其他租界居民鲜有接触。还有一个重要原因,即日记有受到审查的可能,为躲避审查之祸,隐去日军是颜滨不得不采取的自保方式。但日军的封锁令市民的日常生活受到极大干扰,交通管制、宵禁等限制措施令普通民众的生活被打破。颜滨难掩心中激愤,数次将日军行径记录在日记中。

1942 年 2 月 14 日,公共租界内发生数起恐怖事件后,日海军陆战队立即将出事区域视为责任区域,实施局部封锁,范围包括河南路、爱多亚路、虞洽卿路、苏州河等。这次封锁长达近一个月,直至 3 月 10 日夜半才宣告解除。颜滨听说皇后大戏院被封锁,里面大约有五百人未被释放,也不允许任何人送食物进去,大家都在挨饿,妇孺哭泣,哀号一片。颜滨听后,怒不可遏:"人类本是富有同情心的生物,但这些残忍的鬼子却采取如此残忍的手段对待我们的同胞,眼看着他们挨饿、痛苦呻吟,竟然毫无怜悯之心,岂能忍心看着他们活活饿死呢?"日军对道德人伦底线的触犯令颜滨愤怒,并激起了他的爱国热情:"我现在渴望有人能给我一个为国家服务的机会,我将不胜感激,即便需要冒着生命危险也在所不惜。"[①]他随即感叹国家于人民的重要性:"一旦人民失去了国家的庇护,就会受到这种非人道的待遇。国家的强弱与人民的命运息息相关,这是一种不可推卸的责任。"[②]

---

① 1942 年 4 月 22 日。
② 1942 年 4 月 22 日。

恐怖事件发生后,当局加强了警备与演习。3月底,公共租界警务处与保甲自警团连续三天实施特别戒备,实行宵禁,并用铁丝网将一些马路封锁了起来。警务处、自警团和日本宪兵共同负责戒备任务,交通几乎完全瘫痪,只有东西向的个别电车仍在运行。这一时期,上海各路段的戒严频频发生,封锁时间有长有短,令颜滨抱怨"如今当真行不得也"。1944年1月,颜滨与友人同游兆丰公园,至静安寺搭电车,车至赫德路突告封锁。颜滨因心急不愿等候,立即下车步行。没想到未走三五步,电车又照常开驶,这种戏谑般的经历使颜滨自叹晦气。至1945年,颜滨为生计终日奔波于证交所等处,常遭遇去时尚能通过、返时已被封锁的局面。此类情况的频繁发生,颜滨似已见怪不怪,绕路而过。虽较被封原地数小时不得动弹略好,但绕路仍使颜滨不快:"平常数十分钟即可到达的路线,如今也需要白白多走一个钟头。以后若无要事,还是少走为妙。"①市民不得不调整出行策略,包括寻找替代的交通路线、学会规避封锁区域等。但不论封锁时间长短,其毫无征兆之状始终给市民的日常生活制造混乱,令市民生厌。

一次长达8个小时的封锁给颜滨留下深刻印象。1942年4月20日晚8时许,颜滨经过跑马厅路口时,背后突然传来两声轰隆巨响,行人瞬间慌乱奔跑,颜滨也紧随人群直奔大世界而去。然而刚到爱多亚路,路口既已设置了铁丝网,禁止行人通过。颜滨一时间进退维谷,只能呆立在路上。周围市民们不知此次封锁是否为演习,纷纷陷入困惑。不久,日本宪兵队"烫黄色的军用汽车横冲直撞地到来"②,这才使颜滨感到事态非常。一个形似保探的人挨个搜查、盘诘,约有20人被疑为嫌犯而遭逮捕,余下的人依旧被封在马路一角。

---

① 1944年1月3日。
② 1942年4月20日。

起初,被封的人们无所事事,相互攀谈。颜滨甚至新结识了几个年轻人:"互相谈笑着,尚不觉寂寞。"①数小时过去,解封仍旧遥遥无期。一些疲惫不堪的妇孺只能不顾肮脏和寒冷席地而坐,日军见状准许她们坐入停驶的电车里,令颜滨一时感叹"毒如蛇蝎的日宪兵竟也生出一些慈悲之心,强盗有时也会良心发现",然而转眼间即有两个老人欲坐电车却遭日军蛮横驱赶,并被罚跪在水门汀上,引发了在场者共同的悲愤与屈辱:"我们不约而同地愤怒着这残酷的行为,但是俱各未敢有所举动,只能把这笔数不清的血债深深地记入脑海中,以备将来同他们清算。只要最后的胜利到来,便是我们抬头的一日。我们俱各这样地说着,慰藉着沸腾的热血。"②

对街道的封锁,是日军向上海市民传达的武力威慑。作为一种权力展示的手段,日军本想通过封锁从物理上限制民众,塑造出不可触犯的秩序感。但这一措施在展示权力结构时,打破了日常生活、限制了个体自由,令民众骤然置身于战时氛围。这不仅加剧了恐慌,还聚集了上海市民的爱国热情。这种高度紧张的氛围在令民众恐慌的同时,也凝聚了民众的家国意识。在封锁的背景下,日军的暴行跃然在目,国破家亡的悲愤和异族相欺的屈辱感成为一种共情的纽带,促使人们在封锁中互相交流、互相慰藉,在危难中对抗侵略者。这次封锁直到凌晨四时半才解除,足足八个钟头。颜滨结识了几个患难的同志,彼此在分别前交换了通讯方式。他在日记中写道:"今天实在是我有生以来值得纪念的一天。"事后,他听说事情出在幕尔堂,日军派遣部被投掷两弹,损失不详③。

1942年2月,上海的冬日寒风刺骨。自除夕日以来,雨雪不断,持续了近一个星期。颜滨走在雪中,猜测翌日《申报》上的露尸统计,定会是一个庞大的数字。《申报》曾于当月统计法租界路毙情况,路

---

① 1942年4月20日。
② 1942年4月20日。
③ 1942年4月20日,4月21日。

边死亡的男女尸体达到了 134 具,其中以男性为主,女性有 20 余具。平均每天有近 30 人死亡,较往年相比数量激增。由于上海生活成本日益增高,导致一般贫困人口、染毒瘾者和乞丐无法维持生计,难以抵御饥寒,最终导致体力不支,曝尸街头[①]。颜滨不禁愤慨:"五年前为何没有这种惨事呢?这是哪个害我们的呢?我想到这里我的血已在沸腾,我的拳头已紧紧地握着,我恨不得将那罪魁祸首立时做我的俘虏。但是我想现在,我们还是努力奋斗吧,最后胜利的代价是需要我们最大的努力与牺牲的。黎明之前的一刹那,那一定是格外的黑暗的,但是光明之神一到,那黑暗的恶魔,自然无容身之地了,我们期待着黎明吧!"[②]面对日伪的限制和威胁,上海的市民反而因同仇敌忾获得了一种归属感,这种归属感甚至在道德上弥合了与内地亦即抵抗力量之间的隔阂。这种认同使得上海市民之间不再孤立,更打破了沦陷带来的割裂感,形成了与内地团结一致的家国情怀。

这种同胞意识在颜滨亲眼看到难民衣不蔽体、饱受凌辱时进一步加深。战火纷乱、经济萧条,上海及周边民众的生活陷入极大困境,大量贫民涌入上海。1942 年 2 月,颜滨曾目睹一群贫民男左女右分列于人行道上,等待巡捕为其编号,而巡捕所为令他愤慨:"这些巡抚实在可恶之至,他们在妇女身上编号却专拣写在她们那高耸的乳峰上,我不觉看得呆了。"[③]1944 年 5 月,他帮助姐姐家搬迁,在路上遇到巡警敲诈。这些巡警欺软怕硬,有的像拦路强盗一样威胁,有的则像小乞丐一样跟在身后不断要求加钱。不论哪种,最终总归得送一些钱。这样的情况一路竟发生了二十多次,所费竟达四百元,令颜滨感到荒唐至极:"事后回想他们的丑态以及我自己之一番敷衍的情景,真使我啼笑皆非。"[④]这些巡捕都是华籍。国难当头,身为中国人

---

① 1942 年 2 月 22 日。
② 1942 年 2 月 12 日。
③ 1942 年 2 月 12 日,2 月 23 日。
④ 1944 年 5 月 31 日。

的巡捕反而加倍作恶,这使颜滨感到困惑和愤怒。在他的认知中,同胞自当团结一致。哪怕迫于日伪权威而不得不服从,管理者与被管理者间也应有起码的同胞意识,不该互相刁难。然而现实令他失望,不仅没有想象中的民间团结与自救,甚至缺乏基本的同情,趁机敛财:"尤其是一般身在工部局或巡捕房等人,他们借了种种名义为虎作伥,不顾在此饿殍载道的时候,仍是向平民任意勒索,用出各种卑劣的手段以饱自己的腰囊。"①同为中国人,为政府做事者的态度更使他寒心,作为侵略者帮凶的华籍巡警更令颜滨愤慨,他显然没有将自身视作共同体的一部分。

沦陷处境下对同胞的同情进一步泛化,成为一种超越国籍的共同体意识。一次,一名工人试图穿过马路,遭到三名巡警的殴打。其中两名法籍,一名华籍。同胞内部的欺压使他愤怒:"最后的一个却是中国人,他非但没有同情之心,反而很得意地喝彩,同时又投了一个很轻蔑的冷笑。当时我不由怒气填胸,恨不得把这群恬不知耻的人施以严厉的惩罚。"②华捕的无耻令他痛心,法籍巡警的恬不知耻也令他愤然。颜滨从报上读到,一个德国人在法国境内被暗杀,德方当局就把附近的法国民众如数枪杀。相似处境下,上海的法籍巡警却毫无同情:"他们的祖国已屈服在他们残暴的敌人之下,任人蹂躏,任人宰杀,而他们却仍是毫不知耻,反来欺侮我们为祖国而忍苦耐劳的国民,这群人简直是失去了灵魂的冷血动物。"③在他看来,凡被压迫者当属同一阵线。法国人分明与中国人同一处境,却因短视和愚昧而不能将心比心,丧失了为人的基本。战争本身的残暴与反人道在颜滨心中不断酝酿,生出了以"被压迫"为基准的道德伦理观念,这让他的感受超越了国籍,开拓出人类更广阔的共情空间。

---

① 1942 年 2 月 2 日。
② 1942 年 4 月 22 日。
③ 1942 年 5 月 7 日。

沦陷引发了颜滨对国家认同的重新审视:"由此可见国家的重要,人民一旦失去了国家的保护,就会遭到这惨无人道的待遇,国家的强弱对于人民的关系是多么的密切啊!"面对国家的困境,"匹夫有责"的意识被唤醒:"然而国家的强盛也必须要人民的努力,每一个人民必须负一分子的责任,这是无可推诿的事。我现在很希望有人能使我得到替国家服务的机会,那我就感激万分,虽然是赴汤蹈火也在所不拒的。"①这种责任感来源于对祖国的热爱、对同胞的关切以及对于共同体的责任。对同胞遭遇的屈辱和困境的强烈不满情感推动他要为国家、同胞承担起某种道德义务。这种道德义务不仅出于爱国,更是对于文化传统、共同体的珍视和坚守。通过对道德底线的不断塑造和反思,颜滨也会重新审视自己的社会身份。他的商人身份与道德底线相互交织,在道德抉择和底线形成中发挥着重要作用。颜滨对商人行为的强烈谴责,实际上是基于他对中华文化价值观念的坚守。这些言辞的表达、对商人的不满、对同胞困境的关切,都是他个体责任感的一种表达方式。这些情感不仅是个人感受,更是他谴责侵略、呼唤正义的言辞抵抗的驱动力。

事实上,颜滨记录的各类情绪并非个人的妄想,而是令日伪当局忌惮的群体情愫。如1942年的"五卅"纪念日,当局自5月1日起即增派警力进行巡逻、管理交通,并在中法租界交界处的各铁门口加强对往来行人的严格搜查。当局声称此举是为维护法租界的治安秩序,但警备的突然强化显然不是常规防范,而是针对可能出现的纪念活动。悬旗、集会等都被禁止,民众只能私下传发传单,静默致哀。几个月后的"八一三"沪战纪念日,上海警务当局亦事前即戒备森严。两租界边区先行将不必要道路予以封锁,重要通道派遣武装探捕驻守,并严厉检查行人车辆。从前一天起,法租界方面即派出大批流动巡逻队,随时随地放置铁丝网以区分出入口,检查车辆及行人。即便

---

① 1942年4月22日。

各路电车经过,也遭上车密查①。落入日伪手中的媒体对纪念日讳莫如深,但民众激愤情绪的自觉打破了沦陷压抑下个体的平静。颜滨也记下这个日子,聊作纪念:"血一般的五月又呈现在我眼前,在这短短的一月之中,不知受过多少敌人的蹂躏,抛过多少先烈的热血。自从抗战以来,屈指一算,已是第五个的五月了。在这五年之中,虽然逢到这值得纪念的五月,也只是沉默地度过。"②1944年七七事变纪念日,颜滨写下:"当然每一个人都知道这是怎样的一个日子。多少有些感想,纵然报纸上并未提起只字。真快,日子在抗战中,竟已溜过了这样悠长的七年。警报之声,日有数起,路上到处布满了绳子。没有什么事的我,当然竭力避免出外。"③

相反,颜滨对"伪政权"的纪念日则不屑一顾。1944年8月1日,首届复兴节举办,颜滨感到荒唐且屈辱:"据说今天是复兴节,报纸上大字刊载着'全市民众热烈庆祝首届复兴节'。但身为市民之一的我,却看不出一些庆祝的意味,纵然有几家商号门口挂着几面歪歪斜斜的国旗,但这国旗却充满了灰暗色的成分,使人没有一些好感,因为谁都知道他是被迫的。"④纵使当局大肆宣传,民众只觉其名不正言不顺,毫无亲近与信服。作为"收回"租界的纪念日,却毫不值得高兴,可见"收回"在普通民众眼中并无实际意义,所谓"复兴"更是徒有其名。租界"收复"并未改变日军占领的实质,市民生活仍在压迫中。国旗歪斜、色彩灰暗,毫无"热烈庆祝"之状,在颜滨眼中不过是形式化的被迫敷衍,其态度中丝毫不见政权认同。与此相对,颜滨以纪念武昌起义的"双十节"为中华民国的国庆日,可见其视重庆国民政府为正朔:"谁不知道这是一个该值得多么兴奋的一日,但年来心中总好似有层黯影遮住,每到这日反觉得有些凄惨之感。但愿明年

---

① 《申报》1942年8月14日。
② 1942年5月1日。
③ 1944年7月7日。
④ 1944年8月1日。

的今天,能给我们真正的兴奋。"当日虽未能有公开庆祝,但上海民众的私下活动令颜滨感到一丝安慰:"大兴公园(法国公园)内的黎明学园,倒很有意,今天不上课,而举行庆祝仪式,并有数人叙说双十节的意义及感想,继则是余兴表演,有歌唱、口琴、话剧等。"①1943年汪精卫接收上海租界后,将"法国公园"更名为"大兴公园"。颜滨写及"大兴公园"时均以括弧加注旧称"法国公园",此细微之处亦能佐证"租界收复"在民众情感中不曾得到认同。

在集体情绪自然迸发的纪念日外,颜滨还通过想象前线来获取慰藉。1942年2月15日,日本占领新加坡。上海日伪一连几日举办盛大庆祝活动,并强迫市民前往参加。新加坡的陷落被认为是二战中英军最惨痛的失利之一,也是日本在东南亚战场上的一个重要胜利。它标志着亚太地区战局的变化,使得日本在该地区扩张势头更加强劲。颜滨斥其为"昙花一现的庆祝"②,心中厌恶至极。几天后,他从旁人口中听闻新加坡又被英军反攻占领的消息,虽认为多半是不可靠的,但也可借此清一清他的耳声③。流言虽不切实,但呈现了社会情绪的指向。颜滨借此一清耳声,以痛快想象纾解苦闷,如获精神胜利。在抵抗情绪感染之下,颜滨对战局十分乐观,展示出必胜的信念:"前方忠勇的将士在委员长领导之下发挥无上的威力,踏着先烈们的血迹直向光明之途迈进",使他感到安慰。"目下的敌人已只能做最后的挣扎,以图做困兽之斗。只要我们再接再厉,那么胜利之期实在已不再远了。我想,看到了这样的一天,非但我们要不知怎样地兴奋,就是先烈们的英灵也当含笑九泉了。"④在屈辱的沦陷区通过新闻、纪念日等事件想象前线与战场,代表了一种情感抒发、心理应对以及对抗占领现实的行为。居住在沦陷区的人们通过参与纪念

---

① 1944年10月10日。
② 1942年2月20日。
③ 1942年2月24日。
④ 1942年5月1日。

日、关注新闻等方式,试图缓解内心的屈辱感和愤怒情绪。颜滨对前线的描述基本源自对国民党军全然正面的想象,这与对三青团、对内地的想象一脉相承。这纵然过分理想化,但为颜滨提供了些许安慰和寄托。

除了不断书写他的屈辱、苦闷与罪恶感,颜滨还通过与友人交流家国大事,获得如"一清耳声"般的痛快感受。一次,他与友人家驷足足聊了两个钟点,其间无话不谈:"一忽儿谈到了国家大事,我们都不约而同地等待着最后胜利,并曾讨论到了这日应如何庆祝。我们俱说得眉飞色舞,津津有味。据我想来,我们这个理想在不久的将来定能实现,只不过是时期上的迟早罢了。"①在观剧这种情感体验强烈的精神生活中,颜滨更对抵抗有不可抑制的冲动。颜滨曾观看一青剧团的《党人魂》。该剧是描绘革命先烈徐锡麟及秋瑾的壮烈牺牲故事,剧本可歌可泣、动人心魂。颜滨虽认为演员不够理想,尤其台词很不顺熟,但即便如此也已足够使他感动:"我的血在膨胀,我的热泪在奔流,我的拳头紧握着,我的心狂跳着。坐在我旁边的若芬,两眼也是水汪汪的,但当看到我的神情时,便不由露出一丝微笑。"他在日记中称《党人魂》是"值得一看而每一个青年必须一看的剧本"②。这些语言与情感的吐露、交换,成为他沦陷压抑中的振奋瞬间,使他短暂逃离现实,在精神世界寻找抵抗感受。交谈使颜滨在压抑的环境中找到一处情感出口,从而缓解部分心理压力。积极的想象成为一种激励,使民众相信自己所经历的困境并非终结,而是在更大的抗争中迎来胜利的前奏。纪念日对于社会的意义超越个体,成为维系社会认同和集体记忆的手段。尽管无法公开纪念,但在日记中书写纪念日使颜滨维持对自己文化、历史和国家的认同,从而在沦陷的环境中持续保全一种自我身份的清白。

---

① 1942 年 4 月 29 日。
② 1945 年 5 月 20 日。

最令颜滨经受道德拷问的是元泰的对日交易行为。沦陷区个体为求生存,除衣食住行受限,还不得不参与侵略者的经济活动,颜滨同样如此。1942年3月27日,日伪宣布18种物资为统制物资,大量搜刮民间金属。铜、铅、钢板、管子、元钉、铅丝、钢丝等,一律按"东京价格"收购。所谓东京价格,只及上海当时市价的15%。元泰五金号也在被搜刮之列,不得不贱卖店内存货。2月的一天,日伪派人前来元泰五金收购铜丝。颜滨被分配计算店中存货,以便呈报并卖给日伪。然而,元泰老板的态度令他始料未及:胡次桥说起此事时,喜形于色,连连称幸,甚至炫耀起日本人待他们礼数周到,用汽车送他们回来等事。这些话激起了颜滨愤怒:"我听了后甚为刺耳,同时我更进一步地认清了商人的人格,'唯利是图'这四个字真是当之无愧。"① 在他看来,一定程度的妥协或许不可避免,但胡次桥不知羞耻的嘴脸激怒了他:"若说现在在××势力之下,无法反抗,不得不卖给他,这未尝不是一个理由。然而扪心自问,最低限度亦当面红耳赤无脸对国家了,但是他们非但不如此,反而自鸣得意,这岂非太无人心了!我愤恨!我诅咒!我要杀尽这一群无耻的商人。"② 战争和侵略的时代氛围无疑对颜滨的情感体验产生了重要影响,使他的内心充满对民族困境的深刻认知。颜滨认为国难当头,人人应有起码的羞耻心,在无力反抗的处境下,知耻是他以为最低限度的自觉,这也正是他自身对抗日伪的情感底线。"颤抖双手写下日记"的颜滨,其行为无异于通过日记进行忏悔。在他的书写中,情感体验与抵抗手段之间存在着显著的关联,"羞耻"正是他回应侵略和不公的动力来源。

一个月后,元泰老板要求颜滨将卖与日伪的金属装箱。他忙碌了一整天,心中的悲痛压过工作中的劳苦。这一次他经历了更加强烈的情感动荡:"我恨不能将这类货物如数破坏毁灭,但是我却没有

---

① 1942年2月4日。
② 1942年2月4日。

这勇气,终于不顾一切地做去,我真对不起我的民族!我的国家!我好像看见有无数的手正在指着我们,又好像看见许多的敌人正拿着我们供给他的原料所造成的种种的武器,对我们的同胞加以杀害,顿时又见无数的冤鬼正在向我们索命,我惧怕,害怕得不敢往下想了,我真惭愧,我真是天地间一大罪人。"①颜滨产生了强烈的内心矛盾,"恨不能""不敢往下想"等明确的情感词汇,显示出他面对道德抉择时所受到的强烈情感冲击,因这与"到内地去"号召下,将商业与资敌行为画等号的批判话语不谋而合。颜滨对商人为了谋求私利与日伪合作感到愤慨,商人为了生存而迎合侵略者的价值观念。颜滨以道德标准衡量这种行为,内疚、愤怒、痛苦等情感体验,是他在文化冲突下道德选择所带来的心理压力。

颜滨以文字表达脱离当前身份的意愿。这是颜滨在沦陷环境下对于外部压力和屈辱的一种回应,同时也是尽力寻找情感支持和社会认同的方式。"留在上海"这一事实所意味着的生存压力与道德冲突的两难处境令他感到痛苦,他在困境中找到心理平衡,并通过笔尖的对抗维持必胜信念。当激烈的抵抗行动势必不可为,"知耻"成为一条道德底线,规训着颜滨行动的轻重缓急。对日交易中是否羞愧、同胞受辱时是否同情,在他看来都是极重要的事。这是民众在被动局面下唯一可调动的主体性,即明确一种情感上的抵抗。留守上海本已令他感到罪恶,这进一步要求他在行动中时时保有忏悔,在心理层面强化"抵抗"而非"被奴役"的身份。强烈的耻感是他唯一的武器,用以在不得不低头的时刻维持内心的清醒与安宁,达成精神胜利。

三、"消极"合作中的无声抵抗

对于民众而言,沦陷的切身感受来自日伪的一系列基层管控。

---

① 1942年2月10日。

恐怖事件爆发后,当局声称"为了维护自身利益,彻底消除恐怖事件,使市民得以安居,不能仅依赖市政当局,需要全体市民的协力,以期确立治安"①。日伪通过强化社会内部的自我监控,使民众成为其政权的延伸,颜滨亦是基层组织末端的一员。

1942年6月,颜滨被派为卢湾区第五甲甲长,每天办理户口登记、答疑开会等事,格外繁忙。这次调查是为日伪未来颁发市民证作准备。各户以家族为单位,由家长向甲长报告所有成员的姓名、年龄、性别等信息。他对此烦不胜烦,却不得不服从,感叹身不由己:"这虽然是大多数人不愿意照办的事,但是,处在现在的环境之中,在强权压迫之下,你将有何力量来反抗呢?啊!还是不说吧。总之,你为什么要生长在这个时期,还要住在这个地方呢?"②他自问为何"住在这个地方",自然是对无法到内地去的怨怼。

这种基层管控仿照国民政府的基层编户制度,主要通过组织保甲与自警展开。以警察管辖区为保甲区,以下为连保、保、甲。每一店与住宅均为一户,设户长一人;约每十户为一甲,设甲长一人;约每十甲为一保,设保长一人;约每十保为一连保。每区派员10—15人,共组成保甲筹备委员会。每户各领保甲证一纸,悬挂于大门显明处。同时,每保组织自警团25名,与各警区协力维持治安。

保甲制度建立了社会的层级结构和控制体系,其层级结构明显,从户、甲、保到连保,形成了一个逐级上升的组织架构,从而方便当局了解和掌控居民的行动。建立基层保甲组织,旨在监控和控制社区,确保政权能够及时获取有关居民的情报,强化对居民日常生活的干预;而自警组织的设立则为政权提供了一支"自愿"的镇压力量,用于应对可能的反抗行动,形成了社区内的自我监控机制。保甲制度运用和自警团的组织形式,客观上加强了对上海居民的社会层级控制,

---

① 《日当局对防御恐怖发表谈话》,《申报》1942年2月27日。
② 1942年6月3日。

保甲制在一定程度上成为日伪窃取的箱箧。通过组织基层保甲、自警等自愿组织,政权在社区内建立了一套内部监控机制。尤其是当局训练民众自发协助捕房,反映出当局试图塑造民众的行为模式,使其在危机时更加配合政权的指令,强化社会的纪律性。此外,要求居民积极履行命令、听从警务人员的指导,强调在将来发生事件时需要更有效地合作。同时,当局加强对基层组织的宣传,以保护市民安全的名义,要求市民配合工作。恐怖演习被当作一种集体行动,强调个体和群体在危机时的相互支持和协作。当然,所谓合作是在政权控制和指导下进行的,而非真正的社会自治。

保甲组织基本确立后,居民的个人身份证明亦被强加而来。自1942年3月起,在工部局的指令下,苏州河以南地区的公共租界以保甲区长为中心,开始调查各区的户口情况,并发给"市民证"。1942年5月初,中央捕房宣布,为了保障界内治安,公共租界当局决定封锁一些不必要的马路口,逐一安装铁丝网。具体包括英法交界的爱多亚路跑马厅公寓前、爱多亚路龙门路口、北海路虞洽卿路口以及远东饭店前等地,都搭建了铁丝网,将长期禁止通行。警戒线实际上是两个租界的边界,包括虹口和上海西部越界筑路区在内。沿着这条线,除了由日本哨兵查看证件外,外滩的各个码头附近也被围以篱笆或绳索,只留一处出入口,由巡捕检查通行证和市民证。没有证件的人不能上码头搭船,也不能进入租界。政策颁布不久,许多人因未能及时领取市民证而被阻拦在码头附近。上海方面陆海军最高指挥官于5月1日发布通告,规定自5月10日起,凡通过上海四郊警戒线者,必须持有县民证市民证或相当之证明书。不论男女性别,所有市民均须向各该管警察署(即捕房)申请发给。申请书由捕房发给保长,保长发给甲长,甲长发给户长。户长负责指导各该户内的居民填写申请。所谓市民证,其目的是证明为上海公共租界的正当市民,以确保治安并维持界内秩序。市民证的发放以居住地为标准,主要提供给居住地区的居民,不能以工作地点为标准,带给上海市民生活诸多不便。例如,居住在法租界而工作地点在公共租界的人,需要向法租界申请居住身份证。颜滨姐姐家地处南市,此后通行也须出示市民证。4月底姐姐即听闻市民证的消息,便催颜滨早日去领①。但因未能及时领到,颜滨不得不调整计划,赶在政策5月实施前拜访姐姐②。

住户由警务处发给市民证,要求民众随身携带。每一保甲机关负责登记居民人数、迁移与生死事宜,调查报告办内不良分子及其活动,并须协助警方逮捕恐怖分子。此外,需注意区内居民的动作,报告危险物品的移运和储藏。

基层组织与身份管理的相关措施建立后,日伪即着手实施对民众的控制。首先是加强恐怖演习,训练民众的服从意识,以便强化其社会控制。对民众的管控始于对日常生活的细微干预,最先开始的是恐怖演习。起因是1942年2月14日下午,公共租界苏州河以南地区,迅续发生恐怖事件数起。警备当局即将各出事区域断绝交通,日军对事发地一带长期戒严,时长二十余日。除夕夜恐怖事件后,上海各警务机关决定实施一次警戒恐怖事件演习,要求各封锁区内居民组织自卫团及保甲制度,协助当局防范恐怖分子活动。定期的恐怖演习也不断扩大范围,试图通过制造紧张氛围强调秩序感,进而增加政权的心理震慑力。灯火管制限制了居民的夜间行动自由,加强了政权对社会的夜间监控。防空演习不仅是为了准备应对潜在的空袭威胁,还用于训练民众在紧急情况下服从政权指挥。这些措施共同旨在确保政权对社区的全面掌控,通过在居民中建立紧张的氛围,降低潜在的反抗和抵抗。基层社会控制机制在沦陷时期帮助政权巩固统治地位,给普通民众带来了生活不便与心理压力。

恐怖演习可被视为强化社会控制和监视机制的手段。通过定期

---

① 1942年4月26日。
② 1942年4月30日。

的演习制造紧张氛围,政权试图在民众中树立对于潜在威胁的敏感性。为预防潜在的恐怖袭击,当局与市民共同进行逮捕犯人的演练。演习期间,市民一般需在察觉到恐怖事件发生的情况下大声呼喊"恐怖",以传达信息给附近的居民和行人,使众人共同参与逮捕行动。对于违规行为的处罚也强化了对规定的遵守,形成一种行为的规范化:目击或得知恐怖事件发生的人,应立即向最近的官方机构或自警团报告,接到报告的接警员有责任通知官方;目击恐怖事件的人应该记录犯人的容貌、服装和逃离方向等信息,在官方到场后自动报告。对于那些勇敢追捕犯人或与官方合作的个人或团体将获得当局的奖励,被监视员发现的违规行为则会受到处罚。演习中,犯人需佩戴红白色臂章,上标"演习犯人"等字样①。这些细致的要求更隐含培养民众对于政权的服从和配合意识的目的。演习的频繁进行和突发性质,使得民众在日常生活中时刻感受到可能发生的紧急情况,从而更容易接受政权的控制和指导,最终实现社会控制与规训。

此外,当局配合组织自警团,加强治安控制。由于治安恶劣,上海市民生活在极端的不安全环境中,每日必有罪行多起。工部局警务处借机提出组织自警团的要求,希望上海市民咸与警务处合作,保障社会治安。每一保甲区均须特组自警团,派员不断值班,以防犯罪发生。自1942年起,凡居于租界内的18—35岁的年轻男性均被要求加入所在住宅区的自警团。发生罪案时的,保甲机关的第一项任务即遮断门户与里弄等逃逸之途,使与他区隔离,令罪犯不能逃脱②。当听到日军吹哨声时,他们必须用绳子将该街区围起来,拦停经过的车辆进行检查,以在数小时内抓捕被当局通缉的嫌疑犯。封锁通常持续一天以上,一旦一个街区被封锁,该区域内的居民就无法出门进行采购或工作。在日伪当局的宣传中,自警团被描绘为受到社会欢

---

① 《申报》1942年2月21日。
② 《申报》1942年3月11日。

迎的组织,在帮助商铺维持治安方面取得了一定成效。抢风大盛之下,上海治安混乱,自警团成员被派往各街道路口,一旦发现异状,立即拘捕犯人。1944年,颜滨也被指派为自警团成员。他的工作主要是在举行防空演习时前往自警亭值守,时间通常为早晨六点至九点。为此他不得不早起,常常一整天精神不佳。居民参与自警团的行为并非基于自主选择,而是受到外部压力,是政权对社会进行强制性控制的结果。在日伪保甲制度下,此类权力的渗透成为居民日常生活的一部分,社会自治的表面和强权压迫的实质之间呈现张力。居民的行动更多的是被动应对,而非自主选择。

随着上海战事严峻,保甲、自警制度成为战争管理体系的一部分,为日伪推行防空管制提供了方便。1942年下半年,迫于空袭威胁,日伪开始实行防空措施。7月29日,日本陆军最高指挥官、海军最高指挥官及陆海军警备当局发表谈话,要求上海市民必须服从当局规定的民间防空义务:"关于上海之防空措施,鉴于本市之重要性,日军关系当局采取周密措置,又有日军精锐航空部队先发制人,迭将敌军航空基地攻击,击溃其航空兵力。故以迄今日,上海毫无空袭危险,市民均能安居乐业,不胜同庆之至。惟大东亚战争发展为世界战争之性质,在思及飞机之机动性时,则不能断言上海绝对不为航空游击战之目标也。是以关于民间防空,亦应常以有恃无恐,采取万无一失之对策。"①上海警备队即上海陆军防空司令部,上海海军特别陆战队即上海海军防空司令部,两者共同指导市政府、工部局、日本领事馆警察的民间防空事项;市政府、工部局、日本领事馆警察则指导市民实施防空措施②。

突如其来的防空措施引发了市民恐慌,更引起了对战局的猜测。人们怀疑战火即将烧至上海,这意味着伪政府时日无多。日陆军发

---

① 《本市日军当局布告市民应服从防空规则》,《申报》1942年7月30日。
② 《申报》1942年7月30日。

言人横山中佐在新闻记者会上对此谣传加以诟厉,声称当局仅对各种可能性从事准备而已。自1942年10月1日起,上海开始不定期实行灯火管制,并不定期实施防空演习,号称"不夜城"的上海顿成黑暗世界。颜滨记下这一非常事态:"马路上的路灯全部关止,各住户之电灯,俱须用黑罩罩住,窗门上须用黑布窗帘,总之,光线一点也不能外露,否则,一千元的罚款便轻轻地放在你的头上。"①此项规定一出,夜间用灯场所遭受重大打击,颜滨的补校生活立即受到影响。上海的补习学校因利用业余时间,大都在晚间上课,而晚上又必须用灯。为应付当局,颜滨就读的第四补校不得不购置大量厚实的窗帘来掩盖灯光,足足花去两千余元,在颜滨看来"真是冤枉之极"。此外,由于路灯关闭,课后回家的路变得极为难走。尤其是颜滨自10月起每晚住在萨坡赛路栈房,路途较过去更加遥远。他在日记中称这段路为"黄泉路",因他不得不用尽目力,否则将会被撞:"这短短的一段话,也已足够使我尝到了黑暗的滋味,偶一不慎,非但碰到黄包车,就是碰到人行道上所植的树也不算稀奇。"补校的国文教师乔菊人即景生情,拟出一个作文题目布置给学生,名曰"变态后之夜上海"。

1942年12月14日起,上海开始实行为期10天的灯火管制。颜滨尚不知道这个消息,当晚7点准时到补校上课,才发现已经停课,只得失望而归。回到元泰号中,他收到联保办事处发出的命令,召集自警团成员维持治安,他也只能服从。元泰号中职员文安、仁济、维新、海生四人都被派为自警团成员。次日,颜滨在回家路上遭遇了防空演习,场面相当紧张。马路上车辆停驶,自警团成员如数出动,街上系满了绳子。过往行人都须靠左侧人行道走,若被认为形迹可疑,则须立即出示身份证。三五架日机在空中巡视,颜滨耳闻飞机低飞的声音,感到形势严峻。由于电车停驶,他们只得步行走回萨坡赛

---

① 1942年10月2日。

路栈房。补校被迫停课,颜滨直叹"真把我闷得发慌";无书可读的颜滨"既不便出去,又不能做事,无法可想,真觉坐立不安"①。几天后,颜滨再次尝试温习一课英文,但"总好像提不起兴趣,英文书拿起不久便又放了下来"。他又尝试花时间练习小楷,其余的时间却只能"在闷闷不乐地过去,总觉得好像缺少什么似的"②。他曾尝试自习,但最终往往去看人打麻将,到晚10时左右方才入睡③。与混乱时局相应,颜滨的补校生活反复被打断,业余时间开始陷入无意义的消闲。补校复课后,颜滨"抱了好像有些异样的心情,重又走进阔别了好久的第四补校",然而到校的同学极少:"可笑本有二十余人的英文课,今天竟剩了五人,可说是空前的凄凉。"④学校生活一旦中断,便很难重拾。灯火管制的影响远非表面的不便,而是一种军事威胁的预告,使人心理时刻处于不安状态;而因灯火管制造成的生产生活的停顿,更使普通人在灯火恢复后不得不优先工作,将学习置于其次。

从1943年开始,随着日军战局的恶化,灯火管制也更趋严格,民众生活节奏更加紧张。每晚七点半到九点半之间,室外必须熄灯;室内即使可以亮灯,商店也必须确保灯光不会漏出窗外。防空演习时,不仅警察、消防队、自卫队全部出动,还有日本军机在空中巡视,一旦发现灯火泄漏处,就发出红色和蓝色的灯光信号进行警告。1944年秋,市民的用电进一步受到限制。日方规定从11月24日起,每户仅允许拥有一盏电灯,电灶不得用于医疗以外的目的,工厂电力仅供应军需工厂。1945年2月,市民用电时间规定为晚上七点至十点,电车的运行时间为早上六点半到十点,下午四点到九点,其余时段减少运行次数,甚至完全停运。时居上海的作家郑逸梅在回忆录中亦提及灯火管制下的生活:"由于夜间灯火管制,电车提前停运,即使持有定

---

① 1942年12月15日。
② 1942年12月18日。
③ 1942年12月15日。
④ 1942年12月24日。

期票也不得不在黑暗中步行。如果是雨天,情况就更加困难。"

灯火管制给居民带来生活不便,却并未增强他们的防空意识。面对战局日益焦灼局面,上海市民防空本部称民众防空意识十分欠缺,呼吁上海五百万市民应迅速了解避难与救护知识,以便与当局积极协力,并增设一"防空日"强化管理。1944年2月,南京伪政府定每月9日为"防空日"。之所以选定9日,是取所谓"中国参战纪念日"为节点。当天,陈公博以广播训话开场,要求全市的保甲警察及消防人员实施防空训练。防空日前后,防空本部还面向市民策划了种种宣传活动,使其明白防空之紧要。如搜集各种关于防空之资料,陈列于静安寺路跑马厅内,举行防空展览会一周,要求市民参观;向各商店征求中文防空标语,粘贴于橱窗内;派定学生两千名,分别组队,沿路向民众兜售防空胸章,上印"中国国民政府参战一周纪念防空日""上海特别市市民防空本部"字样,上角有一飞机图案。当晚进行了一次防空演练,没有鸣响警报,也没有其他特别的表示,只有各联防保办的工作人员在晚八时左右摇动警示铃,由保甲长进行巡视,确保每户居民不亮灯。2月"防空日"当晚,颜滨不敢开灯,枯坐漆黑房中。因一旦被当局发现,可能会面临割断电线的危险①。

进入1944年5月,日本军队加强了市民的防空训练,终日警报不绝,民众生活由紧张日渐转入混乱。5月底的一天清晨,颜滨即被警报所惊醒。晚上灯火管制,补校也不得不提早散课。他认为这是战事渐趋紧张、日方惊慌失措的标志:"某方在谈虎色变之下,乃不断加强防空训练。"②尽管日本军机每天在上海上空进行防空演习,但居民已经对谣言和训练产生了麻木感:"似乎早已习惯了这样的生活,对其中的玄机看得很透,这已经不再是什么奇怪的事情。"颜滨不

---

① 1944年2月9日。
② 1945年5月29日。

禁联想,当真正的危险降临时,人们或许还会以为是一场演习吧①。自1944年当局规定每月9日为"防空日"后,颜滨每到这天都为避免意外起见待在号中②。补校也被迫提前结束课程或错开"防空日"补课,因灯光泄漏将受到严厉处罚③。

上海居民对封锁措施并不配合,认为恐怖演习、灯火管制与防空演习是一种不必要的限制。相比于所谓"维护治安",居民感受到的是权利受限与不便。民众的消极合作令当局失望,认为"在实质上未能认为完满,尚有应彻底加以研究者。警备上仍未达到满意之地步"④。究其根本原因,是民众根本不相信当局会真心为他们考虑,因而对种种指令随意应付了事。军警合作声称以民众利益为出发点,事实上全为威胁管制,毫不在乎民众感受。1944年3月的一次紧急警防会议上,卢湾区长称自3月3日实行永久性灯火管制以来,街道陷入昏暗,夜间形势不明。一些不法分子趁机实施剥夺和抢劫等犯罪行为,给社会治安带来了极大的威胁。考虑到这一局面,当局召开会议,邀请各保甲长参与讨论,提出了一系列方案,主要包括加强人民自卫,与军警密切合作,以遏制不法分子的犯罪活动等。这些讨论的确有必要性,自灯火管制开始后,上海的夜晚治安空前混乱,但颜滨对当局的出发点提出质疑:"办法当然是一种办法,一定有相当的效力,但我希望当局能心口相应,真心地为社会谋安逸,为人民谋福利。然目前的当政者究竟怎样呢?我想不必要来上一个问号,简直凡稍有认识的人,都会众口一致地给你一个肯定的否认。"⑤

出于对当局的不信任,基层自治呈现出松散形态。其一,代岗屡

---

① 1944年5月29日,5月30日。
② 1944年7月9日。
③ 1944年10月9日。
④ 《申报》1942年3月11日。
⑤ 1944年3月22日。

见不鲜。例如1944年,颜滨不时受元泰胡次桥和车懋章的委托,代替出席卢家湾区保甲会议。保甲会议地点通常在震旦大学大礼堂,这些会议的主旨是提高军警合作,加强保甲自治能力;讨论的主题涉及防空、地方治安等保甲、自警相关事务等。元泰经理的缺席或因无暇,或出于保身,真实原因不得而知,但随意的代岗行为可见保甲管理之敷衍。同样,自警团组织不仅管理并不严格,组织状态同样松散,居民参与更加消极。1942年底,元泰号中的文安被派遣值守,但文安想去听书,颜滨便自告奋勇,替他站岗。自警团成员都是相邻各家店中伙计,彼此相熟,所谓的站岗变成闲聊,"说说笑笑都不觉寂寞"①。自警团代班的现象很常见,有店员替店主、长工替家主。由于自警团一旦值守就是几小时,影响职员的正常工作,因此出现了雇人代岗的行为。这些人在自警亭里看小说、打牌、打瞌睡、处理私事。基层组织呈现松散的状态,民众参与也多为敷衍,其抵触情绪可见一斑。大多数市民均是迫于无奈,态度消极,这种厌烦情绪决定了自警团无法达到当局预期。

当局也察觉到自警团的混乱,出台规定严禁代岗、迟到早退、处理私事等,但仍屡禁不止。1945年,当颜滨开始创办《星火》杂志后,他带上纸笔在自警亭中写作,也未被发现、无人制止:"时间反倒比平常有价值。"②通过自警团的组织,当局试图在基层建立一种看似自治的社会结构,但目的是在维护占领者的权威和利于监控。宣传中强调它的作用是为了维持治安、打击恐怖事件、保护人民安宁,但人民的消极态度反映了这是外部强权驱动下的被动行为,而非真正的自治。外部强权试图塑造基层社会组织,而自警亭的失败则暴露了其运作机制的有限性。

其二,态度漠不关心。上海民众对恐怖演习既不重视,也不恐

---

① 1942年12月14日。
② 1945年2月22日。

惧。1942年3月17日,当局为了培养居民应对恐怖和盗匪的习惯,并训练居民自发协助捕房,决定进行恐怖演习。这一天,颜滨从莲姐处听闻八仙桥附近全部戒严,断绝交通,莲姐家也被封在内,不过中午前已恢复原状。对于所有恐怖演习,颜滨一概不觉恐怖,只觉当局哗众取宠,称其为"毫无意义的好似游玩式的恐怖演习,不值一笑"①。颜滨的态度反映了一种对政权行为的质疑和嘲笑,并怀疑当局真实意图。在压迫的环境中,他采取一种戏谑态度来减轻内心对社会压力的感知,嘲笑、漠视等心理防御机制都可应对潜在的威胁,使个人保持相对平稳的心理状态。

在颜滨看来,基层组织成员集体装腔作势,相当滑稽,仿佛是对孩童戏弄的回应。每个自警团成员执守时均佩戴白布袖章,上面印有自警团字样,并盖有保甲区和所属捕房的印章。一些自警团成员还备有警笛。1942年6月,颜滨的姐夫启昌首次被派往自警团值守,时间从下午4时一直持续到晚8时,总计4个钟头。启昌在臂上绑了一块白布,别无他物,颜滨瞧见他"来回不定的架势,很能使人发笑"②。此外,当局组织的种种演习,也被颜滨视作儿戏。1944年,空袭的威胁日益增强。颜滨收到了联保办事员的通知,参加某区巡捕房组织的防空训练。因好奇心驱使,他应允前往。虽然到场者众多,但负责训练的巡官迟至九时余才亮相,被颜滨讽为"中国人之不守时似乎是成习惯而不足为奇了"。训练主要涉及受到空袭后的救护工作,详细介绍了救护和包扎的方法,并进行实地演示。颜滨对此种行为哭笑不得:"好好的人,被包扎成各式的怪样,人人皆不由哑然失笑"。没等训练结束,他已不耐烦,提前溜走③。当局声称这些演习的出发点是为保障市民安全,然而民众多以为其虚张声势,没有实际意义,很少参与。如颜滨这样的年轻人因识破了演习的形式主义和

---

① 1942年3月18日。
② 1942年6月21日。
③ 1944年4月6日。

虚浮行为,多以看热闹的心态参与,从不认真执行。至1945年美军对沪空袭加剧后,如开掘防空壕等事宜也成为议题。保甲会议冗长,索然无味,常常一开就是半天。颜滨即便不得不参加也常常提前开溜,从不以为然。这种戏谑是对政权权威性的调侃,也反映了他对社会局势的洞察。

基于留守上海的罪恶感底色,颜滨始终试图与失德保持距离,并对无可避免的政治统合展现出消极态度。这种屈辱深达民心,并在隐忍的情况下积郁为抗拒。颜滨清醒的受管制身份以及青年的锐气,都使他对"伪政权"发自内心地蔑视,也令他更容易从戏谑的角度来看待这些制度和行为。在描述自警团和当局演习时,颜滨将这些行为视为"伪政权"试图通过烦琐形式和虚张声势来巩固其统治的象征。归根结底,是因为这些行为是政权为了显示其存在和权威而采取的表面手段,而实际上缺乏解决实际社会问题的实质性举措,展现了他对伪政权的鄙夷。对知耻底线的敏感使他唾弃元泰唯利是图的行径,并取用"能躲则躲"的策略时刻警惕着"对日合作"的道德红线。

管控之下"轻微违规"的行为,使被支配的民众在一定程度上达成了精神逸脱。参会却提前离席、到岗却处理私事、服从却不掩嘲斥,反映出一种规避道德质问的生存策略——积极抵抗或有生命威胁,积极合作则道德沦丧,中间有一条消极抵抗、消极合作的路。这条道路的出现并非必然来自某种明确的意识,更大程度上来自普通人的懒惰、利己等惯性,但这些逸脱保留了个人生产力。"轻微违规"呈现出对文化权力的隐性对抗,"轻微违规"的行为展现出对文化权力的回应,可被视为一种反规训与自我主体性的维护。这种逃脱既是朴素的本能,也是一种道德义务。它展示了一种普通民众最有可能实现的抗争形式——通过微妙而不引人注目的行为来实现非暴力、无意识的抗争,以求在心理层面免受道德拷问之苦。

第四章

空虚焦虑：
教育活动对文化身份的再造

在经济统制、政治压迫之下,颜滨时常感到莫名的苦闷无处排遣。生活失常,多出大量空闲时间,使人不得不思考应如何打发时光。但这反而给颜滨创造出构建自我的客观条件,得以获得时间充分思考自己应如何度过人生。他决定入读第四补校,将学习知识与结交朋友作为主要目的。颜滨日记中记载了大量关于补校的内容,可知校园生活对他具有重要意义。这一时期,上海的补校众多,借由补校网络,颜滨自办文学杂志,尝试文学活动。书写伴他抵御了空虚,也带给他前所未有的生命体验,令他精神充实。本章将首先考察颜滨的苦闷因何而起,继而分析他在补校的收获与执笔写作的动机,讨论写作的意义。通过讨论颜滨的文化活动,讨论沦陷压迫下个人的精神生活与文化活动,观其呈现何种形态,以及这种形态中的青年主体性。

一、无所事事下的青年苦闷

沦陷后的元泰五金号生意惨淡。日军进驻租界后,颁布《重要物资申报方法》,包括五金在内的 60 多种物资均属此列,上海五金业的店堂、栈店、仓库均被日军查封。日伪还设立所得的"金属统治协会"和"非铁金属统治协会",要求登记五金商品,造册上报。五金业遭受重创,如老顺记、新顺记等老字号也被迫关店歇业①。一系列管控政策下,元泰五金号至 1942 年 3 月底已接近停顿,职员也因此无所事事。当时,颜滨曾与元泰经理车懋章谈起眼下的五金市况,称"现在看完全是绝境"②;至 1945 年底,号中已作遣散打算。这几年间,元泰失去了正常的生意,号中除日常的盘货、装箱工作之外,几乎没有交易。受此影响,颜滨的工作时间大大减少,个人可支配的时间增加了。这对颜滨最直接的影响,除所发薪水不足以支撑生活外,便是度日如年的空虚感:"我们除了吃饭之外,简直毫无别事,因此我实觉无聊之极!"③原有的日常秩序被打乱,生活似乎失去了目标和动力,增加了颜滨精神上的孤独。屋外春光正好,更显得枯坐屋中的颜滨虚掷光阴。他感叹自己作为年轻人朝气尽失:"春天是我们年轻人的!不过,反省一下我自己,这几天却格外地觉得烦闷,孤独,整天懒洋洋地坐着,毫无精神,至多只不过写几行小楷,或看几页杂志以作唯一的消遣,毫无春天的生气。我不禁怀疑,难道春天不是我的吗?"④

因无事可做,颜滨只能以娱乐消遣打发时间。几种娱乐方式中,颜滨最喜爱的是观剧。空闲时间,颜滨常出入剧院、影院,作为娱乐消遣。当时电影自传入上海后,经过近 20 年发展,逐步成为最受欢迎的娱乐消费品。娱乐场所繁荣,形式丰富。上海的戏馆、电影院、游乐场、舞厅等都独占鳌头。据统计,20 世纪 30 年代上海戏院 25 家、电影院 37 家、舞厅 39 家。迷恋电影的大多为学生、教师、受新文化影响的青年、中小资产阶级及他们的家眷;迷恋戏剧的则为家庭主妇和商贾等。从观众的数量上看,电影观众比戏剧观众多⑤。作为拥抱新文化、新观念的职业青年,颜滨对电影的喜爱胜过戏剧。整理

---

① 朱国栋、王国章主编:《上海商业史》,上海财经大学出版社 1999 年版,第 171 页。
② 1942 年 4 月 6 日。
③ 1942 年 4 月 3 日。
④ 1942 年 4 月 12 日。
⑤ 熊月之主编,罗苏文、宋钻友著:《上海通史》(第九卷),上海人民出版社 1999 年版,第 172 页。

其观剧记录,可见他常去的戏院有光华大戏院、巴黎大戏院、黄金大戏院、金都、兰心大剧院、沪光大戏院、皇后大戏院等。颜滨曾至光华大戏院观《女人心》《欢乐年华》《燕归来》《人海双珠》;巴黎大戏院观《荒岛英雄》《云南起义》《蝴蝶夫人》《乔女天堂》;黄金大戏院观《艳阳楼》《薛家将》《三堂会审》;金都观《恼人春色》《党人魂》《仲夏夜之梦》;兰心大剧院观《甜姐儿》《艳阳天》《自由之花》;沪光大戏院观《四姊妹》《惜花飞》《秋海棠》《战后晚上六点半》;皇后大戏院观《大铁笼山》《失空斩》《全本西厢记》;卡尔登观《梅花梦》《浮生六记》;大光明戏院观《女侠白莲花》《儿戏兵》;南京大戏院观《美人鱼》;亚蒙大剧院观《荡妇》;国泰大戏院观《何日君再来》;美琪大戏院观《不求人》;金城大剧院观《金银世界》;丽华观《大义灭亲》等。1942年的影剧票价约在1—2元左右,以颜滨当时每月70元左右的工资来算尚可负担。不过,至1944年底,通货膨胀严重,颜滨邀请友人同至兰心大戏院看《艳阳天》,不想票价竟达每张250元之巨,令其感叹:"若不是开源乏术,我将觉得今日之叙,乐更无忧也。"①

　　游园也是颜滨排遣寂寞的活动之一。1942年,上海市民游园已成风潮。据3月份统计,各公园中,以兆丰公园(今中山公园)游客最多,计有140 546人;外滩公园(今黄浦公园)次之,有63 326人;胶州公园(今晋元公园)仅5 762人。至虹口公园(今鲁迅公园)的游客约在20万人以上,又较兆丰公园为多。4月,公共租界公园游客总数计有236 508人,如公共租界人口以150万人估计,则居民6人内计有1人往游公园②。当颜滨深感"寂寥、苦闷蚕食着我的身体,我又跌入了不可思议的阴暗深渊里"③时,常独自游园,以求"消除我内心的烦闷"④;晚饭后,若无心思读书,他也常至公园闷坐至深夜。他最常去

---

① 1944年7月24日。
② 《申报》1942年5月18日。
③ 1944年5月4日。
④ 1944年3月7日。

法国公园,或是因其距蒲柏路上的元泰较近的缘故。优美的自然景致总能给予颜滨快慰:"徘徊在花草树木之间,领略着春天的景色,暂时忘去了我的孤寂。深深地吐出一口往日的闷气,一会儿好似觉得我的灵魂飞上了那遥远的天空,所剩者只不过是一个毫无知觉的躯壳,无意识地局促在树荫之中。"①游园对排遣颜滨的苦闷亦有效果,他脑中的烦乱似乎都已得到整理:"从公园里出来,反背了双手,缓步踱着,脑海里没有一些拉杂的观念,安闲自在,这时我又为自己的悠闲而庆幸着。"②然而,公园休闲也受物价上涨的影响而变得奢侈。一日,颜滨饭后至法国花园散步。因他去得频繁,欲购一张可自由出入的"派司"(通行证),不料竟需 10 元中储券,折合法币则需 13 元,较之前又涨了 3 元之多。颜滨犹豫未决,将已拿出的一张 10 元法币重新藏回口袋,到城隍庙附近兜了一圈③。一个月后,因实在无聊难耐,颜滨终于忍痛牺牲 13 元法币,狠心买了一张④。

  公园不仅是游玩去处,也是强身健体、调节身心的场所。颜滨晨起途经法国公园,见'早鸟'众多,人们均为锻炼而来。1942 年夏天,车懋章对太极拳及少林拳的功效饶有兴趣,力劝颜滨随号中前辈习太极拳,地点就在法国公园⑤。颜滨起初是为应付先生要求,久而久之,却也感到其"确为我国超人的国术"⑥,具有意想不到的健身功效,无怪日益风行。他每日主动练习,即便寒冬也不曾松懈,视其为对意志的磨炼:"我相信,只要度过了这个严冬,便又是日暖风和的春天了,我那时一定已有了一具比较强健的体格,不致再怕第二个寒冬了。"⑦因无钱购置一袭冬衣,为避免生病,需强身健体。

---

① 1942 年 4 月 12 日。
② 1944 年 5 月 26 日。
③ 1942 年 4 月 7 日。
④ 1942 年 5 月 7 日。
⑤ 1942 年 8 月 17 日。
⑥ 1944 年 3 月 18 日。
⑦ 1942 年 11 月 28 日。

"我想若有人再作一个有力的提倡,使每个人都能知道怎样去锻炼自己的身体,那么也许可以一洗'东亚病夫'之叹了。"①颜滨将强身健体与个人意志、国家强大联结,获取精神胜利之余排遣无聊。有时他与友人同游,买几瓶汽水、点心,席地而坐。为不虚此行,他们时常借一台照相机,再买一卷软片,相约去公园拍照。一次他们冒险地跨过湖面,在公园湖心中的石堆上合摄了一张,感到颇有乐趣。

此类正当娱乐之外,颜滨的一些男性友人曾邀他去舞厅等处消遣,他都尽量拒绝。舞厅作为一种新兴娱乐场所,大批都市青年沉溺其中、堕入深渊,引起了颜滨警惕。他深知美色的诱惑与人财两空的后果,对此种娱乐持谨慎态度,一向避免涉足。然而,颜滨唯有一项不良爱好,即打麻将。逢年过节,亲友团聚,饭后总免不了雀战;姐姐家至少四圈开打,通宵也是常事。民国时期,麻将赌博之风盛极,与"空虚"的时代风气不无关系。《申报》曾刊文指摘:"今日社会病最深而普遍的,要算打麻将的了。不论贫富,不论男女,不论任何阶级,大都以打几圈麻将为日常的工作。在晚上试到里衖里去跑,没有不听钊劈拍的声音,习惯成了自然,大家不以为奇,可见得麻醉在这里的,比比皆是。邑庙市场卖麻将牌的店铺,少说些总有一百来家,而且牌价很贵,由此可以看出社会对于这类东西很是需要的了。"②异常的麻将流行被明确视作一种社会病症,牌桌上的糜烂氛围则触及了对民族前途的隐忧。据胡适说,当时全国至少100万张麻将桌。他曾疾呼:"我们走遍世界,可曾看到哪一个先进民族、文明的国家肯这样荒时废业吗!"人们渴望在游戏中缓解苦闷、遗忘压力,然而游戏越风靡,真实世界病得越重。

难却亲友邀请,又闲极无聊,颜滨也屡屡坐上牌桌。颜滨并非不知赌博的可怕。他的亲戚仁佑好赌,负担不起家中开销,便将母亲与

---

① 1944年3月18日。
② 《申报》1942年12月29日。

妻子送去其他亲戚处,而他本人也已离家有一星期之久。当颜滨再见到仁佑时,他的衣服已几乎全数典当,无一件拿得出手,因而向颜滨借钱以备赎出一件夹衫之用。这使颜滨为难之极,因为眼下他也手头拮据,尤其是下个月的预算更是超出得惊人,但最终还是向号中舒先生借钱贴补仁佑。几天后,颜滨听闻仁佑又向姐姐借钱,四处欠款,无缝不钻,想必钱一到手便又送入赌场。此后仁佑又来找过颜滨两次,颜滨无奈之下先将身上仅有的长衫脱下给他,又给了他5元。最后一次见面时,仁佑衣着略整洁了一些,据说已找到可做的生意。颜滨半信半疑,推测仁佑如此堕落下去,沦为乞丐已不在远了。不久后,仁佑失踪了。大家猜测仁佑恐是被日方拉夫掳去,凶多吉少①。仁佑下场在前,颜滨也对自己沉迷麻将的恶习倍加警戒。他曾听补校同学谈起一名被视为忠实可靠的职员,携带公司款项15 000元突然失踪,并在赌窟中挥霍一空。此人被发现后,虽经劝解仍留在店中,但几天后再次将公司现钞2万元及银箱窃走,至今下落不明②。颜滨闻之心惊:"这杀人不见血的魔鬼'赌窟',不知危害了几多有为青年。我辈处事,怎能不再三慎重呢?"③况且,以麻将排解空虚,实则陷入"举杯销愁愁更愁"的恶性循环。每每雀战之后,颜滨总感到日子在浑浑噩噩中过去了,令他事后更生悔恨:"我发觉我的生活实在需要太大的改正,因为近几天的生活实在过得太无聊太无意义了,这样宝贵的光阴每天虚掷过去,真是太不自爱了。我已决定从明天起实行我的新生活,务须格外努力以弥补我以前的过失。"④

沉迷麻将违背了颜滨的理想,使他悔恨不已:"如今,我过着怎样的生活呢?就像被麻醉的孩子一样,我需要醒悟。将时间和精力用

---

① 1942年3月27日,4月7日,4月14日,4月23日。
② 1944年2月11日。
③ 1944年2月11日。
④ 1942年4月29日。

在学业上,四周的亲友都在期待我的进步!(中略)我难道就让自己这样颓废委顿下去吗?我敢再次大胆地说:颜滨绝不是一个没有志气的人。"①决心痛改前非的颜滨1944年首条年度计划就是戒赌,然而不到一周就破了戒。对于颜滨来说,不仅要自我克制,更要不惧驳亲友颜面。每当他推辞雀战,总经不住"几个赖皮似的家人"挽留,甚至遭到似取笑又似讥讽的刻薄,如:"现在的颜滨非比从前了,身价高,架子大了";"一定是女朋友在等你吧,交际真广"②;等等。他置若罔闻,一吃完晚饭即匆忙抽身逃走。特殊时代的压力,社会动荡、战争压力、经济拮据等因素让他感到生活的压力和无望:"浸沉苦闷寂寞中,不愿做一些事儿。心情烦躁,想借酒以浇愁,不意数杯下肚,心致大浓,禁不起外界的诱惑,又跌入了赌博的旋涡里,费钱伤身,明知故犯,真不知其意志何在了。"③

  无所事事令颜滨陷入深层的担忧:"我不能否认自己思想的矛盾,除了工作,我找不到其他足以弥补我心底的空虚。"生活枯槁至极,颜滨闷得发慌,唯一的消遣办法是写上几页小楷,对其余任何事情都丧失了兴趣:"若这样下去,不久的将来一定要生病了。"④尽管消费娱乐活动带来了短暂、临时的感官体验,但它们不足以填补巨大的空虚,颜滨的精神层面依然贫瘠,他持续不断地在日记中书写他莫名而起的苦闷:"昏黄沉闷的气候,把我的心也染上一片昏黄。一种莫名的烦恼,又开始进占。寂寥、苦闷蚕食着我的身体,我又跌入了不可思议的阴暗深渊里。"⑤直到一日,颜滨一改此前郁郁寡欢的心态,终日嘻嘻哈哈地说笑,并希望环境能有一个大转变,"最好上海变成一个战场"。不过夜深人静后,颜滨仍又恢复到固有的性情,闷闷

---

① 1944年6月16日。
② 1944年2月23日。
③ 1944年5月14日。
④ 1942年3月4日。
⑤ 1944年5月4日。

地悲叹着身世,怨诅着环境。亲友见状皆说颜滨魔怔,但他心中明白,这种性情并非发痴,当中多少有些真实想法①。失控的生活中,沦陷是一种混沌的压抑。"最好上海变为一个战场"固然是半分玩笑话,但也是对压抑的极端表达。这种压抑甚至使人想要以痛苦而明确的终结来结束,对快刀斩乱麻的期待反衬出漫长无尽的压抑。舞厅、赌场成为消弭青年意志的欢乐场,无节制的玩乐费时伤财、妨害健康,颓废的空气引发了社会关注。

颜滨的空虚不仅是个人体验,更是当时上海社会的情绪共鸣。上海沦陷后,"空虚"成为民众尤其是青年间普遍弥漫的情绪。上海是青年的集中地,尽管部分青年"流出去",随着战事日久、战地日广,失守地区的失业与失学青年又由别处流进上海,致使上海青年人数大增。从1915—1930年间,江苏、浙江、安徽的农村人口为躲避战祸涌入上海,使上海人口从200万人激增至314万人。尽管不少有志青年在"孤岛"时期即已奔赴后方,但更多的人因为生计、家庭等原因,无法说走就走。许多青年因受战事影响而辍学;更有不少青年为逃离日占区而流入"孤岛",使得上海失学青年的数量增多。这些辍学者被迫扛起养家重担,较早进入社会,成为职业青年,终日奔波。

面对苦闷不住积累的现状,颜滨开始在混沌中努力组建新的日常,报名入读补校。读补校前,他曾读私塾,跟随一位傅宝庆先生学习英语。元泰并不反对半工半读,这或与宁波商帮的传统有关:一批声名显赫的宁波商界人物俱有半工半读、学习英文的经历。如朱葆三在协记商铺做学徒,晚上学习珠算、英文、尺牍;虞洽卿在瑞康颜料行做学徒,晚上在夜校学习英文;叶澄衷也在洋泾浜上摇舢板时习得英文。颜滨选择半工半读想必受到此种文化的影响。除颜滨外,号中还有一名学徒忠海,与他年纪相仿,二人时常结伴读书。私塾的上课时间在晚饭后,学生有十几人,地点大多在傅先生家中,充实了

---

① 1942年4月18日。

颜滨的夜晚生活。然而,私塾在六月即将结课,使颜滨顿成"失学青年":"在五点半吃过了晚饭,一直到睡觉,中间至少有五个钟点。从前是要到店去读书,可是现在对于这样悠长的光阴,却是一无所事,非但觉得厌弃,并且也觉得可惜。"①无书可读使夜晚成为颜滨生活中的空白时段,他原本计划利用这大段余闲来自修,却不知从何着手,眼看时间白白浪费。未避免虚度光阴,颜滨决心报名补校,一是为学习,二是为结交同好,远离不良环境:"我这次进去,求学自然是主要目的,然而因此想多认识几个朋友也是目的之一。"②

社会上早有大批补校存在,舆论也为避免青年蹉跎光阴,社会开始呼吁青年进入补校学习来扭转这种消沉局面。在补校,青年可以学习知识、充实自我,这对其本身业务上也有所裨益。入读补校的职业青年受到鼓励,他们于业务之暇仍不忘好学的精神广受称赞:"他们已觉悟到烦闷与诅咒是无用的举动,并且已觉察到自己智识经验的缺乏。一般有志的青年,把日常生活所节省下来的金钱,去做补习学费之用,把整天忙碌的没暇,趁晨晚局促的时间,入校补习,艰苦奋斗。"③在此呼吁下,不少职业青年入读了补校。尤其对于从周边地区因战祸而流入上海的青年而言,读书可以帮助他们提升个人技能,为未来的职业发展作准备。他们大多是文盲或半文盲,在劳动市场上只能从事底层的体力劳动,收入极低。根据薪资统计,1929年时,木工的月薪为0.75元,电力技术员为0.75元,铁工为1.1元,熟练的机械制造工为2元以上。与之相对,一般职员的月薪则在17—19元左右,管理职为130元左右,高级职员为150元左右,薪资差异剧烈。不少劳动者都试图寻求提升职业发展的途径。因工作在身,他们无法入读普通全日制学校,而补校利用空闲时间授课,且收费低廉,正是适合的选择。

---

① 1942年7月1日。
② 1942年7月1日。
③ 《补习学校执教者之责任》,《奋报》1940年3月4日。

颜滨身边的青年,求学大致有三种选择:一是去后方求学。颜滨听闻友人张信祥与张光祺离开上海、赴金华求学,内心十分激动:"这使我多么兴奋与惭愧啊!现在我只有默祝他们一路平安,并且希望他们努力求学,以求成功,而能替祖国尽一分子责任,这是我所热望的啊!他们的前程真是未可限量啊!"①自上海变为"孤岛"起,不愿受奴化教育的青年冒着生命危险,越过日伪设置的重重封锁,到内地去。这既是为求知本身,更被赋予了爱国主义的正面意涵,是颜滨最向往的一条出路。二是升入上海本地学校。颜滨曾评价友人张泛是最幸福的人:"他既不受生活之威胁,并且于本年已升入沪江大学。真的,谁不想能有他这样的生活,更有谁不羡慕他的幸运呢?"②上海沦陷后,沪江大学一部分内迁重庆,与东吴大学、之江大学合作,成立了联合法商工学院;一部分则留在上海,以"沪江书院"名义继续办学,1942年初为日军接管。然而,沪江大学等教会大学,被称为"贵族大学",学费尤其昂贵。30年代,教会大学本科正式生的学费每年银洋160银圆,而同时期的国立大学仅20银圆。可见非一般人能负担③。《申报》曾评论有书可读者的幸运:"在这一个生活困难的社会里,能够每天衣食不缺,已经是很不容易了。如果依旧有力量进高中大学去读书求学,我想谁也不能不承认,他是一个天之骄子、幸运儿了吧。你看,多少青年想进入最高学府,而迫于金钱,不得不半途辍学就业,只好眼红着看人家去继续未完学程。"④不过,上述两种都是少数,普通人因缺乏必要的经济条件和社会关系,很难达成。更多的失学青年和颜滨一样,入读职业补习学校。职业补习学校是培养技术较为单一的初、中级技术员工的调节性学校,学制一年左右,以补

---

① 1942年1月7日。
② 1944年12月11日。
③ 《补习学校执教者之责任》,《奋报》1940年3月4日。卢辞、卢亮:《农村分配制度创新》,中国商业出版社2005年版,第318—319页。
④ 《申报》1942年11月6日。

习职员技术为主,兼顾文化基础课的提高。一般分为初、中两种,初级职业补习学校招收初中毕业生或同等学历者,中级则招收高中毕业生或同等学历者。职业补习学校学习结业的学生,根据培训目标进行考核,合格者发给技术培训工作的证书,并评定相应的技术等级①。

在上海,职业补习学校早年只有寥寥几所。自"八一三"沪战军兴以还,上海人口激增,一切大小事业均呈现畸形繁荣,教育也在此列。据统计,30年代上海的各类职业学校、职业预备学校、民众学校等约有一千所,其数量与同期的中小学校相当,在上海沦陷后更增加了三倍:"战后上海,补习学校多如雨后春笋,招生广告在墙壁上,贴得如烂膏药般的多,打开新闻报的分类广告栏,一条条像豆腐干大小的招生广告,一年四季无一日中断。"②这些补习学校设科以商业为主,所设科目亦迎合都市职业社会的需要:"最普遍、最发达的科目是英语、簿记、会计等。如上海补习学校,大多偏于商业的英文、日文、法文等等的文字方面。"③此外,妇女补习学校也专设科目,教授家庭妇女技术,如结绒线、烹饪等。因职业补习学校的教育兼顾技术与文化,成为失学青年及职业青年的首选求学场所。不过,"畸形繁荣"所致的补校乱象一度成为社会问题。不少教育工作者把握此千载难逢的商机,以牟利为目的,开设了一批低预算的劣质补校。这些学校以学费低、教授好、课程实用化、帮助介绍工作等为招牌,挂羊头卖狗肉;教员大多敷衍了事,常见国文课教别字、英文发音不准确等情况,教学质量低下。许多新起的补校招揽学生无门,便由老学生四处帮忙介绍,凡招到新生即有优待,如介绍一人可减去部分学费、介绍若干人后费用全免等,此种恶劣情形并不少见。学校为使自己生意发

---

① 刘传济:《劳动经济学辞典》,河南人民出版社1986年版,第213页。
② 卞孝萱:《中华职业教育社怎样办职业教育——介绍几个学校的状况和经验》,《汉江论坛》,1981年第4期。
③ 汪光华:《引进与调适 中国近代职业补习教育发展研究》,江西教育出版社2008年版,第153页。

达,更不惜迁就学生,失去了学校的尊严,被讽刺为"学店"①。

上海的补校如雨后春笋大量涌现,可见即便在沦陷时期,教育仍旧被认为是提升个体素质、应对未来挑战的有效途径。颜滨对教育素来重视,在日记中多次提及自己的"伟大前程",虽然具体目标未定,但他始终将学业视为其"伟大前程"的基础。他相信教育意味着改变命运的机会,是摆脱当下苟且生活的一条出路。他最为切实的理想是做一名小学教员:"最低限度的希望,那就是希望能够稍有积蓄,再求一点相当的学识,而到故乡去做一个清苦的小学教员。一方面借以增自己的学识,另一方面则竭力引导一般天真的小天使,使他们将来能够成为国家的主人翁。"②入职场几年来,颜滨已认清自己与商业不相亲近,目下在元泰寄人篱下,虽能勉强过活,然而精神上的痛苦绝非自食其力者所能想象;若再一无所长、不学无术则势必无法应对此后的变故,岂非要束手待毙。因此,颜滨不断自我勉励,只有掌握知识,才可立足社会。对教育的重视不仅体现在其自身的求学经历上,也反映在对同父异母的瑞妹的教育问题上。当瑞妹到了适合上学的年纪,也被颜滨要求到上海接受教育:"瑞妹,我决定送她到学校去读书。"尽管面临着经济拮据,颜滨明白读书的重要性,他宁愿节衣缩食,也要确保瑞妹有机会接受良好的教育。作为长兄,颜滨以耐心的态度对待瑞妹,不仅检查她的功课和考试成绩,还为她制定了一系列的规则,希望她能够遵守。尽管颜滨对妹妹的潦草态度感到担忧,但他希望她能够逐步改进,不辜负自己的付出③。对姐姐构建小家庭的钦佩,以及对老旧家庭、传统礼俗的不满,让颜滨不自觉地希望最小的家庭成员接受新思想。尽管与旧家庭不睦,颜滨仍知女子教育的重要,以'长兄如父'的身份让瑞妹接受教育。

在20世纪30年代上海社会中,苦闷情绪并非个体孤立存在,而

---

① 《补习学校执教者之责任》,《奋报》1940年3月4日。
② 1942年1月6日。
③ 1944年8月12日,9月4日,11月8日。

是引起了整个社会的共鸣,推动了青年选择补校作为排解途径。补校的兴起不仅是为了满足个体需求,也是在社会情绪的引导下,个体需求得到了更为广泛的支持和认可。苦闷情绪推动了对教育的迫切需求,从而刺激了补校的迅速发展。学校通过提供学习和调剂,成功迎合了社会的情感需求。社会情绪塑造了市场机制,使得补校在短时间内得以大规模扩张。可以说,正是青年之间普遍弥漫的苦闷情绪,催生了补校的壮大。在敌人、汉奸逼迫的社会里,部分在校青年觉悟到往昔读的书太过学院化、不切实际,希望有活的学说去指示他们的行动。一般职业青年,在实践中感到自己追不上时代,从而要求一种合时代的知识。尤其是因抗战而失学的青年,他们更深省到自己的生活空虚,急需充实精神。同时,社会对于注重实用技能的教育存在紧迫需求。职业补习学校将这些青年引导向更具实用性的教育途径,以适应职业市场、为其提供就业机会。补校不仅提供了学习机会,更因为它作为一种积极的调剂方式,符合当时社会对于教育的期望,为青年提供了一种积极健康的生活方式。

二、入读补校充实精神

在众多补校中,颜滨选择了第四中华职业补习学校,校址位于爱多亚路成都路的浦东大厦三楼。他选择该校理由是:"这家补习学校从前我也曾去读过几次,所留给我的印象很好。因为它的设备很完善,对于组织方面,有同学会等的设立。"[①]如颜滨所言,第四补校是上海补校中规模最大、声誉极高的一所,是中华职业教育社(以下简称职教社)所办七所补校之一。面对社会转型和现代化的需要,1917年5月6日,黄炎培与蔡元培、梁启超、张伯苓、蒋梦麟等48位中国近代教育史上的核心人物,在上海共同发起成立了中华职业教育社,

---

① 1942年7月1日。

旨在推广欧美职业教育、发展中国职业教育。该社是中国近代教育史上第一个以研究、提出、实验、推行职业教育为活动内容的全国性机构,提倡"手脑并用""双手万能""劳工神圣",反对旧教育鄙视劳动、轻视实践、崇尚死读书本的恶习,注重教学的实用性[1]。这一教育宗旨源自其创始人黄炎培的实学理念。1913年,黄炎培发表《学校教育采用实用主义之商榷》,对中国办新教育几十年、办新学堂十年来教育脱离实际、学校脱离生活的弊端提出批评,倡导切合实用的教育,建议改革学校教育的目标、内容和方法,提倡教育与学生生活、学校与社会实际相联系[2]。他的实学思想在当时成为中国教育改革的一部分,促使对传统教育弊端的认识和批判[3]。在此主旨下,其实用主义教育的目的也很明确:"其一,在教育的社会功能上,使受教育者既能为个人生活谋得生计,又能为社会进步创造利益。其二,在教育实施的内容上,务使学校教育与实际生活渐相接近,以谋生处世,遂无复有扞格不入之虑。其三,在教材的编选上,坚持本其所已知以启发其所未知的原则,其教材务以儿童日常经验界为限,务以适应儿童能力者为限。非此者,虽极切要,概从割爱。"[4]职教社的创建和发展反映了当时的教育理念,即抛开"死读书"观念,以青年的未来就业为目标导向,使教育更贴合时代需求。

20世纪20年代,职业补习教育多附设于职业学校或普通学校的职业补习科,多属于建立在国民教育或初等教育基础上的高小或中学教育。国民政府成立后,职业补习教育的办学形式逐渐转向以单独设立学校为主。职教社成立次年,即创办了中华职业补习学校,这是中国近代教育史上第一所职业学校。此后,职教社陆续创办了七

---

[1] 刘传济:《劳动经济学辞典》,河南人民出版社1986年版,第213页。
[2] 杜成宪总主编,王伦信等著:《上海教育史(四卷本)》(第一卷),上海教育出版社2019年版,第6页。
[3] 金维萍:《新实用教育》,上海教育出版社2020年版,第34页。
[4] 余子侠:《中国近代思想家文库 黄炎培卷》,中国人民大学出版社2015年版,第30页。

所补习学校,分布在上海各闹市的中心,均在社会上具有良好声誉,在师资方面较其余补校更优。如第二补校所聘教导主席裴缦光,及教员叶铭功、顾斗南等,均系学验俱丰的知名人士,更拟添聘大学教授数人,借资多开职业科目,以造就专门人才①。创始人的社会声望及诚心办学的理念使职校社旗下补校在上海声名鹊起,吸引了众多青年。据1941年的统计,七所补校的学生达16 084人。颜滨所在的第四补校在七所补校中规模最大、口碑最佳。学生人数有5 578人,占总人数的近三分之一。

第四补校具有优良的师资和灵活的授课方式。学校规定,只要学生人数达到10人以上,即可开班,规模最大时曾设有20余个专业和130余个班级。教师需进行为期3天的模拟授课,通过学生的认可才能被聘用。除正常授课外,该校还举办研究会、座谈会、讨论会等各类活动,丰富学生的课余生活。为配合职业青年需要,第四补校从早到晚均有开课,各教室交替上课。入学者没有年龄限制,只要有学习意愿,不问性别、年龄、职业,均可入学。学生层次分布广泛,从失学青年到车夫、僧侣都有。不过,大部分学生还是来自商社、商店、银行、洋行等,以学习职业所需的技能为目的。颜滨在第四补校结识了不少年纪相仿的同学,他们都是上海各行业的年轻职员,白天从事各自的工作,晚上投入一、两小时学习。第四补校共设置了90多门课程,包括英语、国语、德语、法语、俄语、数学、物理、化学、商务英语、英语正音、国语会话、珠算、制图、无线电维修、簿记、会计、中英文打字、妇女班等。除基础文化课外,有相当一部分是与职业对接的实践性课程。这些专修科目原本须花高代价才能习得,如今都变为价格低廉的补习科目。此外,英语之外的小语种课程种类丰富,也贴合了上海洋行职员的需要。不过,该校的众多外语教学中并无日语。自上海沦陷,日语教育被日伪当局视为推进统治的重要措施,不少学校

---

① 《上海第二职业补校学校近况》,《奋报》1940年1月27日。

被迫增设了日语课程。然而,第四补校抵制此类"奴化教育",其政治性格可见一斑。据1941年对实际履修情况的统计,英文、簿记和会计课程最受欢迎,报名上述科目的学生占总人数的近三分之一。至于职业青年最为关心的学费问题,则较一般补校更廉,无乱收费的现象。1942年7月,颜滨报名了第六级的英文课,时间是晚8时至9时,学费计洋10元5角。比照他当月149元的薪水,尚在可承受范围内。

开学首日,早早到校的颜滨发现来者寥寥无几,只有十几个人,且等待许久也不见老师。前去办公室询问,才知道因道路戒严,家住黄家沙的教师陈泽南被戒进了。这场封锁直至晚上8时30分才告解除。经颜滨等人请求,补校指派另一位老师前来,讲授了一些读英文的方法。颜滨对这位老师非常满意:"他的流利的英语,引人入胜的态度,给了我一个深刻的印象。"下课前,老师带着滑稽的口吻说,今天是暑假班的第一回,却遭遇戒严,有许多学生和老师被封在外,实在是开门大不利。学生们听罢大笑起来,气氛轻松了不少,但这更像是对沦陷现实的无奈苦笑①。两天后的晚上,颜滨正式开始了补校的第一次英文课,这次任课教师陈泽南终于顺利到校。课文来自《富兰克林自传》中的一段,题为 Too Much For The Whistle。颜滨满意陈泽南的教学方法,但对其不够地道的口语感到遗憾。第二课是苏联文学家托尔斯泰在1886年所作的 A Grain As Big As A Hen's Egg,颜滨认为它对于当下的社会具有现实意义。当颜滨记下这些课文标题时,他的拼写并不完全正确。例如他将"富兰克林"误作"富甘克林","Too much for the whistle"误作"Too sear for the whietle","A Grain as Big as a hen's egg"误作"A Gain as Big as a Ren's agg"。这样的讹误在日记中还有不少,不知是教师笔误还是颜滨誊抄错误。

第四补校重视英文教育,这与职业青年对学习英文的需求相关。该校"英高"(高级英语)课程有不少人修读,可见当时具备一定英语

---

① 1942年7月6日。

水平的学生不在少数。第一中华职业补习学校校长梁忠源曾表示,在补校学英语的青年大多已具备一定英文水平。他们为了能在商业领域运用英语交流、阅读与商业相关的英语书籍而来校进修。在就读补校之前,颜滨也已学习了六年的英语,然而只背下了少量单词,对于词语的用法、句子的结构等毫不熟悉,一旦造句即错误百出,这让他感到深入学习的必要。英文暑期班所用教材,有第四补校自编的《短篇英文选》及《陈氏英文法第三编》《依尔文见闻录》等。教材价格不菲,但颜滨仍咬牙将它们买下。当时一般中学所采用的教科书有《标准读本》《世界中学活用英语》《竞文初级英文选》等中国人编写的英文教材,还常用《密勒氏评论报》《北华捷报》等英文报刊,以及《泰西三十轶事》《一千零一夜》《莎士比亚戏剧故事集》等国外文学作品,种类繁多。然而,由于这些教材和阅读材料并不适用于短期的补校,职教社旗下的学科研究会根据学生的需求和层次,重新选编了更为实用的教材。上述教材中,颜滨最喜欢《依尔文见闻录》:"内容作得十分深刻而又动人,尤其是在描写方面,可说是淋漓尽致、不胜枚举了。"① 此书是美国小说家华盛顿·欧文创作的短篇小说集,当时有多个版本流通。从颜滨"约200页"的描述来看,第四补校使用的教材可能是1933年商务印书馆出版版本,由周越然编辑,文后附有中文注释。该书封面印有"高级中学用",可见其以具有高中英文同等学力者为教学对象。其内容包括目录、正文和注释,每课约有10页。在注释的页面上,学生需要掌握的单词和短语以英中对照的形式整理出来,作为日后考核的参照。

与一般学校类似,补校也在学期末举行考试。颜滨通常在考试前一周开始复习,以求取得好成绩。他对自己的成绩十分重视,经常为未能达到理想分数而遗憾。考查内容有文法、翻译、尺牍、默书、阅读等。在1942年初的一次考试中,颜滨曾考取了全班第二,虽然补

---

① 1942年12月4日。

习班人数寥寥,但这也令他兴奋许久。

  颜滨计划在补校学习英语,以备将来应用于工作。尽管他对将来的工作尚无具体的设想,但在他看来,无论做什么,英语都是谋生不可少的技能。他在日记中多次提及英文的重要地位:"英文是一种最普遍的学识,在目前的社会里,再进一步说,在将后,一定要变成更普遍,而应用一定也更广。"[①]这一认识与宁波人对英文的重视一脉相承。早在五口通商之初,冯泽夫即为方便宁波人学习英语,于1860年编写了《英话注解》,以宁波话标注英语读音,继而影响了上海洋泾浜英语的形成[②]。如颜滨所言,英语在上海甚为普及。一般学校都设有英文课程,有声电影也大多属好莱坞出品,无形中又潜移默化地推广了英文。在商贸场合,英文更被视为一种必备的工具。这种趋势所及,自沦陷之前的一二十年起,上海的英文补习学校极多,大小街巷满目皆是,报上分类广告中随时可见此类广告,足见英文热潮。正因如此,颜滨对精通英文者青眼有加、格外羡慕。一次在补校放学路上,他遇到一个乞丐向他寻求帮助。此人身形矮小,脸庞黝黑,一套西装在暗淡的灯光下看不清质料,但皮鞋却相当干净。对方起先一口广东话,颜滨不通;见颜滨手拿英文课本,便以英文沟通,令颜滨惊讶:"一口流利的英语,真使我佩服。"颜滨不敢相信这样一个人会是乞丐,但因羡慕对方学识,还是冒着被骗的风险给了他二十元。"这也许将被他人认为'屈死'吧,但我却以为,以他的学识上观来,也就是值此区区二十元钱吧。"[③]能够掌握英语的人被视为社会精英,虽为乞丐,却也令颜滨另眼相看。

  以颜滨所代表的上海青年学生,对英语的重视不仅受到社会需求的推动,同时也与职业发展的要求密切相关。他们看到通过学习英语可以提升自己的竞争力,为未来职业发展打下坚实的基础。青

[①] 1944年4月4日。
[②] 李瑊:《上海的宁波人》,上海人民出版社2000年版,第259页。
[③] 1944年10月3日。

年学生通过学好英语,期望更好地融入未来社会。因此,对于当时的青年学生而言,学习英语不仅是习得一门语言技能,更是对职业与个人发展的积极追求。1943年,颜滨曾坚定表示:"明年是我的英文年,我必须取得相当的成就。"[1]或是出于练习目的,颜滨有时在日记中掺入英文表达。如"因晚上英文课为Conversation,不得不先事预备"[2],"今晚我们所读的一课是Delight(愉快),我希望我能永远感到Delight"[3],等等。颜滨读私塾时随傅先生所学《商业会谈》一书虽已不可考,但由其题名推测,私塾的英文教学也偏向商务英语,注重所学的实用性。不过,沪上学习英文的风气也因偏离了职教社讲求务实、重视技术的初衷,曾被教育界视为重要的问题。补习教育开办之初的宗旨是关注职业青年的客观需求,开设与他们生产技术相关的课程。然而,尤其是1940年后,上海的补习学校普遍偏重文科,尤其是英文科目成为各补习学校的主攻方向。一些人认为,学习英文之所以如此受到追捧,是因为大部分学生的出发点仅仅是为了将来追求洋财,赚取丰富的经济回报,并追求个人享乐。这种与职业教育初衷相悖的目的遭到批判。当时曾有人指出补习学校的数条弊病,其中就有对英文课程过多的不满:"各补习学校看中的,都是语文系。尤其是英文一科,对于本国国文,读的反而寥寥无几。在一般求学者心里,以为只须懂得了英文,其他学科虽极浅陋,也无伤大雅,便可平地生青天。这是一个补习教育上的缺憾。"

相比之下,颜滨抵触学习日语。日军进驻租界后,日文学校始见勃兴。一些原本教授英文的学校也加授日语,并以此为卖点进行招生宣传。如剑桥英专学院的英文科,每周酌加日语会话;冠群业余补习学校、上海妇女补习学校等也加开了日文科目。而更为常见的,则是以之前的英文学校改头换面而来的日文科,颜滨所读英文私塾的

---

[1] 1944年2月15日。
[2] 1944年3月9日。
[3] 1945年4月20日。

傅先生也属此列。当教材《商业会谈》读完后,傅先生提议改教日文,以补此缺。他的日文没学多久,先从青年会学习,转头再教给学生,被颜滨讥为"掮客"。不过,颜滨对日文似乎不感兴趣。一日,学完日文假名后,他感到有些吃力:"因为它的字形与读音往往是差不多的,并且还有几个都是完全一样,使人难以分析。"①不少人和颜滨一样,因日语与中文汉字共通而误以其简单,指望几个月便可速成,结果无不半途而废。颜滨曾听人说,英文既已普及,即便学成也无甚价值,不如学别种语言更好。此种言论迎合了上海沦陷后日语流行之势,然而颜滨则持完全反对一家。在第二次日语课后,颜滨就放弃了,并评价道:"我想这恐怕是日本文学的幼稚造不出比较好一些的文字。"②这是他真实的学习体验,当然也连带了对日本的不屑和反感,抵制侵略者文化成为一种抗议和保持个体尊严的方式③。因不愿学日语,颜滨才停读私塾,报名了第四补校。他依旧认为可凭英语立足,因其想象的未来社会绝非一个通用日语的社会。

学英语后不久,颜滨又报名了国文课,并担任了晚班国文三级的组长。国文教学的内容以写作为主。颜滨平时多读《万象》《春秋》等杂志,偏爱小说体。凡国文课的命题作文,他都尽力发挥想象、任意虚构。一次,国文教师陆砥平出了一个作文题《雨》,这很合颜滨胃口,因题目范围既广,体裁又可不拘,且最可以写成他自认拿手的小说体。他一气呵成,写满十张作文纸,笑称担心陆老师读来头痛:"的确,我自己也有些佩服想象力实在不弱。"④几次作文下来,颜滨不仅对写作产生兴趣,更意识到自己的写作才华。一次,国文教师乔菊人以《一件值得回忆的事》命题作文,颜滨取得了"甲上"的成绩,乔菊人评其文"清顺无疵",令颜滨十分惊讶:"对于这篇文字,在交上去

---

① 1942 年 6 月 4 日。
② 1942 年 6 月 4 日。
③ 《外国语补习学校》《上海教育界之畸形现象》,《政汇报》1942 年 5 月 20 日。
④ 1944 年 12 月 4 日。

的时候,实在的,我非但不觉满意,并且有些担心,因为我作这种稍带小说题材的文章还只是第一次,而且我知道作得实在不好。"①数日后,国文课又命一题《衣食足而后知荣辱论》,颜滨依旧取得"甲"等。同班的几位女同学争抢借阅,这使颜滨既得意又惶恐:"难道我的拙作,真的有值得一读的价值吗?"②他写给朋友的信笺放在桌上,被元泰号中职员仁济阅读,对方也不吝赞誉之辞,称其文采斐然。颜滨为自己的才情而得意,却又为浅薄的得意而羞愧:"些微的才气,怎够得上应付将后的社会,怎能满足我无底的愿望,如何敢接受他人的称誉呢? 真的,近来我不时受到人们的推崇和鼓励,我扪心自问,究竟凭什么值得人们的推崇呢? 啊! 我简直不敢深思一下。我若再不知自重,不努力深求,那怎对得起知己,怎对得起自己。"国文的结课考试,颜滨成绩突出,第一名稳取到手,这也令他十分振奋:"虽然补校中的第一名并不足为奇,不过在数十个同学中,夺得魁首,当然也决不是单凭侥幸之所能得,我又怎能不高兴呢?"③

补校生活虽然丰富有趣,但学习与工作时而发生冲突,是职业补校的常见问题。1942年9月初,新一期的补校开始报名。颜滨填报了两门课程,一门是七级英文,时间为晚上六至七点;另一门是三级国文,时间为七至八点。然而,英文课的时间与元泰学徒忠海的上课时间冲突。如果两人都去读书,则号中无人值守,因此不得不再做调整。许多补校学生都面临类似的困难,往往不得不优先本职工作,能坚持不缺课者很少。颜滨的一些同学也因工作缘故,渐渐离开了补校。他在补校相识的盛世义来函,称因店中伙友减少,工作加繁,已不能再有余暇到校补习,这令他感到落寞④。这是补习教育普遍存在的问题:"开学初,总是人数很多,挤满课堂。但日子一久,来学的

---

① 1942年12月24日。
② 1944年11月1日。
③ 1945年1月20日。
④ 1944年2月16日。

就只剩一半。到考试时,仅剩三分之一。"尤其至学期末,教师与学生均有懈怠。1944年寒假班,颜滨发现英文课不设考试了,教师上课姗姗来迟,到校同学只剩七八人。上课内容也马虎了许多,老师让学生上台随便以英文作两句对话,算作口语练习。颜滨背下一篇课文,也能应付过去,连教科书都不曾打开。当时他还在日记中抱怨:"贪懒的教师,贪懒的学生,遇在一处,一切的一切也就在贪懒中马虎过去。"①然而至1944年暑假班,颜滨自己也因迫于生计而缺课许久,甚至错过了考试:"当他们每个人拿到成绩报告单时,而我独无,不禁感到一些羞惭。读书是这样的马虎,把大好的时机虚掷,怎对得起自己呢?"②

种种原因导致学习效果不佳,是补校常见的问题。一位补校的老师曾直言,补校最普遍现象是"黄狼拖鸡,越拖越稀"。即便态度端正的学生,其学习成果也是很一般的,进步快的仍是少数。在他看来,补校学生通常兴趣先浓后淡,不能持之以恒;成绩较差的,大多无法合理分配时间;编级后发现部分学生程度不够,嘱咐其改读较浅课本时,他们的虚荣心往往使其不愿接受③。如颜滨面对"跟不上"的问题,应量力选择低一级课程,但他仍在高级班勉强,故而难有进步。不过,颜滨对教师的教学并不完全满意。英文课选取《依尔文见闻录》中撰出的两篇故事,颜滨虽对课文内容十分感兴趣,但因本身能力过低,而英文教师又教得太快,使他听得虽然有兴致,而仍跟不上:"近几天上英文课,好像甚觉乏味。原因是火豫材先生教得太快,简直使我听得毫无头绪。"④至于国文方面,则因教师授课过于"有声有色",反而显得趣味有余、专业不足。尤其陆砥平先生令颜滨失望:"陆先生的教授法,我早已想象到其之无值。"陆砥平讲解岳飞《满江红》时,称岳飞身世涉及大鹏鸟及鸟虫精之类,且说得有声有色、煞有

---

① 1944年1月12日。
② 1944年6月15日。
③ 《申报》1942年3月9日。
④ 1942年11月27日,12月4日。

介事,被颜滨认为是无稽之谈:"观其状式,真活像一个说书先生,好好的一小时光阴,就被他活活地葬送了,并且讲解方面也有很多错误的地方。"①又一次,读苏洵《六国论》,说到燕太子丹使荆轲刺秦王一事,陆砥平"手舞足蹈说得有声有色",此时门外有人揶揄:"这哪里在教书,简直是说书先生!"与颜滨意见不谋而合。颜滨认为陆砥平与另两位国文教师乔菊人、杨百素相较有天渊之别,前者虽据称大学毕业,曾任特级秘书等要职,然据其他同僚消息,此人毫无真实学识:"他所仗的,大概就是上海人所谓'噱头'吧。"②

补校新一学期报名,颜滨回顾过去学习效果,感到进步甚微:"回观去年所得进步也甚为细微,教法也未能使我满意,所以竟使我犹疑不决了。"③至1944年,颜滨更因工作冲突、生活奔波等由屡屡缺课,甚至错过了期末考试。他对此十分后悔:"若再不去,未免对师长或同学有些说不过去。但当他们每个人拿到成绩报告单时,我独无,不禁感到一些羞愧。读书显得如此马虎,虚掷了大好的时机,真是对不起自己。"④几期课程念完,颜滨的英语都未能获得如他预想般明显的进步,"它所给我的学识实在有限得很"⑤。读了五六年,却毫无成就,写一篇简单的文章,读一篇浅显的信件都觉得力不从心。同学都突飞猛进,颜滨却感到痛苦与惭愧。"懒惰和愚笨给了我一个重大的打击,虽然补习了多年与时常的力图自强,可是直到现在,我学得了些什么呢?矛盾,充满了我整个的躯体,我能替自己讳言吗?"⑥暑期班的费用每课竟然需要四百元,秋季班报名学费及书费需五百余元之多,这使他最终放弃了英文课⑦。

---

① 1944年10月11日。
② 1944年12月7日。
③ 1944年2月5日。
④ 1944年6月15日。
⑤ 1942年8月17日。
⑥ 1942年11月29日。
⑦ 1944年9月8日。

学校生活的重复使得日常被构建起来。对颜滨来说,补校生活似乎是一天中最值得记录的事件。当他开始上学后,日记中对上海市况的记录明显减少了——这当然不意味着民众的生活有所好转。事实上,1942年下半年,粮食问题、物价问题、失业问题仍旧困扰着绝大多数人。然而,颜滨的生活重心被学校生活占领。1942年6月,入读补校不久的颜滨感到苦闷得到纾解:"这几天的生活过得比较安稳了,除了预备英文、看书、写字之外,很少有空闲的时候,有时最多睡一个午觉,或下几盘棋,聊以调剂这平淡的生活。"①1944年9月,颜滨从"正常的生活"中感到快慰:"早晨六时起身,正是黎明的时候,初秋的清晨更觉凉爽,到公园里打罢了太极拳,尚有余暇,便至黎明学园听讲国文,约七时半回来,写一篇日记后,早点,一张大楷,数张小楷或抄写文件,再阅读国文,约至十一时余休息。下半天,研读英文,偶觉兴尽之时,略阅杂志,或闲步门口,以资调剂。晚饭后,若非星期六、日,则往夜校,否则随兴之所至,任意翻阅,至九时余即行入睡。"②尤其当颜滨因英文及国文均已读过而决定自修时,他更加体会到校园生活的可贵。失去课堂的约束,颜滨的自修效果平平:"读书依旧无意,预定本月内读完一篇 *Rip Van Winkle*,势必将展期了。"③学校不仅是学习的地方,其组织结构、管理制度和教学计划提供了相对有序且稳定的生活环境。通过建立日常的学习和生活规律,颜滨减轻了空虚带来的焦虑。第四补校生活填补了颜滨的余暇,为他最大限度地重构一种新生活提供了场所。

　　尽管学习效果不如人意,但最使颜滨感到快慰的是在补校结识的同学,及其构成的关系网络:"现在我认为读书去是我最快乐的时候,在这一群天真的青年中,能使我感到意外的兴奋,一反往时沮丧

---

① 1942年7月17日。
② 1944年9月9日。
③ 1944年9月20日。

的神情。"①补校青年志趣相投,共同进步,一洗社会的污浊空气,使颜滨的精神状态大有改观。在第四补校,课堂学习固然是一部分,课外活动也吸引着颜滨。颜滨入读时即听闻第四补校活动丰富,对同学会等课外组织抱有期待。第四补校同学会组织了演讲会、座谈会以及众多研究小组,并时常请留沪的许多文化工作者、理论学者等出席指导。青年们非常重视课外工作,相互讨论,超越了死读书。

颜滨逐渐参与到第四补校同学会的各项活动中,成为学术部的一名干事,这使他获得了成就感。1942年底,同学会交际部面向本校同学发起公益募捐,募得款项将分别补助中华职工义务夜校、中华业余图书馆、上海幼幼教养院及本校贷学金。颜滨是三级国文的级长,尽管手头拮据,但因不愿让他人失望,颜滨主动捐出5元。次日晚上,颜滨走进各班教室,向同学们宣讲募捐的意义。这是他第一次做此类动员工作,尽管他认为自己口才不佳,但同学们都非常热情,最终竟募得60元之多,远远超出了他的预想。颜滨从这件工作中获得了极大的满足②。次日,同学会又发起征文竞赛,然而应征者寥寥无几,组织者便极力邀请颜滨投稿。颜滨身为干事,又擅长写作,因而义不容辞③。

将青年以某种形式组织起来,一时成为校园风尚。上海的许多青年受时代的刺激,不但在功课上好学,在课余活动上也表现出色。每个补习学校内,青年们都组织了如"同学会"之类的团体。这些团体将分散的力量集中起来,配合着"集个人力量为群众力量""变同学为同志"等口号,在课余也过着团体的生活,分享进步的思想。

尽管社会动荡,但校内学术活动和团体的兴起展示出青年对于知识与文学的渴望。受校内社团风气影响,颜滨所在英文班与国文班也纷纷效仿,同级同学自发组织起交谊会。热爱集体活动的颜滨

---

① 1942年8月21日。
② 1942年12月1日。
③ 1942年12月2日。

对此非常欢迎:"这两处会议,于情理上我决不能缺席,所以本星期日是够我忙碌的了。"①

颜滨被推任为英文课级长之后,受英文班袁桂华先生之托,着手组织一个"第四期补校英文组七八级同学会",宗旨不外于联系友谊、研讨学术两项②。此事使颜滨觉得意义非凡:"使无暇或不克负此巨费的旧同学能不时相聚,互相研讨,岂非妙事。"③集会当天,各位同学首先自我介绍,之后开始了丰富的节目。有魔术表演、谜语挑战,还有几支激昂动人的歌曲。袁先生竟也表演了催眠术,令颜滨惊奇不已。④几天后,英文组同学为增进友谊及陶冶性情,决定同游真茹,此事也令颜滨十分期待:"若果能成行的话,我又有极兴奋的一天了。"⑤数日后的国文组约会,因封锁等故,路上一番周折,但颜滨却乐在其中:"这种吃力而贴本的事情也许一群聪明人所不屑为的吧,但我却觉得尚有余乐呢。"⑥这些青年社团活动丰富,尤其在课外加强同学联结,使青年们团结一致,有助于学生之间形成共同体。通过参与各种活动,学生们熟悉彼此,分享经验和情感,从而在课外构建出较课堂更为紧密、自主的社交网络。

与课堂学习相比,同学间自发的集会最令颜滨感到快乐。颜滨多次表示:"我对于读书有两种目的,第一当然为谋增进学识,第二借此可以认识许多朋友,到目前止,后者确已有显著的效果。"

一天课后,补校同学意犹未尽,提议大家座谈,颜滨也参与其中。他们在德士古汽油站聊天,尽管没有电灯,众人仍借着路灯的微弱光芒聊了许久。这次谈话之后,他愈发感到读书是他最快乐的时光。在一群天真的青年中,他感到意外的兴奋,一反往时沮丧的神情。元

---

① 1944年9月20日。
② 1944年9月20日,9月24日。
③ 1944年9月8日。
④ 1944年5月20日。
⑤ 1945年5月11日。
⑥ 1944年10月1日。

泰中也有一些与颜滨年纪相仿的青年,但颜滨与他们的关系不算亲近,因为他们并不志同道合。在第四补校,颜滨结识了许多理想中的朋友:"一班充满着热情毫无虚伪的少年,真是我理想中的同志。自从开学到如今,虽然还只有短短的两个星期,可是我的愿望却已很顺利地逐步实现,我想若能如此下去,则将来的乐趣是一定可以预卜的。"①

与补校友人的交流自然促成了一种进步氛围。这些青年俱有朴素的爱国情怀,关心时事、胸有大志。他们互相交流思想,所聊话题振奋人心,这都是颜滨在元泰无处可寻的。一次,他们聊到《文天祥》剧目布景之巧妙、剧情之伟大、文天祥本人之可敬,都被深深感动。《文天祥》是张善琨导演的著名话剧,自1943年12月15日开始公演以来,演出时期长达半年左右,共计186场,成为上海话剧中仅次于《秋海棠》的热门剧目。该剧歌颂爱国气节、痛批卖国逆贼,在沦陷上海的上演使观众自然联想其矛头指向,令颜滨等热血青年痛快叫好。又一次,他们又谈论起古往今来之文人及名著,各凭见地,随意狂论,富有兴趣,直至九时半方散。自唐韩愈、宋苏东坡等谈至梁启超先生及巴金、鲁迅,"还有所厌恶着的路易士张资平之类"②。颜滨对后二人的鄙夷,想必无关文学风格,而源自其政治立场③。喜爱左翼文学的颜滨找到了与他相似的知友,在言谈间找到了认同与快慰。

第四补校的歌咏班曾开设国歌讲解讲座。讲师陆亮也是毕业于第四补校的校友,讲解清晰,歌喉顺熟。当晚,陆亮讲解了国歌,令颜滨不胜感慨:"身为国民,而唱得诸多不合,故宜急起矫正之,以免贻笑于外人耳。此诚为事实,即余亦为此中之一也。"④国歌于当时的上海有着特殊意义,虽不能奏唱,但仅仅是讲解也具有巨大的鼓

---

① 1942年7月18日。
② 1944年9月16日。
③ 1944年1月14日,1月16日。
④ 1944年10月28日。

舞力量。

最令颜滨印象深刻的是一次观剧经历。一天晚上,颜滨和友人一同参加了第四补校的学友交谊会。这是由第四补校学友会主办的项目之一。当天,首先由主席宣布开会,学友会的干事分发零食。首先一个辩论开始,主题是"青年在恋爱时是否应当公开"①,之后便开始余兴的节目。第四补校的兴趣班非常丰富,有歌咏队、口琴队、话剧组、国术团等,依次表演。在气氛烘托到顶点时,最后的话剧作为重头戏上演。颜滨详细记录了这场剧目。

一个自称话剧组导演的人首先上场,称适才巧遇一对卖唱父女,因歌声动人,特意将他们请上台来。父女二人登场后,女子本先唱了一支《四季花开》,博得满堂掌声;又唱一支《街头月》,唱至半途却体力不支,倒在台上。面对观众的哗然,父亲一边道歉,一边说起自己本是普通人家,因受战事影响,被迫从乡间逃到上海卖艺为生,最后高声疾呼:"这是哪个赐给的?"这些话引发了在场人的同情与愤怒。此时,学友会主席起身发言,呼吁同学们帮助这对父女,再次引发了鼓掌欢呼。父亲连声道谢,并喜不自禁地唱了一首歌。看到这里时,颜滨尚以为这是一个令人动容的偶然事件,直到有人熟络地同那位"父亲"寒暄后他才恍然大悟,这实是一出设计精巧的话剧。他惊喜交集,回家后立刻记下这件事,并评价他们"演技毫无破绽,含意又是相当的深刻,我真佩服得非言语能形容了"。之后颜滨又看过几场校园演出,但再没有其他节目给予他如此强烈的震撼②。

写日记时,颜滨并不清楚,这幕话剧正是田汉编剧的《放下你的鞭子》。这是一部抗战时期非常有名的话剧,改编自德国作家歌德的小说《威廉·迈斯特》中的独幕剧《迷娘》。随着抗日战争的爆发和扩大,剧作家陈鲤庭对其进一步改编,将其制作成街头剧。街

---

① 1942年8月16日。
② 1942年8月16日,8月23日。

头剧是一种短小的戏剧,反映时事,具有强烈的政治性、鼓动性、时效性和通俗性,也被称为"广场戏剧"。在这种演出中,舞台和剧院的限制消失,观众以为这并非剧情,而是真实发生的。第四补校的演出虽在舞台中央发生,但演员们均完全遵照街头剧的演出风格,在观众不知情的状况下开场,其隐藏剧本的意图与街头剧的宗旨一脉相承。

由于该剧的台词和歌曲在不同地区、时期演出时会稍作修改,也可能采用即兴的表演手法,因此没有完全相同的两场演出。第四补校版本的剧情与原版基本一致,但在细节上有所改动。原版剧本讲述了"九一八"以后,从中国东北沦陷区逃出来的一对父女在抗战期间流离失所、以卖唱为生的故事;而在第四补校的演出中,父女二人的角色是遭受战乱、从农村涌入上海的难民,可见是以沦陷上海的情形为蓝本的改编。此外,剧中的几首曲目也有所出入。原版中,女子所唱曲目是《九一八小调》,结尾还应合唱《打回老家去》或《义勇军进行曲》。《九一八小调》正如其名,描绘了因"九一八"事变而颠沛流离的人们;《打回老家去》则表达了收复失地的决心,喊出"打走日本帝国主义,东北地方是我们的"这一响亮口号;《义勇军进行曲》则被称为中华民族解放的号角。然而,这些旗帜鲜明的爱国抗日歌曲因受沦陷处境的限制,在上海的演出中被替换。在调动观众情绪的部分,其效果也不及原版的理想。面对父亲"这是哪个赐给的"质问,全场鸦雀无声;本该以合唱及高呼"打倒日本帝国主义"结尾的桥段,也改为"人类本应互助"的温吞收场。这些不得已的改动,自然也是迫于日伪的管控与监视所致。

即便如此,这种心照不宣的反抗表达,理论上绝非日伪当局所能允许。之所以能够在第四补校演出,皆源自第四补校的智慧与策略。事实上,第四补校与中国共产党的联系十分密切。1937年11月,在上海重新建立的中共江苏省委充分利用位于法租界的浦东大厦地理位置的优势,秘密展开抗日救国运动。第四补校的一百多名教职员中,有许多中共党员和爱国知识分子。教导主任王纪华是中共上海地下组织"职委"书记;负责人姚惠泉举办的"现代知识讲座"邀请了陈望道、冯定、茅盾、郑振铎、许广平等讲解马列主义的基础理论知识,为青年指明精神出路、提高革命理论水平,并为新四军输送了大批人才,被称为"上海抗大"。此外,石志昂、陆志任、陈艺先等中共党员均在第四补校任教。第四补校确立了意识形态鲜明的办学宗旨:"既要解决职业青年的失学问题,与日伪、汪记争夺教育阵地,更重要的是要通过办学来维系孤岛人心,鼓舞上海职业青年抗日救国的斗志。"正因如此,第四补校校内充满了进步、民主的氛围,积极举办以抗日救国为主题的活动。其中,职教社的附属组织"中华业余剧社"曾是职业青年进行抗日戏剧运动的场所,经常演出宣传抗日救国的剧本,因上演反蒋话剧《女子公寓》名声大噪。第四补校话剧社对《放下你的鞭子》的排演,想必承其精神衣钵。即便当"上海抗大"引起当局注意时,第四补校也巧妙避过,可见其积累了充分的斗争与动员经验,知道如何把握分寸,避免引火上身。

颜滨并不知道自己身处疾风暴雨之间。上海沦陷后,中共在第四补校的活动也以"隐蔽精干、积蓄力量"[①]为宗旨。当颜滨1942年入校时,似乎并不清楚该校与中共的关系,日记中也未曾提及与之相关的只言片语,但他仍旧自然地被校内民主、进步的空气吸引。这次观剧经历对于颜滨来说是一次"永远铭记在心"的事件。他常在看完电影或戏剧后写下感想,大多是两三行的简短评论,但关于这场话剧却足有两页之多:"细细地回味着当时的一幕,越发觉得有味,非但剧情特殊,把大多数的同学蒙在鼓里,并且演技实在毫无破绽,而含意又是想当的深刻。我真佩服得非言语能形容了。而这些回忆所留给我的影响,也将永远地占据我的脑海的一部分了。"[②]

[①] 陶人观:《上海文史资料选辑(第99辑):为了美好的明天》,上海市政协文史资料编辑部2001年版,第12页。
[②] 1942年8月16日。

《新华日报》曾积极评价补习学校对青年意识形态的指导作用:"许多受敌人刺激深刻的青年,他们在补习学校里思想充实武装后,负起历史的使命,到游击区去向敌人打击了。他们互相介绍的方式,一批批从孤岛上流出去。近来京沪铁路上,时而又被游击队将路基炸毁、铁轨炸毁的,实质上就是他们的义举。上海一方面是无耻、荒淫,但不可否认青年们是真正能负起这大时代里的任务的。尤其是补习学校的青年,更是具有进步作用。"[1]

"因为青年们都是站立在现实里,而且虽都是直接或间接受到敌人疯狂的赐予的,为了要明白自己的苦闷来源,以及怎样才能在现实中通行无阻,所以他们需要着更现实化的知识。"如王汎森言,革命成为苦闷的出口。意识形态不再限于自上而下的召唤,转为自下而上的需求[2]。青年的苦闷前后相继,又进入了沦陷的历史时空。这一团时代空气却囿于比"孤岛"更具压迫的政治局面。

三、自办刊物寄托心境

20世纪30年代的社会情绪(尤其是许多年轻人的情绪)已经变得十分激烈,他们的基本出发点是反对政府的专制和腐败,追求自由和民主。30年代初,社会在一定程度上非常同情和接受这种思潮[3]。巴金曾说:"三十年代、四十年代的青年把我当作他们的朋友……在十八九岁的日子,热情像一锅煮沸的油,谁也愿意贡献出自己宝贵的血。我写了一本又一本的书,一次又一次地送到年轻读者手中。我感觉到我们之间的友谊在加深。"

团体的形成可见当时社会动荡中青年对于组织、社交的渴望,

---

[1] 《上海青年和补习学校》,《新华日报》1940年3月13日。
[2] 王汎森:《"烦闷"的本质是什么——"主义"与近代私人领域的政治化》,《思想史》创刊号(第1辑),联经出版事业股份有限公司2013年版,第85—137页。
[3] 熊月之主编,许敏著:《上海通史》(第十卷),上海人民出版社1999年版,第37页。

在提供学术资源的同时,也成为青年共同追求理想的平台。虽然在颜滨看来,集会的目的是相互切磋,并也没有别的用意。"可是处在这样恶劣的环境中,不得不采取绝对的秘密,以防止外界的怀疑。"①这种社会联结一定程度上弥补了社会动荡带来的不确定性和焦虑。

虽然在英文学习上屡屡受挫,但颜滨对国文兴趣日增,并越来越多地主动接触读书、写作。他从前较少光顾第四补校下属的中华业余图书馆,因他爱读武侠及章回小说,而图书馆缺少此类书籍;读国文后,颜滨对文学的兴趣初见端倪,比如读毕巴金的《家》后意犹未尽,忙至图书馆办理手续,终于"借到了想念已久的《春》,兴冲冲地去读书了"②。读补校前,颜滨对文学的兴趣已见端倪:"最近我发现我的心实在是于商业不相接近,对于文学却渐渐地发生了兴趣。(中略)在有闲的时间,细心地多看有价值的文学名著及杂志等,替自己在文学上先立一个基础。将来一有机会当再求深造,以冀将来有所成就,方才不愧此生。"③尽管经济拮据,他仍省下钱在旧书摊上购得《创作的经验》,希望从中了解各位名作家的研究经历和方法,以作为学习参考;他还曾向友人借来《万象》《紫罗兰》杂志阅读,因其认为这些杂志中包含许多优秀的资料,对于学习写作非常有参考价值④。虽然喜爱阅读,但对创作的尝试是在入读补校之后发生的。

1942年的暑期班即将结束时,因同班同学不愿就此失去联系,于是有人提议组织一个学识研究社。社员共八人,几乎有一半是补校同学。当颜滨也受到邀请时,他欣喜至极:"我毫不犹豫地就答应了下来,因为这是我向来所热望着去做的事情。"⑤9月,众人在发起

---

① 1942年9月1日。
② 1942年2月4日。
③ 1942年5月5日。
④ 1942年5月5日。
⑤ 1942年8月21日。

者之一的苏学卿家举行了第一次会谈。在大多数社员的同意下,将社名定为"星火",取"星星之火,可以燎原"之意。暂定研究科目为国文与英文,每周五早晨在法国公园举行小组会议,每周日另在苏学卿家开代表会议。为方便管理,星火社设一总务部,统筹社中各类事项;另下分两组,颜滨被推为其中一组的负责人。这次会议令颜滨感到既惶恐又期待:"对于加入团体还是第一次,不料就担任了重大的责任,细想起来虽然担心着恐怕力不胜任,可是我相信一个人只要肯努力,世界上决没有不能成功的事情。"①在具体学习方面,星火社员暂定研读苏联报刊 *Daily War*。这是一份苏联的宣传报纸,每日可以免费索取,不会给社员们增加额外经济负担。该报也是第四补校下一学期将用的教材,因此对于颜滨而言,相当于预习了。次日,他们在法国公园举行了第一次小组会议。颜滨作为组长,提议每周做一次短篇翻译。虽然他对自己的英文、国文俱无信心,但为使自己学识进步,他也勉力而为②。与补校相识的同学相比,自发结社的星火成员们更加志趣相投。喜爱巴金的颜滨结识了同样爱好文学的王士寅,并惊喜地从他那里借得了渴望已久的《秋》。阅读激发了他们对文学的理解和欣赏,投稿得到了对文才的正面反馈,这促使颜滨逐渐发现并培养出了对文学的浓厚兴趣,为他后来创办杂志奠定了基础。这些成员很多成为《星火》杂志的骨干,其活动内容从学习讨论发展至写作。

颜滨办社、办刊的行为既源于个人的文学兴趣,也有时代因素的催化。职业青年从事文学创作,在当时已成风气。对他们而言,文学或许是一种追求兴趣、抒发情感的方式:职场与社会的苦闷空气愈浓厚,青年表达意愿的程度愈盛。不仅颜滨所在第四补校办有杂志,立信补校也办有《六英》杂志等。作家赵景深曾至木工厂向工人讲学,

---

① 1942年9月1日。
② 1942年9月3日,9月4日。

点评青年工人的文学创作:"诸位在公余之暇能够从事于自己所喜欢的文艺,真是值得钦佩的,并且诸位在木业方面已经有了工作的报酬,至少可供个人生活,不必为生活写作。诸位心里觉得有话要说,就写了出来;无话可说,就不写。这与压榨出来的或勉强写出来的文章不同,在这一点上诸位尤其值得钦佩。"在他看来,现今文坛上许多名人皆非文学系出身,如鲁迅与郭沫若学医,郑振铎学铁路管理,谢六逸学法律,他本人也是学纺织出身,以此鼓舞职业青年"将相本无种"[1]。文学创作并非受制于特定专业背景,而是开放于不同领域的个人,如颜滨一般的职业青年自由追求文艺的行为为社会价值所认可。

当颜滨开始写作后,他阅读的眼光也与以往不同,相较情节更为关注作者笔力。一次,颜滨重读《三国志》。尽管他幼年时早已翻阅数遍,但仅知其情节热闹;再度阅读时,则觉其"文笔细腻曲折,叙事神妙异趣,读其序文及批语,更觉其美不胜收",使他盛赞"金圣叹先生真不愧其'圣叹'两字"[2]。

他的写作不再限于国文课的作业。除了日记之外,颜滨时常写一些随笔。1944年颜滨回乡归来,因在乡间郁郁不乐、难脱家庭琐事纷扰,写下好几篇文稿,合称《回乡杂记》。文学成为他表达自我情感与体验的途径。

在颜滨回乡的半月时间里,补校中的国文班推出了一种壁报《夜友》。壁报尽管篇幅有限,但形式上整洁有序,内容也引人入胜,令颜滨赞不绝口:"几篇大作,真是琳琅满目,美不胜举。"这份壁报不仅质量上乘,而且展现了更为成熟和丰富的文学氛围,使颜滨看到文学更广阔的可能性。级长兼主编徐越美寄予颜滨厚望,期望为其提供精彩的稿件[3]。当国文课作业《布谷声中夏令新》获得"甲"等后,颜滨将其试投给了《夜友》杂志,果然被选中刊登。周围同学对他推崇赞

---

[1] 赵景深:《文学常识》(第2版),永祥印书馆1948年版,第11页。
[2] 1945年3月15日。
[3] 1944年5月2日。

美,"务必要求我多作几篇"①。颜滨感到惭愧,但同好的认可成为一种重要的反馈和驱动,激励着他继续创作。

1944年7月,《星火》杂志社正式启动。社员6人,每人暂定缴纳50元会费。《星火》决定每月出一期,每月10日前收集稿件、22日出版,刊文10篇左右。社团邀请了国文班的乔菊人先生担任顾问,颜滨也在其中负责编排工作。首次发刊,急需优质文稿,颜滨为此发动了身边对文学感兴趣的亲友,甚至写信给久不联系的朋友,都是为《星火》征稿。与女友静敏约会时,颜滨见她对杂志颇感兴趣,也力邀她执笔相助。很快,响应者众多,短时间内收到了数封稿件,使颜滨对《星火》有了很高的期待:"如果大家能够坚持不懈、共同努力,并不断改进,或许《星火》会有燎原的一天。"②

作为社团发起人之一的颜滨也因创作而兴致勃勃。他的写作先从模仿开始,平时爱读的书报、杂志都是他的范本来源。一次,他在《西风》上读到南郭南山所作《黄昏的传奇》,给颜滨留下了深刻印象,在之后的作文中模仿了该文文体③。尔后,他开始尝试虚构。一次,他写下一篇《李先生的悲哀》,此文"完全凭一时灵机所触,杜造出来的"④。日记中,这些作品仅留下标题,不知具体内容,然而这些标题引人遐想。电影、戏剧的观后感也成为颜滨写作的素材。一天晚上,他同元泰号中几个伙伴同往金城大剧院,观看顾兰君、吕玉堃主演的话剧《金银世界》。该剧是一幕针对现实社会的讽刺剧,颜滨认为其中心思想正如其名:"现在完全是一个金银的世界,什么道德、名誉都是聪明人拿来欺骗愚人,有钱人欺骗穷人的。"因感触颇深,颜滨写下一篇观后感供予《星火》⑤。

---

① 1944年5月15日,5月18日。
② 1944年7月8日,7月10日,8月14日,7月11日,7月12日,7月20日。
③ 1944年7月15日。
④ 1944年7月21日。
⑤ 1944年8月28日。

颜滨在创作中收获了成就感,体会到成长的愉悦,同时也让他体会到文思枯竭的痛苦。一篇尚在腹稿中的文章,颜滨也充满信心:"若能写得顺利的话,也许是继《爱的疯狂》之后又一篇杰作。哈哈!居然称得起'杰作',不害羞。"尽管"杰作"流于自嘲和玩笑话,但也可见写作为他增添了底气和乐趣①。有一段时间,他利用日记锻炼文笔,日记中出现了不少半文半白的文体,但没多久他便放弃了:"真是吃力不讨好,我自己读着,亦觉不通之至,并且思想受了限制,未能尽情发挥,实为苦事。"②一次对长篇写作的尝试,尤其令他感到力不从心。几篇短文得到旁人赞誉后,颜滨曾试图"写一篇综合性的小说"③,虚构一篇小说,将其曾经交往过的女友,如莲姐、梅姐、静敏等统化成一个人,作为故事的女主角,并将与她们的恋爱经历串联起来。他将男主角的名字定为依萍,是取"颜滨"的谐音。一个月后,颜滨终于勉强写成,但自觉此文"说不出什么意思"④。这是他作文以来最长的一篇,约有四千字,用稿纸十张之多。因他感到肚里东西有限,长篇小说难免虎头蛇尾,于是又回归了短篇。写作过程的艰难,使颜滨认清以文度日者的艰巨和名著问世的不易⑤。

稿件通常由国文教师审阅修改,当教师无暇顾及时,同学间也相互修改稿件,自行承担修改责任。《星火》的蓬勃之势使颜滨在同学中小有名气,他开始扩大创作范围,兼任了壁报《夜友》的编辑。面对《夜友》主编徐越美的邀请,颜滨推辞不过:"无论如何也应该尽些义务。"⑥因工作量增多,颜滨感到时间紧张,而写作似也变为一项急迫的任务,令他只能草草交稿、应付了事:"勉强交了一篇作文《我之生活素描》,接着要替《夜友》写稿,而自己《星火》的稿件,更是毫无着

---

① 1944年8月1日,11月6日。
② 1944年10月30日。
③ 1944年8月22日。
④ 1944年9月2日。
⑤ 1944年8月22日,9月2日。
⑥ 1944年9月22日。

落,他人倒源源交来,这可真把我急死了。"①当创作时间过于紧张后,颜滨的写作开始出现拖拉迹象。限于每月10日前收集的《星火》稿件屡屡拖至次月,而颜滨仍在书桌前毫无头绪,不知何日方能交卷②。因生活经历较少,凭空虚造、无从借鉴的写作对他而言困难之极。面对文思与截稿的双重压力,颜滨感到千头万绪无从下笔,勉强硬凑了几句却又觉不妥,使他"终于觉得烦躁起来,索性丢了笔与簿子不写了"③。在审阅同学们的作品时,颜滨深感自愧不如,因他们的文学修养和写作技能远胜过自己。被任命为《星火》主笔并在《夜友》中担任编辑,使颜滨倍感压力。然而,他并不打算放弃,决心在国文方面进一步努力④。他不断自我勉励:"以一个学浅识薄毫无所长的人竟有这许多人的推崇爱戴,我真不知应如何的奋勉,才不致使人失望呢。"⑤《星火》杂志的创立初衷便是为了勉励青年进行文学创作,使其追求和寻找自由空间、情感共鸣、交流理想,从而构建出一个相对自由的空间,以抒发情感和追求自我表达。

然而,《星火》起步不久即面临了诸多挑战。首先,稿件质量不尽如人意。由于职员的水平参差不齐,在写作方面存在不少困难。1944年8月,一位叫孙云德的同学积极来稿,但因水平过低,使颜滨倍感头痛,也不敢拿给乔菊人审阅。次月,孙云德又译了三首英文诗,"简直比上次更糟"。尽管如此,颜滨却自觉不宜肆意删改,陷入了两难境地:"若把它删去不用,则似乎太于人以难堪,明亮的人尚还可以,稍微狭隘的人,岂非将因此而生意见。"所以为慎重起见,他决定与社中其余成员共同讨论,再定去留⑥。在写作能力之外,来稿

---

① 1945年1月17日。
② 1944年9月22日,9月25日,10月3日,11月2日。
③ 1944年11月2日。
④ 1944年10月5日。
⑤ 1944年9月25日。
⑥ 1944年7月11日,7月19日,8月1日,8月28日。

中基础的错字、别字更是层出不穷,虽在乔菊人的检查下被发现,但仍令颜滨惭愧之至①。况且,乔菊人因工作忙碌,只看了几次便不能再帮助他们删改,而学生之间自行检查难度颇大,使杂志始终处于难产之中②。

其次,稿件数量逐渐减少。除创刊号来稿丰富外,从第二期起已有稀落之势,而第三期的稿件数量还不如第二期。颜滨苦等许久的友人来稿终成泡影:"若没有我这特长的两篇,简直订不成一本册子。"③这使得颜滨感慨《星火》的命运飘摇,若不竭力维持,也许早已熄灭了。

最后,会费微薄,难以支撑油印。出完四期后,《星火》准备增强作者阵容,并付诸油印,"务使日趋发扬光大"④。然而,油印所需费用不低,即便以每期20份计算,这笔费用也相当惊人了。目前每人收会费200元,约10人参加,总共也不过2 000元左右,尚不足一期印刷之用,令颜滨十分苦恼:"目前虽云币制不值,然我辈小职员,尤其是爱好书本的一群,更是点金乏术,何况在社员中更有不如我者。"⑤由于商议再三也无妥当办法,颜滨特请教隔壁夜校具有油印经验的《寒光》编辑部⑥。在参考《寒光》的运营之后,《星火》最终决定以每期20本付印,约需费1 000元⑦。

这一时期上海纸贵,诸如《申报》等大报都缩减版面。一令白纸价格,在1942年3月是85元,1942年是170元,1943年8月达到1 100元,足见其涨势惊人。至1944年初,上海各纸厂所造之纸,以废纸、旧书、破布、废花稻草为主要原料,木浆等早已因昂贵而被弃

---

① 1944年7月29日,8月1日。
② 1944年9月15日。
③ 1944年9月15日。
④ 1944年10月25日。
⑤ 1944年10月31日。
⑥ 1944年10月31日。
⑦ 1944年11月3日。

用。通常,旧纸店先将旧书以废纸价收入,售与纸厂;纸厂女工再将旧书撕散,便于打浆。然而,旧纸改造成新纸,其质量不及原来坚固,需加入其他次要原料,如此一来,加上物料、人工、煤电等多项开支后方可成新纸,导致纸张成本增高。并且,由于1944年下半年实行防空措施,限制用电,纸业、印刷业不能自由制印。因白报纸来源缺乏,致其售价高昂,一张白报纸可抵战前一件上等绸面袍料。此种现象一方面是因产量减少,物以稀为贵;另一方面则因纸张准许自由买卖,致其成为投机的筹码、囤积的对象。纸价上涨对印刷业造成巨大影响,印刷品价格暴涨:各小型报纸每份涨至五角,薄薄一册书也要售四五十元。除教科书之外,一般重要的参考书、文艺书,都不再重印[1]。影院也暂行取消影戏说明书,对于理解力较低或听不懂国语的观众难免有所妨碍[2]。

《星火》杂志虽未广泛发行,但亦受严重打击,每期油印前颜滨等人都为纸张发愁。尽管印刷预算不断超出,但若是再提高会费,恐将引起成员怀疑或不满。为买稿纸,颜滨与《星火》社员走遍了四马路各大小书店,价格均在每刀(30张)100元以上,辗转许久才寻至一家价廉店铺,每刀只79元,且有40张,纸质也有过之无不及。颜滨十分兴奋,一口气买了10刀之多[3]。颜滨为印刷事寻遍了上海多家纸号,终于在第四补校熟人介绍下才便宜购得纸张。他常自嘲"这是吃力不讨好的事",但他乐此不疲。

颜滨曾至霞飞路大丰纸号买白报纸,却因老板不肯出售,未能购得。问其原因,是因当局虽限制白纸价格,但与黑市相差太多;若按政府所定价格售出,实是蚀本生意。颜滨不由感叹当局的表面功夫:"无论任何货物有了限价,名义上似乎给人民生活一个保障,但实际上在起先几天是买不到或须付高出数倍之黑市价以购,其结果限价

---

[1] 《申报》1942年7月23日。
[2] 《申报》1942年7月4日。
[3] 1944年10月9日。

往往较为限之前高出数倍。"①商家在未有限价前,尚能照成本谋十分之一之利;有了限价,起首却不及成本。因此,限价政策出台后,商家只得再三设法向当局实行"疏通",以请求"新限价"。所谓疏通即是贿赂,这笔费用又将转向买主索取,即提高售价。颜滨叹其真所谓"羊毛出在羊身上"②。因求购而不得,几天后,颜滨与《星火》社员先购买了蜡纸等印刷用具,又至河南路及四马路各大书局、印书馆,跑遍数十家,才于大东书局购得高乐四号蜡纸一筒,计费184元。此款由颜滨暂垫③。

纸张暂告解决,而具体的油印操作又成问题。因对出版尚在摸索和学习过程中,《星火》社员们对印刷、装切都不甚熟练,这不仅使效率低下,更影响了杂志的美观。首次油印错误百出,浪费了不少纸张,令颜滨心疼不已。试印数十张后,格式虽已不致错误,但油墨的浓淡、抄写的轻重等细节问题,还须仔细研究更正④。甚至因切者不慎,许多地方被切去半行或一行⑤。由于经验不足,仅仅印刷就要费去半天时间,颜滨几人合作虽不遗余力、忙到臂酸手痛,却只能印毕一期内容的三分之一,况且之后还有切纸、装订等工作。工作效率之低令颜滨苦恼,他专门抽出半日与社员整理印刷用具、裁纸、试印,试图弄清其中的关窍,但仍旧毫无头绪⑥。勉强付诸油印后,《星火》不仅未能如理想般"发扬光大",反而使颜滨有些泄气。他数次在日记中为《星火》的粗糙惋惜,如"内容方面并未加强","只此薄薄的一本,内容也谈不上美好","抄蜡纸及印刷技巧得低劣,令字迹甚是模糊"。至第九期,"装订之糟、目录之滥,竟为历来最不雅观之一本,诚使余扫兴"⑦。

---

① 1944 年 11 月 7 日。
② 1944 年 11 月 7 日。
③ 1944 年 11 月 13 日,11 月 15 日。
④ 1944 年 11 月 13 日。
⑤ 1944 年 11 月 25 日。
⑥ 1944 年 11 月 12 日,11 月 20 日。
⑦ 1945 年 3 月 30 日。

不过,这毕竟是成员心血的结晶,颜滨也敝帚自珍,并试图在未来重振旗鼓①。

尽管自主办刊面临诸多挑战,但其初衷意义在于让渺小的个体通过文学活动打破沦陷的沉闷和压抑,抵抗当局对表达的控制与垄断。这种抵抗并非政治性的——尽管"星火"的社名引人遐想,但事实上,该社并无明显的政治立场。尽管如今这份杂志的内容已不可考,但从颜滨执笔的文章标题来看,似乎更偏向一种单纯的文学爱好,所写文字也与政治关联不大,属于青年的自娱自乐。他们无意挑战,只是不愿放弃创作,努力过上一种"有意识"的生活,以消解空虚的焦虑。

创办刊物不仅是一种持续的文学活动,更是他情感世界的表达。尽管处境艰难,但颜滨在苦难中找到了乐趣。在数个"毫无干劲,枯坐房中,又跌入了苦闷的深渊"的时刻,围绕《星火》发生的文学与社交活动,将他从枯槁中拯救出来,使他"先前的不爽也早已飞到九霄云外去"②。哪怕身体抱恙,因不愿失信于人,对《星火》的责任心也使他抱病工作③;自警团值班时间,他也拿来写作。一晚,颜滨在社员家中做印刷工作,工作正紧张时,突然紧急防空警报大鸣,电灯只得完全关去,点上一盏菜油灯。这非但未能打击他们,反更增加了工作的兴趣:"在如豆的灯光下继续印刷,说说笑笑,真是其乐融融。然我们并不畏惧,我想我们若能以此精神,应付一切,真是无往而不克。"④颜滨称此经历是"最使我们快乐的",因其发展出一种挑灯夜战、苦中作乐的抵抗感觉。他时常感慨:"《星火》月刊又能寄托我空虚的心境。"⑤

---

① 1944年10月24日。
② 1944年8月9日,8月10日,8月11日。
③ 1944年9月17日。
④ 1944年11月19日。
⑤ 1945年3月7日。

通过参与创作,颜滨获得了对于个人价值的认同,友人的满意便是对自己工作的回报。当他看见同学们争先对新出刊的《星火》一睹为快,他感到无限欣慰。生活愈加充实。不仅颜滨,参与《星火》杂志的其他同学也感到此事意义非凡,甚至有社员提议再出一本刊物,令颜滨既无奈又欣慰:"真的,我对《星火》抱着最大的奢望。"①投入工作的态度使他摆脱生活中的空虚,找到情感的支持和满足。创办《星火》后,颜滨似乎重新找到生活的目的。文学活动对他而言不仅是一种娱乐和兴趣,更是一种情感宣泄和心灵滋养的途径,引导颜滨寻找生活意义、化解焦虑、抵御空虚。曾经羡慕他人的颜滨,如今的生活状态也获得了他人的羡慕:"抵申已将旬日的顺衮,今晨又来访我,畅谈良久,听他的口吻,对我的处境及行动确有无限的羡慕及推崇。真的,若平心静气说,我不能否认目前处境的自由。车先生待我们较前宽厚,号中除过年需过之账我还未曾整理就绪外,别的一无所事,就是账务也尽可随我高兴,毋用急急,友朋的众多与真诚,也足解我孤寂,《星火》月刊又能寄托我空虚的心境。啊!若丢开经济一项不说,则我也的确足以自满了。"②

更重要的是,颜滨还从文学活动中获得了一种近似"文学青年"的生命体验。午后天气不佳,而几位《星火》骨干相继冒雨而来,无人迟到,众人并未因天阴而兴稍减也,颜滨称"此即为年轻人之精神耳"③。此外,集会总带给颜滨无限乐趣。"五时余兴尽而散,回思之,尚有余欢耳。"办刊中的时尚审美也让他的生活意趣倍增,一张木刻就让杂志"美观了许多"④。木刻潮流,借来自娱自乐,增添文学趣味,贴合民国的文化风潮。左翼艺术领域所引进和带起的"新兴版画运动"的木刻潮流,在鲁迅的引领下,集结了大批木刻青年。

---

① 1944年11月27日,12月6日,1945年2月28日,3月7日。
② 1945年3月7日。
③ 1944年10月29日。
④ 1944年8月14日。

《星火》在文学趣味和文化风格上进行一些尝试,同学们各自分工,屺秋长于美工,负责制作封面①。颜滨在《星火》上费时费力,却乐在其中,仿佛暂时摆脱了旧有的五金店员身份,向他憧憬的青年形象步步趋紧。

作为进步青年,颜滨屡屡提起自己不被理解之处,《星火》集会时,颜滨等人为买茶点到处奔走,最后他们决定在大东购买西点,之后又至城隍庙购了数十块咖啡备用:"统计我们因试吃所费不下数百元,而所走之路也相当可观,一片至诚热意,真值得自傲了,不过也许有人笑为寿头吧。"②他自知昧于人情世故,易受愚弄欺骗,但仍乐此不疲。集会结束时,一众青年说说笑笑、声势浩大地走在弄堂中,颜滨敏感察觉到旁人的惊异目光。在外人眼中,他们是一群肆无忌惮的自由青年,这种不流于世俗的感觉使他得到极大满足,心中甚是骄傲:"一种狂欢的情绪,竟引起了许多游人的注视,我相信他(她)该是多么的羡慕啊!"③尽管深谙自己所做的是吃力不讨好的事,不被外人理解,但既是孤独的表现,也是孤傲的表现。他对这种不解并不反感,这反而证明了他的先锋。他乐于这样的"优越"身份,这种特殊感使他在筹办集会等琐事时乐此不疲,这恰恰是他认为有意义和价值的事。青年们寻找自由和真实,在暗无天日的沦陷压抑中竟活出一种痛快的感觉。颜滨曾经的疑问——"怎样做一个超特的人呢"——似乎有了答案。

颜滨逐渐成长为团队中的领导角色。《星火》青年积极进步,而颜滨更成为这些青年中的领头人物。每逢集会,总由颜滨首先发言,阐明集会的意义,再使同学相互介绍、彼此认识,并在预先备下的纪念册上签名留念:"我虽然并未以主席自居,然在他们心目中却早已认为我是领袖,因此他们坚要求我先作介绍,我也不便坚

---

① 1944年9月19日。
② 1944年12月23日。
③ 1945年2月18日。

辞。"①"搬椅围坐,讨论结束后,我们皆食所携带的糖果。个人表演节目,增强相互理解。后又有口技、朗诵,女同学们大展歌喉,而无甚才艺的颜滨打了一套太极拳。"②成员的团结成长以及大家对《星火》的高度热情,同时也反映了团队在这个特殊时期的积极向上的精神状态。他对同学们的推崇与信任感到欣慰,但能力的浅薄又使他惴惴不安,唯恐有负他人的愿望③。众人吃过茶点,又开始余兴。在座的女学生屠怡馨似乎对他青眼有加:"不知怎地,她在座间不时地向我偷视,当我的目光与她接触时,她就像不胜娇羞似的微微一笑,并且在双颊上立刻停上了两朵红云,一种含情脉脉的神情,使我且惊且喜。"④不久,屠怡馨与颜滨开始亲密交往。

1944年末的一次集会令颜滨回味无穷。会后,他详细记录下到场者的全部名单,称"这次的集会真有无限的意义"⑤。此后,《星火》集会定期举行。尤其当第四补校的夜间课程因灯火管制被迫中断时,《星火》集会取而代之,成为补校生活的延伸。当战时状态导致公共的日常秩序无以为继时,另一种私人的、主动的日常秩序在无意中建立了起来,成为颜滨的新日常,继续为他提供心灵给养。《星火》日渐壮大,几乎每次集会都有新成员经介绍加入,众人对《星火》寄托着极大的希望⑥。《星火》成员都给他惺惺相惜之感:"每一个人都能坦白、至诚,都是爽直的一群,丝毫不作虚伪的客套,真使人有无限的兴奋。"⑦

通过办刊,颜滨创造了另一种生活节奏,青年结社更看重内在感受和小共同体内部的评价,这构成了颜滨逸脱"沦陷"统治,重构精神

---

① 1944年12月24日。
② 1944年12月3日。
③ 1945年3月8日。
④ 1944年12月24日。
⑤ 1944年12月24日。
⑥ 1944年12月24日。
⑦ 1944年12月24日。

生活的重要侧面。针对沦陷现实,青年们并没有提出什么建设性的主张,但是他们的生活态度仍然是明确的:拒绝强制和压迫,追求一个有审美意义的、多元的、个体的文化。青年办刊的行为,属于广义上的言论表达,提供了一种非政治性的抵抗方式,即将书写及书写带来的周延产物,如集会、编辑、印刷等日常活动,都纳入抵抗焦虑的行动队列。书写带动了一系列的行动,而行动是抵抗空虚焦虑的良方。

然而,这种精神层面的逸脱后来也难以为继。日益动荡的战局对《星火》的运作与成员凝聚力造成了负面影响,成员们对于参与《星火》疲态初显。集会虽仍每周进行,但参加者寥寥。最初是个别成员因警报或封锁不能到场,至后期则逢天候不好便干脆缺席。颜滨对他们的作风颇有微词:"若他们都能似我,决定不顾一切,天越是下雨,我们越要叙会,可惜大都未能如此耳。"[①]为挽救《星火》,骨干们几次商讨,将内部组织重新分配成许多零星部分,由各同学分开负责,希望借此增进同学们与《星火》的联系,并减少工作量,但也效果甚微[②]。此次商讨后,颜滨再度被选任了主席,负责总务部及《星火》月刊总编辑工作。然而,其余成员缺乏积极主动的创新精神,一些人"绝对服从"的表态反倒令他扫兴:"因为由此可见我们的一群,皆只有服从的资格,而没有一个超越的人才。"[③]这些人的懒怠减损了《星火》的活力,也使颜滨感到力不从心[④]。

此外,灯火管制日益严峻,预示着其所防备的对象——空袭的最终到来。1944年夏天,驻渝美国空军开始轰炸上海,至1945年愈加频繁,甚至传言美军将不日在上海登陆。沪地风声日紧,人们不得不作离开的打算。《星火》社的不少骨干返乡暂避,就连颜滨自己

---

① 1944年11月26日。
② 1945年3月9日。
③ 1945年3月10日。
④ 1945年4月2日,4月14日。

也每日为了生计奔波,盘桓于证券交易大楼,能够潜心写作的时间越来越少①。《星火》社虽经重整旗鼓,邀新同学加入,但出于安全考虑而离开上海的人更多。最令颜滨遭受打击的是骨干成员夏禹涛的返乡,他内心十分不舍:"对于《星火》当然是一个极大的损失,在私谊上,我也少了一个纯洁的良友。"②随着战局紧迫,同学们逐渐"星散":顾云兴赴汉口,静敏退出,孙云德赴北平,秦绮英赴常州,董汉亭也将离沪。《星火》最盛时达22人之多,而1945年3月的集会仅16人出席,作为主席的颜滨怅然若失:"长此下去,《星火》的命运,岂不很可虑吗?"③

1945年4月,第四补校的上级单位浦东同乡会突然接到日方通知,限于5月10日前悉数迁出。第四补校也遭到强行占据,经校方数度磋商仍无适当办法,恐将解散。同学们人心惶惶,学校当局亦束手无策,此事对于颜滨更是一个莫大的打击:"仅仅一小时的学校生活也被剥夺去了,每夕相见的同学将因此分散,而每晚的空闲时间又叫我到哪里去消磨呢?然事势所迫,任何人都想不出办法,我们唯有期待着光明的早日来临。"补校解散带给颜滨巨大打击,使他似乎失去了生活的重心④。社会的不安定性使得文学活动难以持续,人们不得不优先考虑生存的问题。

动荡时局中,物价再度高涨,创作显得不合时宜,一种久违的生存焦虑再度侵扰着颜滨的内心。虽然此前忙于《星火》的出版工作填补了他的空虚,但这种理想主义往往面临现实的挑战,他不得不优先考虑谋生问题:"每天上午消磨在证券交易所里,把所有的业务都堆置在下半天,因此更把我忙得可以。如今天简直没有半片空闲。晚上要背的一篇,《我渴望的生活》也未暇细读。以后我想必须抽一部

---

① 1944年8月20日。
② 1944年11月24日。
③ 1945年3月9日。
④ 1945年3月31日。

分时间作为读书时间,万不可把整个的心绪都浸沉在投机场中。"①颜滨与投机者虽然道不相同,且对方的一举一动都使他感到不入眼,但有时不得不借重他们:"所以一入商界,便不能没有敷衍的手段,否则,难免吃亏。"②出于在困境和理想之间的纠结,面对生财有道的同龄人,一向自负的颜滨也难免自惭形秽:"我知道他们都是登龙有术,生财有道,目前都很可以。唯有我却是困守篱下,谋生乏术,相形之下,真有些自惭形秽。"③

颜滨愈发感到文学创作与谋生的冲突。他希望找些事情做,既能锻炼自己的能力,又可多学得一些社会上办事的经验。然而目前看来,他所擅长的左不过《星火》,右不过《夜友》。车懋章讥笑他是一个书呆子,他也不禁自问:"为了生活,你怎能不稍作改变,将时间抽一些来,求一些谋生之道呢?"④一次,颜滨在卡尔登大戏院观《浮生六记》,该剧由费穆导演,由沈复《浮生六记》中的《卷一·闺房记乐》与《卷三·坎坷记愁》改编而成,四幕六场。当演到后两幕文人末路、穷困颠倒以及生离死别的情景时,颜滨"几乎被感动得流下泪来",似能感同身受:"为何有学识有人格的人偏偏都是穷得不亦乐乎,而一般目不识丁、满腹龌龊的家伙却都是面圆圆的富家翁。难道君子固穷,小人该富吗?我为沈三白不平,我更替天下文人不平。"⑤费穆编导此剧亦与个人遭遇有关,时值上海艺术剧团被迫解散,三弟费康又英年早逝,他将忧愁暗恨倾注剧中。颜滨为浮生滋味叹惋时,不知是否忆起《星火》曾经的好时光?

在颜滨的认知中,"从事于文艺决不能说是一件坏事情"⑥,但兴趣和生计的平衡问题令他感到困扰。他曾在杂志《中学生》里读到郁

---

① 1945年4月16日。
② 1944年8月26日。
③ 1944年10月8日。
④ 1944年12月20日。
⑤ 1945年6月7日。
⑥ 1944年12月25日。

达夫的观点:"中国人还没有能到以文求生的时候,诸位若爱好文艺,固然是一件好现象,但请先解决了肚子问题,否则……"读时颜滨尚觉疑惑,以为"郁先生未免太气馁了",如今他已完全尝到个中滋味①。颜滨创办《星火》既是对文学理想的追求,也是在面对现实困扰时寻找身份认同和个人价值的一种努力,但这一价值却不是社会认可的金钱价值。对于文学活动的热情也使他陷入理想主义的幻觉中。"总之,我虽想在商界中打出一条路来,但我的个性始终对商界感觉不到兴趣,若顺我性之所好而进行,那么至少我眼前的生活将怎样去应付呢?啊!这真使我进退维谷了。"②

颜滨在文学创作中沉浸于理想主义的同时,感受到了赚钱能力的低下所带来的生存焦虑,在谋生与理想之间左右为难。文学创作在一定程度上填补了他的空虚焦虑。然而,颜滨的感受也反映了理想主义与现实之间的矛盾,他通过文化和创造性的活动来调适自己的角色和身份,但同时也面对着生计的现实考验。文学作为一种文化表达形式,虽然在传递思想和情感上有着重要的作用,但只可被视为一种精神享受,而非直接的谋生手段。

当第四补校被迫解散后,颜滨曾试图再找书读,一些同学加入了"大学生互助协会"所主办的暑期进修学校,颜滨也前往观摩:"我因晚上无事,的确觉得苦闷,乃亦请汤君代为报名。"然而首日课程仅有物理、化学及簿记,颜滨勉为其难试听了化学:"简直是丈二和尚,莫名其妙。"③课上其余同学皆埋头抄录、认真听讲,唯有颜滨虚充座位,他不禁深感羞惭④。他未曾学过理科,也志不在此,唯有文学创作是他的爱好。回想这数年的学习经历,他几乎未曾学好过什么,平庸的英语成绩已能说明问题。颜滨似乎意识到"本心(热

---

① 1944 年 12 月 20 日。
② 1944 年 12 月 25 日。
③ 1945 年 7 月 12 日。
④ 1945 年 7 月 17 日。

情)"与"本能"的区别,即他的写作并非一种急切渴望的技能,而是在此压抑中不得不生发的、作为抵抗的语言。这不是他入读补校的初衷——掌握知识,立足社会——却无心插柳地将他领上一条自我发现的道路。

第五章

走向解放：
空袭之下寻求精神出路

1945年8月15日,日本无条件投降。在此之前,驻扎在重庆的美国援华空军对上海的日本军事设施持续实施了近一年的空袭。对比沦陷时期压抑却相对平稳的生活,空袭的到来令生活充满不安,将上海推至战时状态。在空袭的刺激下,他久违的"内地梦"复苏,与动乱之下离沪避难的现实需求合流。本章将以颜滨个人层面的"焦虑与解放"为讨论主轴,尝试勾勒一条普通民众的挣扎路径。

一、美军空袭下的上海

　　1944年后,世界反法西斯战争在各主要战场节节胜利。欧洲战场,苏联将德国侵略者赶出国境,而且乘胜追击,在东欧各国击溃了德国军队;英美开辟了第二战场,德国法西斯处在东西夹击中。太平洋战场上,美国对日本的反攻不断加强,日本在太平洋上的海上交通线被切断,它在中国长江的补给线在美国空军的轰击下受到严重威胁①。在中国,空袭的消息不胫而走,成为上海街头巷尾热议的"秘闻"。1944年8月8日,元泰号中的学徒忠海带来美机空袭日本军事

---

* 本章所提到的"美军空袭",指的是在1944—1945年间,美国驻重庆的援华空军针对盘踞在上海的日本军事设施所实施的空袭。
① 熊月之主编,杨国强、张培德著:《上海通史》(第七卷),上海人民出版社1999年版,第410页。

设施的消息,将颜滨耳中盘桓已久的谣言重锤证实:"今晨四时五十分,有渝美机 B 字 24 型一架,侵入上海市空,向浦江投弹一枚。"此次美机来袭并未对战局有任何实质影响,却在民众心中掀起了轩然大波。颜滨迫切希冀美军打破日伪牢笼,摇醒一场钳制着整座城市的噩梦:"被困在黑暗而狭仄的笼子里的一群,看不到外面的光明和美丽,几乎被闷得睡了过去,突然外面响起了惊人的巨声,笼子开始摇动,它带来了一丝光明,惊醒了将睡去的一群,希冀在每一个人的心里滋长,当然这是值得兴奋的。"①几年沦陷终将拨云见日,这是许多市民难忘的一天。经历长期心理压抑的民众对改变和解放的渴望已久,人们对外部力量的介入寄予厚望。几天前他尚因日伪的"复兴节"庆祝而倍感屈辱,闻此消息,如出一口恶气。

事实上,这次空袭并非美机首次来沪打击日本军事设施,此前美机过境消息在媒体的积极配合被日伪当局严密控制。据陶菊隐回忆,驻渝美机早在 1944 年 6 月 12 日就曾飞临上海上空。当天,防空警报多次拉响,市民陷入一片混乱。然而,次日的报纸却无任何相关报道。《申报》迟至 6 月 16 日才发出第一报,有意配合当局对空袭进行隐饰:"十二、十三两日清晨,敌机曾飞至南京及上海地区侦察。惟日军警戒严密,敌机并无动静,即告遁去。"此报道内容简短,并延后数日发布,可见值此突发事件,日伪喉舌部门或毫无准备、或为锚定舆论基调斟酌良久。该报道后附日伪防卫当局的几点指示,称此次空袭的发生,缘自在华美国空军受到日本空军极大打击,因而竭力避免正面冲突、企图转为游击作战,并称目前美机活动仅属侦察飞行,但为发挥神经战的效果,今后有展开航空游击战之虞,因此敦促市民努力防空、灯火管制,勿信流言蜚语而中敌奸计。

不过对于民众的反应,《申报》报道则与陶菊隐记录相反:"当时上海市民之防空态势,由于不断训练获得效果,态度极为冷静沉着,

---

① 1944 年 8 月 8 日。

此使当局感到安心。"①为敷衍市民,以及宣传防空演习、灯火管制的成效,《申报》的报道倾向可见一斑。

8月8日空袭发生后,颜滨试图在《申报》上寻找相关报道。《申报》当日刊发了日伪陆海军防空司令部消息,称"八日上午四时五十五分,敌美B24型飞机一架,侵入上海地区,在黄浦江上空投弹,损失轻微"②,并称此次敌机盲目投弹、匆匆窜逃,这归功于市民灯火管制效果良好,使全市立时陷入"黑市"状态。事实上,日伪控制下的《申报》每日夸大日军战果、宣传日伪政策,其长期虚假报道的傀儡性质早已为民众熟知。颜滨一直保持着阅读《申报》的习惯,但他往往以一种与报纸言论相对立的猜测来读取信息。尽管报上新闻附庸政权、假假真真,但若以"反其道而行之"的眼光看待报道,也并非毫无收获。这种反向的想象未必全然符合事实,但它给予颜滨精神安慰。

此后一段时间,每当美军飞机飞临上海,颜滨均兴奋记录,几乎无一次遗漏。这些美军飞机自成都飞来。从1944年下半年开始,美国援华空军在成都附近修建机场,作为对日本本土进行大规模轰炸的前进基地。超过7.5万名中国农民被动员,通过人海战术建设了飞行场。上海是日军侵略东南亚和太平洋地区的战略根据地,日军的许多重要给养都在上海生产、储存、转运。美军若要在太平洋战场上反攻日军,则必须对上海采取军事行动。自1944年6月起,美军经常派飞机在上海上空进行高空侦查,进而轰炸军事目标。上海的空袭警报几乎每天响起,但未闻爆炸声。直到7月6日凌晨3点,美国空军B29轰炸机路过上海时,第一次向上海投掷炸弹。炸弹在荒郊爆炸,没有造成损失。就在前一天,日本防空司令部还发布了强化灯火管制的命令:"在空袭警报期间中,泄漏灯光者,将以妨害大日本

---

① 申报1944年6月16日。
② 《敌美机一架昨晨侵袭本市在浦江投弹损失轻微》,《申报》1944年8月9日。

军军事行动论罚,除根据昭和十八年九月二十日告示规定停止供电外,并将按照军法严厉处罚。"①此后至 1945 年战争结束前,美国援华空军对位于上海的日本军事设施进行了历时约一年的空袭,其主要目的是切断日本的舰队航线,削弱港口、机场、军需仓库、油库以及军事工厂等军事设施的能力。

美军对沪日本军事设施开展空袭开始后,日伪的诸项防空措施更趋严格。其中,灯火管制直接波及颜滨的生活。8 月 8 日空袭次日,即每月 9 日为"防空日"。颜滨注意到当晚的灯火管制较以往格外,这使他不得不早睡:"今天又是防空日,刚经投弹的时间,当然是执行得格外严厉,到八时半左右,便已警报大鸣,通街赤黑。"②几周后的一天晚上,颜滨正读书,一外籍警士突然闯入,说电灯太亮,质问颜滨为何不遮防空灯罩,随后将门牌号抄去。经理车懋章得知此事大发雷霆,担心店中被封,并斥责颜滨马虎。颜滨内心不平:"我固然不能完全推卸责任,但我恨他的是太不能认清事理,并且把这个责任完全推在我的身上。我们的电灯这样开着,根本不是今天一天,向来是这样,从未引起纠纷,所以我们自然也不加注意。今晚的事件,是谁也想不到的。"③尽管灯火管制早在 1942 年下半年即已施行,但针对普通民家的管理尚为宽松,此次空袭后突然加紧。此外,通常在晚间举行的《星火》社集会也受到灯火管制影响。尽管颜滨提早了晚饭和集会时间以图在天色未暗时举行,但仍有不少成员缺席。

8 月底,美军的飞机再次飞来。这次颜滨终于亲身经历。颜滨开始对美机来袭日本军事设施进行记录,并罗织信息以支撑自己对彻底解放的希冀:"昨晚十一时左右,忽然警报大鸣,接着便是啪啪的高射炮及隆隆的轰炸声,及至一时半才平静下来,差不多人人都听得

---

① 《防空司令部阐明强化防空决意违反防空规则将受军法处罚》,《申报》1944 年 7 月 7 日。
② 1944 年 8 月 9 日。
③ 1944 年 8 月 27 日。

很清晰,但今晨的报纸上却只登载着'昨晚敌机侵沪,经我方炮火猛烈击退,即仓皇遁去'等等。"①尽管黑夜中看不见飞机,但颜滨仍详细记录了他亲耳听见的声音。防空警报、高射炮声和轰炸声不绝于耳,视觉的缺失反而使得听觉感受更富冲击性。次日《申报》对此次空袭依旧草草报道:"廿九日晚至翌晨一时半之空袭,敌机有向市内投弹企图,经当地守军之发射猛烈炮火,纷纷乱窜逃归,故未投弹。"②颜滨读毕,不屑一顾:"这种掩耳盗铃,怎瞒得过居民。"

8月空袭之后,美机进攻暂歇,至11月再度空袭上海的日本军事设施。颜滨记录下11月11日的空袭。早晨约8时45分左右,约20架飞机进入上海上空,每隔三五分钟多次投放炸弹,空袭时间长达4小时。机群分别向上海的北、南、东三个方向进行进攻,目标包括位于上海北部的江湾机场、位于南部的龙华机场、高昌庙军用仓库及停泊在东部黄浦江的日本军舰。当日有大批美机飞往日本空袭,袭沪美机与其牵制呼应。此次空袭带给颜滨前所未有的兴奋体验:"九时左右,我正欲执笔伸纸,忽然警报大鸣,继则机声轰鸣,高射炮啪啪之声不绝入耳,我不禁抛笔而起,步至门外,果见机队三二成群,高翔于霄海之中,又闻隆隆的轰炸之声,人皆现笑容,而无恐惧之声,我也不由精神为之振奋。"③颜滨的兴奋在此次空袭中达到顶峰。此次空袭是规模最大、时常最久、轰炸也最猛烈的一次。关于空袭规模,陶菊隐写道:"每次炸弹投放时,房屋剧烈摇晃,就像发生了地震一样,玻璃全部破裂,摆件等全部倾倒。"在这次空袭中,来自虹口机场的两架日本军机首次尝试拦截,但一架升空后不久即被美机击落,另一架侥幸逃脱。

空袭发生时,包括颜滨在内的许多上海市民不仅不避,反而走出家门,举头张望。在此次空袭中大显身手的B-29轰炸机尤其引起

---

① 1944年8月30日。
② 1944年9月2日。
③ 1944年11月11日。

了颜滨的兴趣:"所谓B-29型美机之威力,今为余等所亲见矣。"①B-29"超级堡垒"轰炸机是美国为了太平洋战场需要紧急研制的,代表了当时军事技术的最高水平。它曾在战争末期空袭东京,投下大量警告宣传单;又在广岛、长崎投下原子弹,使战争走向终结。它在二战各国空军中机型最大,机长30.18米,而日本的零式战斗机机长仅9.06米。两者外观之悬殊带来强烈的视觉震撼,上海市民可以一眼确认B-29的身影,这完全打破了日本空军力量雄厚的神话。B-29轰炸机的出现具有象征意义。军事与科技现代化的冲击使上海民众认识到这是一种颠覆性的战争力量,坚信其具备改写战略格局的能力。颜滨也在目睹庞大的B-29后对两国空军实力的高下有了直观判断,倍增必胜的信心:"其躯体之大,来去自如,视×机及高射炮直如儿戏。"②他想起此前《申报》曾鼓吹日军空军力量,更坚信其为虚张声势:"×方往日在报章上大事宣传其防空能力,今日观之,真不值一笑。"③

此后,每当B-29出现,就引起上海市民的好奇心和兴奋感。人们站在阳台上,甚至爬上屋顶观看飞机;还有不少人走到街中数飞机。上海民众欣然相问:"听说日本空军的神风队无敌,但是他们的飞机现在在哪里?神风队的人现在在哪里?"市民们在空袭时欢呼雀跃,抬头仰望自由翱翔在空中的美军机。在战争的阴霾下,B-29成为一种希望的象征,人们似乎通过这种新型军事科技更加确认了未来的一线光明,也使颜滨"如服一味兴奋剂"。这种兴奋是上海市民共通的:"目前的轰炸,并不能使人感到恐惧,反之,正觉得十分兴奋。"④人们认为美机轰炸正是促进战局的重要推力。11月21日,B-29再临上海,颜滨兴奋依旧:"今晨七时五十分,忽又警报大鸣,初是警戒,继而紧急,随后飞机声、轰炸声、高射炮声,相继而起,时断

---

① 1944年11月11日。
② 1944年11月11日。
③ 1944年11月11日。
④ 1944年8月30日。

时续,全市顿时笼罩在恐怖的气氛下。但在这附近的市民都像有恃无恐,反而在马路上眺望,且警且喜。警的当然是恐怖着炮弹无眼,喜的却是眼见着 B29 型机威力伟大,从容不迫,高翔在空,而×方束手无策,空军实力悬殊,昔者报章大事吹嘘,今日一见,纸虎完全被戳破,真乃不值一笑。"①当日午后,颜滨与同伴屹秋步至霞飞路四明里口,"又闻轰隆之声震耳欲聋,急忙抬头一看,但见五只银白色的飞机,毫无声息,在东方高空,冉冉而飞,不慌不忙,后面虽有数发高射炮,但高低距离之远,简直如同儿戏"。B－29 轰炸机可在 1 万米高空飞行,日军地面的高射炮无法触及丝毫。颜滨与屹秋躲在四明里中,见飞机去远才归来。此次空袭时长达八小时之久,警报直至凌晨四时许才告解除,为前所未有②。几次空袭中,被日军强占的杨树浦发电厂、英商马勒船厂、大中华船厂、裕丰纱厂、上海电力公司等均被炸。

尽管媒体虚报瞒报,但日伪一系列加强管控的措施暴露其时日无多的慌乱。随着空袭的常态化,当局加强了一系列防空和防火政策,城市里弥漫着"战事已至最后关头"的紧张氛围。1944 年 8 月 30 日,警察署决定在 16 个支局内挖掘防空壕;9 月 11 日,宣传部开始利用中央书报发行所发行的带有各国轰炸机彩图的《防空图鉴》进行市民防空知识的宣传活动;10 月 29 日,市民防空总部开始在市内挖掘井战,以防范火灾。为了预防空袭时的火灾,日方还要求市民家中常备水桶、帘、沙土等紧急灭火装置。这些管控使战争更为直接地成为日常生活的一部分。首当其冲的是 1944 年因煤斤供应匮乏所致的用电紧张。自 1943 年 5 月起,上海市内已现"煤球恐慌",民用煤日渐匮缺;至 1944 年下半年更因交通困难,煤球运输阻滞,导致电厂用煤紧张。1944 年初,为节省电流消耗,当局要求实行节电。按照训令,上海各商号橱窗陈设及招牌电灯至迟每晚七时,饭馆饮食店至迟

---

① 1944 年 11 月 21 日。
② 1944 年 11 月 21 日。

每晚十一时;娱乐场所、戏院、舞厅、棋牌室等至迟每晚十一时,必须熄灯停业。关于电力消费,规定下列用途一律禁止:电风扇、四楼以下的电梯、冷热气设备、娱乐游戏所用机械及器具、私人游泳池及自来水、橱窗及招牌广告用灯、理发店所用电热器具等,违者将停止供电①。剧场、影院虽仍营业,但因限电,舞台效果也不尽如人意。1944年8月,颜滨在金城大剧院观《金银世界》后感到索然无味,因"灯光的晦暗更未能给人以好感"②。一次颜滨去中华业余图书馆拜访友人,因电梯停驶,只能拾级而上,步至七楼③。限电影响了市民的基本生活,与本就严峻的物价问题共同加剧了生存压力。

其二是用水困难。空袭导致水成为战略物资,当局要求优先保障防火用水。由于夜间限电,不少市民开始使用灯笼和蜡烛,增加了火灾的风险。受军需用水影响,民用水被迫纳入"自来水节约运动"的管理,在用量和用法上都遭到了更加严格的管控。华中水电公司因自来水之净滤药品大多仰给日本,而送水方面且须大量电力,运输日渐困难,因此实施自来水节约运动,要求用户以后用水不得超过当年6月份用水量80%,以资节省。1944年8月,华中水电公司自来水供应量减半,并将供水时间调整为上午9时至下午4时。华中水电公司还规定了节水方法纲要:紧关水喉;抽水马桶用过后须停止流水;勿用过量之水,勿作洒水之用;洗涤衣服时勿尽量放水;等等④。而自来水供应,自节制以来,水流细小。少数熟水店趁此时机,将每勺熟水售至五元,以图暴力,增加了市民日常用水负担⑤。不少人自掘自流井,以供民用⑥。洗衣变得困难,颜滨曾记录下邻人为洗衣用水发生争吵的事件,这使他感到市民的生活更趋恶化:"物价的飞狂,

---

① 《申报》1944年8月4日。
② 1944年8月28日。
③ 1944年8月23日。
④ 《申报》1944年7月29日。
⑤ 《申报》1944年9月5日。
⑥ 《申报》1944年8月24日。

姑且勿论，单自来水一项就足使人疲于奔命。因电力的骤减，非唯是这里叫苦连天，别家也是这样，不过这里更甚于其他罢了。人家说，急于抢火，现在我想，若改作抢水，比较切实普遍得多了。"①日方的应急对策进一步导致居民生活质量下降，资源争夺使社会关系愈发紧张，生活矛盾一触即发。由于上海主要的水、电公司正是美机轰炸的重要目标，此种有针对性的空袭致使本就紧张的水电使用更加困难。1944 年 11 月 21 日的空袭中，警报从上午 8 时响至下午 4 时，是空袭时间最长的一次。美军轰炸了上海电力公司，导致法租界大面积停电。此次空袭的后果更为严重：电话不通，电车停驶，电灯不亮②。因其他电力公司规模较小，无法满足居民的电力需求，当天租界居民无法使用电灯和电话。电话虽在次日恢复正常，但电车仍未恢复，只能启用运行时长较短的临时电车，致使车站拥挤不堪。颜滨原计划访问居于南市的姐姐，但他既无电车可坐，也承担不起高额的人力车，只能在大雨中徒步前往。

尽管如此，城市瘫痪给颜滨带来的不便感，远不及日伪遭受打击给他带来的兴奋感。空袭的震撼对市民而言，并非恐慌，反而令其怀抱着初醒之人对驱离梦魇的欢欣。当颜滨因空袭缘故既不能至夜校上课，也无灯光供他处理《星火》事务，只能闷坐在一盏如豆的豆油灯下时，他的确感觉焦躁，烦闷之极。然而，他坚信这正是黎明前的至暗时刻,："痛苦愈深，接近胜利之期亦愈甚。让我们咬紧牙关，静静地等待着吧。"③

二、媒体策应与舆论引导

与民众对空袭的兴奋截然二致，日伪政府对空袭装聋作哑，虚报

---

① 1944 年 8 月 20 日，8 月 30 日。
② 谭抗美主编，上海纺织工人运动史编写组编：《上海纺织工人运动史》中共党史出版社 1991 年版，第 306 页。
③ 1944 年 11 月 21 日。

瞒报。针对空袭,市民防空本部发表声明,称 B-29 式敌机数架来沪空袭,可谓敌人企图打开东亚战事僵局之唯一手段:"今晨传来日本方面空袭消息,与本市空袭彼此呼应,敌人此举半属牵制,半属侦察,其滥施轰炸,并无战略上之价值,不过借以震恐上海市民之神经而已。由全面战局而观,亦毫无意义可言,惟本市民衆今后对于敌人此种企图,应更为戒备。"①日方认为美机的轰炸毫无价值,并将其归结为一种"神经战"的手段,其目的无非是为扰乱战局,动摇民心②。这种官方回应试图削弱美方轰炸的战略效果,从而稳固舆情。

《申报》一如既往,简略报道:"十一日上午八时五十分,敌 B29 型机数架,波状形侵入上海地区,向郊外数处投弹。"战果也与前几次的偏向性报道如出一辙:"经我方制空部队及地上部队,将其击退,我方损害,极为轻微。"③空袭初期,报纸起初采取拖延,之后便统一口径,多用"纷纷鼠窜""仓皇遁去""损害轻微"等表述,模糊空袭后果。随着美军 B-29 轰炸机的出现,实际战况明显对日方不利。《申报》在日伪掌控之下,成为配合军部吊抚民心的舆论武器。关于轰炸的报道也日渐形成固定模式:一则在每次空袭发生之际对过程进行轻描淡写地回溯,再则对美军战果进行质疑,最终对美军空袭的战略意图进行揣测。在此过程中,美军的进攻常被丑化,日方的伤亡常被略写。而战果的报道常忽略战局形势,而关注与之联系甚微的战场细节。

《申报》的刻意粉饰并未起到应有的效果,反而因其与事实相去甚远,令民众对日伪当局的不信任持续升级。同时,《申报》的战果报道与美军针锋相对,如回顾 1944 年 8 月的三起空袭时称:"敌美史蒂威尔竟称轰炸日军物资集积地,其实所投掷炸弹,除一弹落于荒田外,尚有一弹毁损破垣废屋牛间。如此轻微损害,深则二米,直径五

---

① 《申报》1944 年 11 月 12 日。
② 《申报》1944 年 11 月 12 日。
③ 《申报》1944 年 11 月 12 日。

米,并非为大型弹也",力驳美方的声明①。报纸成为塑造社会认知和情感的工具,通过舆论战的手段影响社会的集体记忆,塑造民众对战争的特定看法,以达成日方所期望的社会凝聚力。《申报》受日本军报部支配,因此其空袭报道大多参考了上海日本陆海军报道部的公告,其报道呈现出明显的意识形态取向和战时信息控制的特征。报纸详细回顾空袭事件,然而却大肆对美军的战果进行质疑,并对轰炸目标的性质进行了有利于日方的解读。通过强调轰炸的"轻微损害"、炸弹的尺寸等细节,报纸试图传达一种对抗美军实力的轻松态度,同时减轻可能带来的社会紧张感。其目的是塑造民众对战局的正面认知,在信息传递中注入一种战时意识形态,以调整和引导读者的情感反应,从而服务于日方的政治和军事需要。

不过,包括颜滨在内的上海市民认为这些程式化的报道不值一读。例如,1944年8月8日的一篇文章写道:"敌机在日本军的英勇出击下遭受了巨大的损失。这次袭击只是上海神经战的一部分。"此外,对于1944年8月30日的空袭报道,颜滨看后在日记中写道:"今晨的报纸上却只登载着'昨夜敌机侵沪,经我方炮火猛烈击退,即仓皇遁去'等等,这种掩耳盗铃,怎瞒得过住民。"颜滨由此回想日伪在报上对于日空军的大肆宣传,进一步加深了他对报道的不信:"×方往日在报章上大肆宣传其防空能力,今日观之,真不值一笑。"②坊间传言和谣言迅速传播之下,上海民众对信息的理解受到主观情感的影响。社会处于紧张状态,人们渴望获取有关战局、空袭等信息,但因信息来源受限而导致了情报的不准确性。片面的信息使谣言在社会中蔓延,大多数人无从得知真实、严肃的战况。然而在各色流言中,人们更容易相信令人安慰的信息。战时环境下,公众容易受到情绪化的影响,而这些情绪影响了社会的整体行为和态度。

---

① 1944年9月2日。
② 1944年11月11日。

《申报》将空袭解释为美军正面受挫,无奈之下才采取游击战术,"无非在上海方面施行神经作战"。神经战即以各种手段制造恐怖气氛,打击对方士气,以达到令对方一触即溃、甚至未触即溃的目的。二战期间,纳粹德国善用此种战术,希特勒为其命名。如1940年,德国在入侵挪威前,其驻挪威大使馆的使节为挪威的军政首领和工商局头放映了纪录片《火的洗礼》,电影内容展示了德军如何以闪电战击溃了波兰军队。飞机狂轰滥炸、坦克横冲直撞、华沙化为废墟的镜头震慑着观众。在此种恐吓面前,挪威当局惊慌失措,失去抵抗勇气。费孝通论神经战时,将其比照传统兵法的"攻心":"最理想的战术是在不战而降敌,保持自己的实力而销毁敌人的斗志。……神经战不但以军队为攻击的对象,而且以敌国全民的士气销毁为目标。"①然而,神经战在上海的效果正相反:它令上海市民精神振奋。颜滨写道:"忠海报告完毕,显得很是兴奋。真的,我想大部的市民,一定也都像他这样,除了少数暴发户和具有特殊观念者之外。"日伪当局并未认清上海民心本属中华的事实,战局转变很快就打破了禁锢民心的牢笼。运用报纸并不能扭转舆论的根基,其舆论战术反成为美军的助攻。

　　种种紧张下,政府及军方强调防空已经进入新阶段,需要市民共同协力以确立防空铁壁。1944年9月,上海市民防空本部指出:"上海防空已由准备时期,进入作战时期。希望上海市民不能存在过去租界时代之心理,以为市区地方特殊,敌机不过轰炸郊区而已。此种心念如不打破,颇为危险,吾人均能回忆敌机曾在浦江投弹,而吴淞地区亦曾发现,故吾人对'不炸上海市区'一点,实不能担保,且敌方在欧洲之轰炸,已成为'任意屠杀',此种残酷行为,不可不予严防,故训练工作,刻不容缓。"然而,这种呼告与其说是为便于管控的恐吓手段,在普通民众听来,更似一句昭示着统治者时日无多的谶语。1944

---

① 费孝通:《费孝通全集(第3卷)1942—1945》,内蒙古人民出版社2009年版,第222页。

年秋,战局发生了根本性转变。中国境内,在中国共产党领导下,敌后解放区继续扩大,抗日战争已由相持阶段进入反攻阶段。苏联红军攻入德国东部,英、美、法联军在诺曼底登陆,开辟了欧洲第二战场。美军在太平洋上实行对日反攻,收复了关岛等具有战略地位的重要岛屿。日本在太平洋战场上节节失利,败色显露,已是强弩之末。这些事件改变了战局格局,对上海市民的心理产生了实质性的冲击。早在1944年2月,颜滨即已写下"近日战事消息,不利于某方,更有轰炸南京、芜湖等传说,上海也很有被炸的可能",事后来看,坊间谣言并非空穴来风。对于自当天开始实行的永久灯火管制,颜滨也视其为"某方谈虎色变的心情"之显露①。颜滨怀疑政策制定者的动机,并将其主观解读为政府对信息的掌控以及对局势的掩饰。

然而,空袭在带来解放前兆的同时,也带来死亡的威胁。1944年11月12日的空袭造成了普通市民伤亡。泰兴路(前麦特赫斯脱路)康定路口(前康脑脱路)有高射炮流弹弹片擦过,计死二人,重伤二人,轻伤十三人,全系中国人。11月21日的空袭造成了更大的伤亡,至28日止,计华人死伤共约300名人。据防空本部消息,空袭发生时,市民或在路上行走,或在屋外逗留,缺乏紧张态度。譬如在高射炮射击敌机时,大多数市民引为奇观,伫立屋顶,或群集窗口,仰首翘望,指手画脚,虽经防空人员劝导,充耳不闻。此种大意行动,极易遭受流弹飞伤,且为侦察目标,致有此不幸。然而事实上,不少路人在空袭发生后试图向近处里弄或大厦趋避,然而大多里弄一闻警报即将弄口铁门关闭,大厦也在假日将铁门关闭,致使路人避无可避②。此外,市民消极应对各项防空规则,尤以灯火管制一项最为敷衍。大多数人不以为意,空袭警报期间中仍有泄漏灯火,甚至将直射光线射出

---

① 1944年3月3日。
② 《申报》1944年11月12日。

户外之冒险行为,引起当局不满。当局不顾事实,仍旧将死伤归咎于市民行动不服从指示,以及存有上海在战事圈外之错误观念。在批评民众之余,防空本部还主张美军空袭实为盲目轰炸:"查此次空袭,被害者均为中国无辜平民,此实可证明敌方滥施轰炸,既无计划又无差别,市民当体验此次惨祸,今后敌机来袭之时,须彻底实施灯火管制,并于炮击敌机时,切戒在街头仰首观看以保安全。"

最后阶段的战争将民众推向生死交关之际,日伪当局试图模糊道义,从技术层面讨论生死,"盲爆"(无差别轰炸)一词应运而生。一般民众的伤亡引发了新闻界对"盲爆"一词的频繁使用。《申报》等报纸的标题出现了"敌机盲爆我国民众"(1945年6月4日),"敌美盲爆暴行"(1945年6月20日),以及"敌机盲爆上海市区"(1945年7月23日)等,这些报道中经常使用了"盲爆"一词。此外,这些报道不仅涉及上海,还包括在汉口、奉天、台湾、胡志明市等日本占领地的美军空袭,"盲爆"一词同样被用于描述这些空袭的性质。这些报道是基于日本军方新闻部的指示进行的,包括"向上海各报传达中国各地的不稳定状况,揭露英美苏的利害关系、冲突及各自的野心","为了有效执行人口疏散政策,强烈谴责美军飞机的非人道盲爆,提高市民的防空意识"等。在此语境下,上海的空袭被解释为美国对"大东亚"的破坏,凸显了重庆政府的无能及美军的傲慢。

由于市民坚信美军的攻击对象是日伪的军事目标,因此几乎没有人担心炮弹会落在自己头上。自防空演习、灯火管制实施以来,市民的心理分为两种类型,一种是迷信、侥幸心理,认为美机有各种"理由"不会轰炸上海,或者希望上海不会遭受空袭,对防空规则漠不关心;另一种是糊涂心理,对空袭的性质和防空效用一无所知,对防空规则茫然无知[1]。在此心理下,上海市民在空袭期间通常采取正常行为,随意外出甚至在外滞留,此种麻木态度,自防空演习起形成,如

---

[1]《申报》1944年7月14日。

今已成习惯。颜滨曾在整日的防空演习后表示:"当真正的来袭时,人民也将认为是演习,当炸弹着了地,方才能明白呢。"①尽管民众并没有将空袭和演习混淆,但他们态度依旧,仿佛事不关己。市民态度与上海市政府的紧张氛围形成鲜明对比,而此次伤亡则带给他们不小的震撼。

11月的两次空袭后,12月9日的"防空日"气氛紧张,管控较以往更严格。当日清晨7时即发警戒警报,9时发空制警报,至9时15分转入警戒警报,10时又发空袭警报,历时半小时至10时30分再度转入训练警戒警报,至11时30分解除。下午与上午如出一辙,至晚8时30分才全部解除。警报终日频传,早晚皆在防空状态中。各种训练警报发令时,全市各区均需循例实施交通管制及灯火管制,同时日机起飞进行高空视察,各区随之实施躲避、消防、灭弹(灭火)、救护等训练,情绪甚为紧张。此外,当局还加强了对违反灯火管制规定者的处罚。上海陆海军防空司令部发布告示,凡有违反各项防空规则者,尤以在空袭警报期间中,泄漏灯光者,将以"妨害大日本军军事"行动论罚,除仍照旧予以停电处分外,将按照军法严厉处罚。

不可否认的是,持续的战争威胁的确对市民心理健康产生负面影响,空袭也使得市民的生活安全感下降。警报、高射炮声和轰炸声的出现,让市民时刻感受到潜在的战争威胁。这种不安全感不仅影响了个体的心理状态,也影响到社会关系和社会结构。人们不知下一刻会发生什么,这种心理状态进一步加剧了安全感的下降。面对战争威胁,市民不得不采取更为保守的行为,减少社交活动,避免集会,这导致社会关系的疏离和变化。这种疏离感使人们形成一种相对孤立的状态。

空袭是一种极其可怕的事件,但与此同时,遭受伤害的人们越来越团结,超越阶级和民族的民众团结和互助精神应运而生,促使受害

---

① 1944年5月30日。

者团结在一起,应对共同的威胁。在上海的空袭中,日伪当局试图以"盲炸"为说辞、以创伤创造认同,使民众和日伪当局成为空袭共同的承担者,继而激发一种"受害共同体"的正面感觉。然而,大部分民众更相信自己的亲眼所见。

颜滨并不信任由日伪控制的《申报》等报纸对空袭的报道。自灯火管制、防空演习实施以来,《申报》几乎日日宣传防空成果。他认为这些报道被用于日本军方的逆宣传,试图误导市民对空袭的认知。当空袭的破坏性无法掩饰后,《申报》使用"盲炸"一词,使市民恐惧。尽管颜滨阅读《申报》,但也抱着怀疑的态度。起初空袭的规模较小、时长较短,不是所有市民都能亲身经历。即便是住在上海的人,也需要从报纸上了解。在颜滨看来,这通通是"某方之反宣传"。

其一,从被炸地来看,落弹处多为郊外或×方军事要塞。11月11日的空袭中,江南造船所被炸。此处是被日本人控制的军事工厂。空袭当日,中国工人们在党的地下工作者的带领下"逃警报",不少日本人和意大利船员被炸死,损失严重①。该所不止一次成为空袭目标,可见美军以摧毁日本军事目标为目的。11月28日空袭"在南市三牌楼左近曾落两弹,因彼处多为住宅区,无辜人民死伤不少。不过据云那里有一军衣厂,延更拟改作军械厂,就在这个炸弹下被毁"。"由此观之,绝非盲目"。"非盲炸街区,故甚顾及民众"。其二,不少市民死于日方的高射炮。"高射炮的炮弹在高高的高度上飞行的B-29飞机上无法达到,而是在掉落到地面后直接击中了上海市民。真是可恶。"日本军的高射炮是导致平民死伤的主要原因。陶菊隐也同样回忆说,日本军试图隐瞒空袭的受害者数量,将责任归咎于美军的无差别轰炸,是为了掩盖上海市民大多数是由于日本军的高射炮而死亡的事实。其三,如《申报》一类被日伪管控的报纸大多简化报道、粉饰太平,人们逐渐感到无法从报上获取真实信息。"今日报上更大

---

① 陆舸:《江南往事》,上海画报出版社2005年版,第346页。

字刊载,袭沪美机被击落三架,袭九州的被击落二十五架等言,但看沪地毫无影踪,全属荒诞,他处更不难想象,真将令人捧腹。"①颜滨发明出一种"反其道而行之"的读报方法:报纸愈是强调美机惨败、日机英武,他就愈发看穿其虚张声势。

美军是否是无差别轰炸?根据进行战略轰炸研究的前田哲男的观点,在二战期间,美国空军提出的轰炸理念是通过精确轰炸摧毁敌方战斗能力,而不是给目标地区的居民带来恐惧。然而,实际操作"精确轰炸",即仅对上海的日本军事设施进行轰炸,几乎是不可能的。田中利幸指出,当时的雷达和诺登瞄准器等攻击目标设置技术非常不完善,且常常出现雨云导致视野不佳、投下的炸弹受强风影响、飞机因乱流而剧烈摇晃不稳定等气象条件问题。这种潜在的危险性可以从《交通周刊》刊载的一名美军将校的证言中看出。查尔斯中将说:"中国的民众和城市可能会受到巨大的损害。由于精确轰炸日本军事设施非常困难,因此可能会产生许多牺牲者。"这份杂志还指出:"B-24、B-25经常在来袭时进行低空轰炸,并进行机枪扫射。这次空袭被认为是战略轰炸,实际上是对市区进行的无差别轰炸,遭受的是无辜的居民。"从B-24、B-25型轰炸机的作战方法来看,"精确轰炸"的局限性受到批判。这本杂志和《申报》一样,其政治性质及由此产生的可信性问题仍待考证,但从美军飞机的作战方法的限制及常识上来看,"精确轰炸的神话",即"千里之外无差错"很难达成,上海市民时刻面临死亡危险的事实是无法否认的。

可以看出,颜滨倾向于通过主观的认知和解释来应对空袭。关于美军飞行员在投放炸弹时是否仔细确认当地的"非军事目标"的存在与否,上海的人们并不知晓。然而,无论"盲炸"在技术上是否可以实现,颜滨的态度都反映出战争必胜的信念。面对不知是否"盲爆"的空袭,上海的居民并没有相信《申报》描绘的空袭和美军的形象,而

---

① 1944年11月22日。

是试图自行解释空袭。包括颜滨在内的许多人都选择性地阅读新闻信息,特别是在目睹美军 B-29 与日本军机的巨大差异之后,上海人不再相信"美机被击退"等报道。颜滨在信息获取和解释过程中主动选择,对于官方媒体呈现的信息持怀疑态度,源于对信息操控及宣传目的的怀疑。这种不信任进而演化为对空袭的自由解释。通过选择性地接受、拒绝或重新解释信息,使现实符合他们的信念、期望或情感需求。这种自由解释的过程既是对外部信息的拒绝,也是对内在情感状态的调节,为颜滨在困境中寻求主观上的解脱提供了途径。

空袭往往具有政治象征意义。它提供了生死关头的局面,迫使人们再度思考权力、政治和身份问题。日伪当局重新阐释具有政治象征意义的战争,试图混同落败者和防卫者的身份,将重点由战争发起者转向终结者。对于上海市民来说,美军的空袭被解读为解放的象征。

在面对战争带来的现实威胁和不确定性时,颜滨自行解释空袭为一种"解放"行为,采用了心理逃避和自我安慰的机制。这个行为不仅代表了对现实的拒绝,使他能够选择性地接受或拒绝信息,还反映了他对心灵解放的渴望。通过将空袭赋予个体化的"解放"象征意义,颜滨试图在困境中找到一些心理上的安慰和希望。颜滨在面对不确定性中表现出的自发性解释具有多重意义。他通过自发性解释,试图重新定义现实,创造适应这些变化的文化空间。通过将个人经历嵌入集体的历史记忆中,颜滨塑造出符合其内心期望和文化认知的解释,参与塑造和传承集体记忆。这种自发性解释可以被视为个体的心理抵抗和应对机制,帮助他在压力、不确定性和危机中维持心理平衡。

三、再赴内地的决心与愿望的幻灭

1944 年底,颜滨从胡次桥处听闻汉口被炸成一片瓦砾的消息,不由心惊:"空气突然竟显得这样的紧张,上海当然也有遭受同样命运的危险。"进入1945年,美军对日空袭愈发激烈,规模和次数超过了前一年,显示出结束战争的势头。1945年初,第14航空队开始战略大反攻。陈纳德的312战斗机联队也开始参加空中反击作战。北京、安阳、运城、徐州、朱家台的日军基地均在其活动范围内。更大规模的空中作战发生在武汉上空。陈纳德组织了对武汉的三次大空袭,这是第14航空队在中国境内及周边的最大规模空战,每次作战飞机在100架以上。日军的数十万吨补给遭到损失,大部分化为灰烬。武汉到北京、河内的铁路线被第14航空队切断,日军的数十座重要工厂被炸。1945年2月,日本空军已露出衰弱迹象。一二月间,美空军每日出现在武汉上空,袭击桥梁、铁路线、运河、江河、公路、车站、码头、指挥部、兵营等。据统计,142个火车头被毁,37座桥梁被炸。武汉的密集空袭给上海市民带来希望,解放的迫近感愈发强烈。

上海空袭前的相对安稳与空袭后的动荡生活形成鲜明对比。在空袭前,民众或许尚能维持一定的日常生活,社会结构相对完整,工作、学校等正常运转,生计相对有着一定的保障。然而,一旦空袭发生,生活便进入了一种不断变化的动荡状态。巨大的不确定性不仅体现在物质层面,更深刻影响了人们的心理状态。社会动荡导致了人口的迁徙和分散,人们被迫离开熟悉的环境,失去社会网络和支持体系,增加了对未来的恐惧感。所见所闻带来的心灵创伤同步生成,爆炸声、警报声、被炸毁的城市景象等对民众内心造成巨大冲击。在这种动荡的生活中,人们被迫不断应对来自各个方面的压力,寻找生存的途径、适应失业和经济不确定性,以及处理心理创伤都成为日常生活的一部分。

空袭之下,市面上谣言四起,颜滨也有所耳闻:"近日谣传颇众,到处散布着胜利北平的好消息,甚至有德国屈服,日俄交兵等等传说。"①在此流言下,金融市场率先呈现出一系列异常反应。民众的

---

① 1945年2月21日。

紧张情绪导致资产价值动荡,黄金价格日益走高,引起了颜滨注意:"素来较他物沉寂的黄金竟横跳直飞,自开关至今不过数日,竟由百三四十万(十两)直跳至三百余万,而公债及美金票也跟之狂涨。"这种反应不仅是投资行为的结果,更是市民心态的体现。在对未来走势不确定性的担忧下,人们开始将资金转移为相对安全的避险资产——黄金往往被视为一种避险资产,而低风险的公债和美金票的狂涨也反映了市民对稳定资产的追逐,暗示了他们对现行货币稳定性的担忧。金价成为反映社会变革和市民心态的敏感指标,其异常涨势暗示了市民在解放前夜的不安,因为解放或将带来政治、经济结构的颠覆。颜滨敏锐留意到这些异常,并将其视为解放的征兆:"这些都足以证明,胜利之期果已不远。"①

解放传言并非空穴来风。在欧洲战场,盟军进攻柏林,法西斯联盟节节败退;在日本本土,更大规模的美军空袭开始了。3月10日,美空军飞抵东京上空。随后几天,大阪、神户、名古屋等大都市也遭到袭击。4月1日,美军在冲绳登陆。战争正越来越逼近日本海岸,大部分日本海军军舰被击沉,一连串高级海军指挥官切腹自杀的传言沸沸扬扬。4月以来捷报频频,使颜滨认为战事将很快终结:"据说柏林已为苏军攻破,报上也已有隐约指出,若果真的话,战事或有变化,可望缩短时间。后天四月二十五日,为中美英苏所主持召集之旧金山会议,对战事或有急转直下之望,但愿果能如此,则庶民实幸矣。"②在受到严格言论管制的上海,人们从频繁的美军空袭与国际局势的明朗化中读懂日本军队的"败色"。太平洋诸岛上日本军队的失败消息在上海得到广泛传播,人们共同分享着"黎明即将到来"的感觉,预测着日本军队的统治即将结束。

随着空袭日渐频繁,更多的上海民众开始考虑离沪,商号也借此

---

① 1945年2月21日。
② 1945年4月23日。

声称要遣散店员。元泰的北京路号因店基古旧,且地近目标地,故较为危险。为以防万一,元泰决定在1944年底将号中所有存货悉数运至蒲柏路号①。一个月后,元泰将北京路店堂出顶,此后暂行坐守,这对颜滨是一个打击:"此后的生活恐将受影响了。"②不久,号中人员亦开始遣散,车懋章先行遣散部分有家庭者③。整个1月下旬,元泰都忙于迁移、解散等事④。面对即将到来的去留抉择,颜滨对道义的关心多过了安危,指出"在上海没有眷属"只是遣散"小职员"的托词,商号并非从职员角度出发考虑,认为"为求职员们安全起见"是元泰不必要的标榜。"这种计议,固然不能说没有相当的理由,上海确然也非安乐地,但细察他们的本意呢?是不是果真为我们着想?"⑤与正规遣散手续相比,回乡暂避期间虽然薪金照发,但不仅可以免去此后的伙食费,还能省去一笔遣散费,事实上于元泰更为有利。颜滨认为元泰诚意不足:"并不是我对元泰有什么留恋,只是要取得相当的应得之代价。"⑥在生命遭险的时局之下,颜滨仍以道义为标准看待利弊,希望获取应有的报酬。

颜滨周遭亲友开始陆续返乡,他亦受此浪潮影响暂时返乡。颜滨业师车懋章一家也离开上海,因其故乡镇海已遭日军占领,而至颜滨老家洪塘暂避。"事因近日时有空袭,谣言更众,有识之士皆作准备,有资者更惴惴不安,而本号各家属更甚。"⑦车懋章要求颜滨同行,且愿承担往来盘费。颜滨不便推却,也希望借此机会顺察乡间情景,以备他日万一之计,也可替姐姐在家中做点准备⑧。回乡码头依

---

① 1944年11月20日。
② 1945年1月18日。
③ 1945年1月19日。
④ 1945年1月21日。
⑤ 1944年12月29日。
⑥ 1944年12月29日。
⑦ 1945年1月19日。
⑧ 1945年1月19日。

旧人头攒动,车懋章随身行李有十余件之多,他预先托妥同源五金号的熟人拜托船内管事,才得以预先上船,免去挤轧之苦。登船花去一小时,几人挤在一间鸽笼式的狭小房间里,此处本是茶房住的。此次返乡颜滨虽同往,但仅在家中逗留数日,又回到了上海。顺察乡间情景的结果并不满意,更使颜滨了断了回乡念头:家中纠纷不断、俗务缠身,较之空袭下的上海更使他精神苦闷。

法国对日宣战。颜滨常去的法国公园门口停着近十辆的军用车,许多日兵进出,市民不得入园。颜滨被挡在门外,败兴而归,"后来看到上海晚报方才明了,原来越南法军已拒绝与日合作,已发生军事行动"①。几天后,公园被作军用,园内茶室及照相馆皆在拆卸,动物园双门紧闭,各种禽兽皆已不知何处去了,使颜滨感到一阵怅惘:"最使我感伤的还是草地上疏疏的几簇绿茵,及杨柳枝头新萌的嫩芽,它们虽然又得到重生的机会,但再也没有知音的玩赏与爱抚,也许将遭到魔鬼们的攀折或蹂躏。"②因申地日军强行接收上海法国资产,紧靠公园的法国学校也于当日易帜,震旦大学等也皆被接收。"这项消息,当然也是接近胜利的象征。"③

面对空袭时,兴奋感与焦虑、恐惧形成一种错综复杂的情感体验。个体可能在兴奋的背后感受到对未知的焦虑,担心亲人和社区的安危,以及生存与潜在危险之间的内在矛盾。这种情感体验不仅受到个体生存本能的影响,还受到社会支持和时间因素的调解。尽管颜滨在恐惧的同时感到高兴,但这种感觉表达了他对"可能会有一些改变"的希望,即在遭受暴力的同时仍抱有希望。对于那些在战争中受到牵连却试图克服困境的人们来说,这段短暂而相对平静的时光孕育了某种希望。因此,通过空袭打开的未来可能性开始显现。

"黎明前的黑暗"使人恐惧,冲突、战乱、暴力事件对人们的生活

---

① 1945年3月10日。
② 1945年3月20日。
③ 1945年3月10日。

安全产生威胁。胜利前兆也使市民对日军的垂死挣扎心生恐惧:"但我真有些担心,黎明前最黑暗的时期,魔鬼也许将发出它将亡时最残酷的凶焰。"①伴随振奋人心的解放传言的,还有"盛传着最近从某方调来的某军,竟明目张胆奸人妻女、劫人财帛等事件,日有数起,而受害者无处申冤"等恶性事件,颜滨听后愤不可遏②。政权更迭的前夕更使民众不安,人们不清楚未来的政治走向,不知它是否能够带来稳定、公正和自由。

随后的上海生活日益紧张,颜滨更生出了未曾有过的恐惧,开始对自身性命产生担忧。一次颜滨至南市访姐姐、姆妈,又至蓬莱路、华兴里寻女友静敏,在外行走一整下午,其间爆炸声不停。据说此次空袭中南市有多处遭弹片危害,死伤不详。颜滨不由感到后怕:"我竟昧然往来其间,大胆妄为,下次倒须注意,不要再冒此无谓之险了。"③灯火管制命令一再加强,如同垂死挣扎。家家户户挂内红外黑的双层窗帘,门窗玻璃上贴上交叉纸条,以免玻璃震碎伤人。由此,颜滨的情感发生剧烈波动。曾经的兴奋源于对于军事技术的好奇和对于战争想象的理想化,但随着战争加剧,这种理想化被现实威胁所取代,从而生出对于未知危险的恐惧。

在友人离沪的浪潮中,颜滨因不愿返乡而无处可去,而在艰苦的上海生活中思考未来的出路。离沪人口日益增多,渐成大势。面临着生命安全的威胁,选择离开是一种自然的应对反应。1945年1月,颜滨在街上目睹爱国群体张贴的布告,警告上海居民及早离开,感到事态非常。巨大的不确定性之下,是否该添一袭御寒冬衣竟也使颜滨进退维谷,打算找人商量:"这并不是我太多疑,其实我心中还有一个原因在阻挠着我。因不久即有大量飞机轰炸,上海或将成为登陆的战场。"④登

---

① 1945年2月21日。
② 1945年2月21日。
③ 1945年1月20日。
④ 1945年1月6日。

陆意味着上海再不能隔岸观火。这再度唤醒了他的道德焦虑:"凡是稍具头脑者,也许早就想到了这一着,一群先知先觉或富有爱国心者,早已陆续向内地行进。后知后觉而不顾者,反被敌方所强迫利用者,至今天一定也在设法脱离这个险境。可是我们呢?所遭遇的可以说正是后者一种,但我们到哪里去呢?在内地既无可靠的亲友,而本身又无一技之长,凭什么能谋生存求发展呢?那么坐而待毙或由命运来支配吧?当然决不是我们愿意的。所以我们讨论了许久,虽然仍是一无可靠的办法,但我已决定,万一风紧,我只有先行返乡,再谋出路了。"①

在此动荡局面下,数日前曾豪言"我不信一个人养不活一个人"②的颜滨也开始劝姐姐作返乡打算。一日他在姐姐家,忽然警报大鸣,声音尚未断绝,而爆炸声、高射炮声即接连而起。姐姐家地处法租界和华界交界处的南市,成为易遭空袭的目标。数月前对于空袭尚持兴奋态度的颜滨,也感到事态严重:"尤其是安全问题,更觉得难以措置,非得劝姐姐早日返乡以避其风不可。"③同时,姐姐家的收入来源也被彻底切断。1945年2月,姐夫启昌所在永盛公司解散,所得解散费仅30万元。彼时米价已高涨至10余万一担,区区30万元尚不足三石米之用,仅能勉强维持两个月的口粮。姐夫公司此前虽停滞已久,但每月仍有微薄薪金可领,如今彻底失业,今后生活顿成问题,除了回乡似乎别无他法:"对此后的生活,的确将起变化。"④这一时期,颜滨日记中已不见盛赞 B-29 战机的内容。颜滨预感,此后若时局吃紧,四乡交通一断,则沪地居民将立成饿莩,不知尚能生存几时。他与友人商谈,若能即日离沪而至自由区,实为上策。虽然心有离沪之至,但交通与旅费的巨大压力,使其难以下定决心。"呜呼!

---

① 1945年1月6日。
② 1944年12月29日。
③ 1945年2月18日。
④ 1945年2月26日。

坐而待毙耶？铤而走险耶？余实不知所措矣。"①未能尽早离沪的人陷入进退两难的境地，不确定性使人们很难做出明智的选择，制定生存策略的复杂性使人陷入犹豫和无措之中。

随着解放倒计时，颜滨的道德叩问愈发深重。机缘巧合下，友人夏禹涛的来信刺激了颜滨的离沪愿望，使他自沦陷伊始便不断发酵的"内地梦"复苏。1945年5月，颜滨接到夏禹涛来函。夏禹涛已在数月前离沪返杭，最近又将离开杭州，向内地进发，目的地是龙泉。信中，他告诉颜滨内地急需人才，找事容易。假使颜滨愿意，他将在抵达目的地后详细告诉颜滨内地的详情，并替颜滨留意。夏禹涛言辞中充满兴奋与蓬勃活力，使颜滨钦佩他的意志，更称幸他能逐步向伟大的目标迈进。与友人的一往无前相比，颜滨相形见绌，偷安上海的行为令他羞愧："数年来无论个人或对社会方面，我又曾有过什么丝毫的成就？啊！夏君的伟大，更反映出我的庸碌，我将以怎样的自勉，才不愧知音的知遇呢？"②

一种矛盾的情感在黎明前的黑暗中涌现。市民因抱"殃及池鱼"的心理，在振奋之余亦觉自危。解放的迫近给予人们一线希望，期盼着摆脱战乱和动荡的生活。然而，这种期待又夹杂着对未来不确定性的担忧，使得情感呈现出复杂而矛盾的状态。这种情感矛盾可能源于过去的经历以及对新秩序可能带来的变化的担忧。在解放即将到来的过渡时期，人们强烈感知到社会结构和日常生活的混乱。解放的迫近使得这些征兆更加明显，但与此同时，这种征兆有可能带来原有生活秩序的瓦解。这种感知在市民心理上引发了更为复杂的情感体验，他们一面感到振奋，但同时也忧惧着伴随解放而来的风险。

与此同时，颜滨对上海的厌倦情绪也达到顶峰——对城市生活的疲惫和对变革的渴望。5月的一个平常夜晚，颜滨等人在补校考

---

① 1945年6月11日。
② 1945年5月22日。

罢英文,沿福煦路至八仙桥,再至霞飞路来回散步。月色美丽,没有警报或空袭,这已是颜滨数日来较高兴的一天,但他仍难掩内心厌倦:"上海,我的确有些住得腻了,已没有什么值得我留恋。我想找机会,我希望有这样的一天,我能喊出:'再见吧,大上海!'"①

回顾颜滨的种种焦虑,不难理解他对上海爱憎交加的复杂情感。资源匮乏、经济困难及社会秩序混乱,致使城市生活困苦不安;失业、生计压力等经济问题,影响到颜滨看待上海的态度。他一直怀揣着报效祖国的梦想,但被困在上海这个动荡而乏味的城市中,可能让他感到自己的理想与现实之间存在巨大的落差,引发了一种道德上的焦虑感。颜滨在上海的生活变得机械、乏味,既缺乏表层的新鲜感,又找不到内在意义。人们生活在一种紧张和不安的氛围中,日常生活被迫成为机械的、单调的例行公事。机械、乏味的生活使他无法实现个人的价值和理想,道德观念受到冲击,同时也引发对自身责任和价值的反思,颜滨离沪的愿望则是理想与生活错位的产物。

空袭,使上海民众重新思考自己在国家和社会中的地位,这是他们从"无意识的生活"中惊醒的时刻。在空袭震破虚假安定局面之后,上海骤然变作战场,日伪的凶残面目日益暴露。伴随着日伪的负隅顽抗,沦陷区"日常生活"的面具被撕开,颜滨此前的生存焦虑转为性命之忧;同时,经济崩溃与生死动荡相叠,迫使颜滨的诸位好友离沪返乡,摧毁了他的精神支柱;在这样的压力之下,"到内地去"的报国良机突然出现,这不仅为颜滨摆脱道德焦虑提供了契机,更成为他从沦陷焦虑中彻底解脱的途径。空袭成为一种契机,代表着新时代的来临,为上海市民带来了一线希望和改变的可能性。

与友人处境高下立判,使颜滨萌生出见贤思齐的壮志。数日后,夏禹涛从龙泉返沪,约妥了几个朋友共赴内地,也竭力希望颜滨同行。突如其来的邀请使颜滨受宠若惊、甚为振奋:"它也许能转变我

---

① 1945年5月27日。

整个的生活,也许是我生活步上正轨的大关键。"颜滨的好友明珍也有意同往,颜滨赞其"果是一个非凡的女子"①。与前次来历存疑的"三青团"成员相比,夏禹涛与颜滨相识许久,值得信任;而他口中内地发展势头正盛的好消息,带给颜滨的刺激不亚于空袭——两者都是对"无意识的生活"的打破。颜滨已决定,若无其他阻碍,必将不顾一切以求达此目的:"真的,大丈夫理该乘风破浪,岂甘老死家园。啊!我真兴奋极了,我真恨不得立刻能见到其他的同志,立刻能使我决定一切,并且最近即能成行。数年来志愿,若果能成于今日,也是能扬眉吐气了。我希望最近就能喊出:'别矣!可憎可厌的上海!'"②

事实上,夏禹涛一行计划由上海至蚌埠,再至许昌。许昌已在1944年4月为日军侵占,既非国统区也非解放区,并不属于颜滨向往的内地。尽管如此,他在这次离沪的行动中一直使用"到内地去"的表达。为接近理想的青年形象,颜滨将"到内地去"的口号解释为不仅是抗日救亡的口号,更是指示逃避焦虑的方向。即使颜滨的"内地梦"没能实现,在政治上也表达了个人的焦虑。

然而,无论目的地是哪里,颜滨都以实际行动表达了"去"的决心,试图接近他理想中的自我形象。换句话说,这里"到内地去"的话语是由接受者主动使用的,作为赋予日常行动某种价值和意义的文本。

颜滨借用了"内地"这一象征,将其解释为日常生活的处方。在爱情和家庭关系的矛盾中,"旧"的上海生活被视为桎梏,唯有通过前往内地才能彻底告别。内地愈难成行,愈成为一个乌托邦式的存在。"内地"在哪里似已不重要,去哪里也不重要了,重要的是离开上海。

将逃难与报国同一化,是普通民众自我道德解放的方法。强烈的爱国主义情感和对国家的责任感影响了个体的行为。对于一个在危机中挣扎的个体来说,通过将自己的行为理解为对祖国的贡献,可

---

① 1945年6月14日。
② 1945年6月14日。

以为其赋予一种正义感和价值感,帮助他应对压力和困境。社会环境中普遍存在的爱国主义情感和对抗侵略的强烈愿望,成为颜滨对个体行为赋予更高意义的背景。他通过将行为与社会共同体的理念相连接,来找到一种身份认同和心理安慰。爱国主义不仅是一种政治理念,更是文化认知中的一部分。将逃难行为理解为"奔赴内地、报效祖国"的爱国行为,可见颜滨对个体行为的理想化和赋予情感色彩的倾向。这其中既有他对文化认知的解读,也是他通过这种解释来赋予自己更高层次的身份的努力。他的解放之旅亦即寻找身份认同之旅,可实现一种心灵解放。

逃难不再仅仅是为了躲避战乱,而是被赋予了更崇高的目的,在颜滨的心中成为一种对祖国的献身行为,这为他的行动赋予了更高尚的动机。这或许也是个体在面对困境时,通过赋予自己的行为更高的意义来实现内心解放的一种方式。

然而,赴内地的计划仍旧落空了。颜滨落笔间仍有恍惚:"我真想不到现在还住在这里,还会写日记。像梦一般,在梦中我决定了一切,我准备了一切,但当梦醒来时,终于又只是一个泡影。"虽然据夏禹涛言来各方面皆属可靠,但颜滨生性谨慎,决定与其他几个同志认识后再决定。此番会面引起了颜滨怀疑:除颜滨与夏禹涛外,其余人几乎身无分文,对此趟行程毫无准备,其中一位王姓青年更向颜滨索要一只戒指;领首者傅君虽自称隶属胡宗南部下,然而问及细节却闪烁其词;到内地后,一切安排均未确定,没有明确的工作与计划。得知颜滨将要离沪的消息,第四补校的同学又集体前来劝说,认为此事有诸多疑点,恐有诈骗嫌疑,因听过多起类似的欺诈事件。颜滨思及自己若有万一,不能对亲人交代,就连夏禹涛也来劝慰他不必急于一时。百般无奈下他终于放弃:"这样一来,我终于把我不顾一切的勇气逐渐地消磨下去而接受了他们的劝阻,我终于又被判处只能居住在这万恶的上海。"当晚,颜滨照例至补校读书,同学皆为他庆祝,认为颜滨理性地逃过一劫。颜滨虽感动于友谊之诚挚,但心中若有所失:"夏君等今晚该能成行了。若成功的话,这次真将成我终身的遗憾了。"①

离沪之事未成,给予颜滨极大的挫败。他终日怏怏,幻想着夏禹涛抵达内地后的生活。曾经被他赋予极大热情的《星火》杂志工作也被耽误许久,他无心执笔。几周后,他听闻夏禹涛已几次向家中去信,想必已安全到达,意味着此行大概并无诈骗等事。然而,夏禹涛却未给颜滨一信,使他更加失落痛苦。颜滨猜想自己在友人眼中形象已沦落至不堪,这与他自身的懦弱不无干系:"夏君!夏君!难道你以为颜滨是一个反复无常、贪生怕死之小人而已不值得相交吗?啊!若果如此,叫我有什么办法向他解说呢?唉!懦弱的孩子,谁叫你这样没有冒险的勇气呢?"②颜滨醒悟自己不得成行的理由多半是惜命,对自身失望至极。

胜利在即,这是颜滨最后一次洗脱自身罪恶感的机会。回顾历史,那些没能到内地去的人,的确遭受了道德层面的批判。1945年抗日战争结束后,蒋介石国民政府从重庆返回南京,随之而来的是对上海市民的批评。换言之,"留在上海"被视为对日伪统治的顺从,甚至等同于"合作"。从内地返回的人们对上海市民表现出贬低倾向,谈话间也不能免除优越感,言必及"兄弟刚从重庆飞来"。傅雷曾揶揄此种怪象:"收复区里的所有东西,在过去的两个月里,都冠上了'伪'的头衔。过去8年里,就连照耀华北、华南、华中大地的太阳和黄浦江的水也沾染了'伪'气,笼罩在'附逆'的怀疑中。"颜滨的友人也因留在沪地读书而被称为"伪学生",被剥夺了考大学的资格。颜滨"内地梦"的破碎反而展现了一种图景:行动是为了展示道德,而非用来追求现实结果。离沪而至内地的前途被颜滨亲手放弃,留下了一个在特定时段内难以洗脱的不道德之名。因为留在上海似乎是

---

① 1945年6月17日。
② 1945年7月17日。

一个定性的、毫无争议的罪证,将他的焦虑——关乎生存、道德、空虚的复杂情感抹去、归一,使之瞬间变为黑白分明的失德证据。

对于颜滨来说,离沪似乎成为能够一口气解决生存、道德、空虚焦虑的良方,意味着个人层面的"解放":既可以脱离家庭负累与经济重压,实现自由、自足的生活;也可以追求政治身份的转换,实现报国志向;而内地"做不完的工作",更与上海无所事事的生活形成鲜明对照,更有助于实现他的文化理想。这种"解放"注重内心的自由和身份的重建。内地代表着一个相对安全、不受侵扰的空间,也是重新塑造个体形象、逃离沦陷环境的地方。

颜滨离沪失败后,上海的空袭没有停止。愈近战事尾声,空袭愈演愈烈。1945年6月17日下午,几架B-24、B-25轰炸了上海东北部,18日白天有多架P-28、P-57轰炸了上海周围的飞行场,此外22日白天还有B-24、B-25、P-57等多架轰炸了上海周围的飞行场和黄浦江沿岸的军事设施。1945年6月22日,美军已完全占领了冲绳岛,上海空袭更加频繁了。颜滨已不再记录每一次空袭,因其实在过于频繁。多日来沪地时遭空袭,更在19、20日连炸虹口区,死伤者不下数千人。22日轰炸更烈,机群至少在百只以上,时长达两小时之久。这次轰炸令市民恐慌:"炸声及机关枪声不绝于耳,人皆为之失色。"颜滨也流露出与此前的兴奋喜悦不同的情绪:"余虽自称胆大,亦不禁心惊。"①

1945年7月17日凌晨,25架A-26轰炸机从冲绳出动,中午抵达上海上空。由于这些轰炸机在地面设施上飞行的高度无法被检测到,因此上海的日本军唯一知道的信息是,轰炸机正不断接近。在约12时13分,这些轰炸机袭击了设在虹口的日本军无线电台。虹口作为各国共同租界之一,尤其是日本人聚居区(约10万人),被称为"日本人街"或"日本租界"。除了日本居留民外,大约有1 400名犹太人

---

① 1945年7月22日。

居住在虹口。当时,许多犹太人从纳粹统治下的欧洲逃往上海,根据1943年2月18日日本军发布的公告,他们在这个地区受到居住和活动的限制,留在这里直到战争结束。日军预计美军可能对犹太区采取某种行动,故他们在犹太区装备了武器、储存了油料、设立了无线电台,并在此驻扎军队。尤其是为了指挥太平洋上的日本军舰,他们在虹口秘密设立了海军指挥所。由于日本海军特别陆战队总部设在虹口公园正门前,虹口成为美军空袭的目标并不意外。然而,原本瞄准虹口石油罐的炸弹却掉在了犹太区的附近,使上海犹太区受到牵连。千人以上死伤中包括许多犹太人。那一天,虹口犹太区遭到263枚炸弹的袭击。事后统计显示,中国人死亡360人,受伤703人;外国人死伤31人,其中日本人死伤2人。这次空袭造成了许多伤者,约700名难民失去了住所。一名《申报》记者记录了空袭后的悲惨情况:"街上满是鲜血的尸体,血迹被人们踩踏成一片鲜红,还有多少人埋在瓦砾和树下呢?空袭发生四小时后,一个人从砖堆中被拖出来。他伤势并不严重,若能更早发现,或不至于丧命。中国人和犹太人四处奔走,进行救援活动。伤者被送上卡车和人力车,紧急转送到各处。"在空袭的爆炸声中,上海人既感受到死亡的恐惧,又期待着从日军的占领中解脱出来。他们相信美军只会瞄准日本军事设施,但随着"盲爆"或"误爆"的频繁发生,一般市民的死伤者增加,人们开始担忧自己的命运。

此次空袭后,颜滨也流露出后怕的情绪:"我想不日也许将遭受更大的危机,若照上海人平素的行为,的确死有余辜,即余亦缺少毅力,因循自误,死亦何足惜。"①这是1945年7月22日,也是颜滨第一次在日记中提到有可能在空袭中丧命。离沪失败后,颜滨悲观地看待一切,视空袭为留沪者应得的惩罚;当战争渐至尾声时,颜滨展现出对死亡的漠然态度,将其视为一种不可避免的因果报应。面对可

---

① 1945年7月22日。

能到来的死亡,颜滨此时的态度已不再是单纯的忧惧,而是对死亡进行道德观念的审视。在他看来,正因为他未能前往内地,曾被视为"放弃祖国"的一方,最终陷入了"被祖国抛弃"的结局,这只能算是自食其果。这进一步显现了上海人的身份混乱。在挣扎及挣扎失败之后,颜滨以道德解释了可能降临的厄运,以因果报应之理平抑死亡恐惧,以对自毁式终结的坦然接受补偿道德亏失。这种失落非沦陷区以外的人所能感受:他们害怕被清算,也担心被抛弃。

  颜滨的失落情绪并未持续很久,即被真正的解放冲刷。数日后,日本宣布无条件投降了。颜滨日记停留在1945年8月6日,因而无法获知他如何迎来8月15日的胜利,但想必他是前所未有的兴奋。沦陷几年,颜滨与他最初的理想——"我希望我能够成为一个周游世界的旅行家,我希望我能做一个除暴扶弱的侠士,我更希望我能成为一个为国家为民族而奋斗的英雄"[①]——渐行渐远;然而,面对沦陷下不进则退的命运,他挣扎其间、与种种焦虑斗争的痕迹却自成一条路。这条路不在史册,既不会通向荣誉,也不至堕入审判;但这里本没有路。他在沦陷的语境下做出了有关生存、道德、心灵的选择,这些选择较和平时期艰难得多。如汉娜·阿伦特言:"把自己从必然性解放出来的努力虽然不可能是完全成功的,但正是在这个过程中,他赢得了自由。"沦陷为颜滨的个人生活造就了一种外部必然性,它被浪漫化为"命运";然而,颜滨内部世界的能动力量将"被命运叙事"的处境置换为"与命运谈判"的动态,这使他始终走在与必然性遭遇、角力的自我解放之路上,步履不停。

---

① 1942年1月6日。

结语

本书尝试回答的问题是，在战时上海的市中心，普通人曾看到什么。这一问题的重点是普通人的生活感受，更为具体地讲，这里的战时，指的是日伪占领时期；而这里的普通人是指五金店的青年职员颜滨。为了明确颜滨在多大程度上能与其他人共鸣，本书首先分析了他的出身，以确认他的身份认同。因目的是还原他的自我定位，本书并未深究他在经济、政治阶层中的坐标，也并未以笼统的文化阶层定位他的归属问题。依照颜滨的自我认同、道德意识和价值观念，本书将他定位为"青年"。通过分析他写日记的意义，可以发现 20 世纪 40 年代上海青年特有的价值判断和情感结构。

本书尝试从"自下而上"的视角分析颜滨日记中的个人经历，并将这些经历扩展到沦陷区的青年。通过重新编排和分析颜滨日记，分别探讨了他的生存、道德与空虚焦虑，目的是梳理微观视角下的上海经济、政治与文化的运行状况。颜滨的沦陷感受与传统叙述有时并不完全一致，存在偏差，而这种偏差正是本书尝试探讨的"日常生活中的战争"。处于现实与理想的鸿沟中的颜滨并未逃避道德反省，而是在道德困境中奋力挣扎，以求自我心灵的解放，这种寻求"解放感受"的路径自始至终与他的"沦陷感受"相伴而行。

关注日常生活中个人的"沦陷感受"的结果是得到了一条属于颜滨的时间线。1941 年 12 月 8 日作为历史记载下的"沦陷的起点"，为叙述随后的历史提供了锚点。然而，颜滨对沦陷的预感从"到内地去"的口号在上海流行时即已出现,"留守者"身份带给他的羞耻与愧疚开始于沦陷之前。颜滨"内地梦"的破产所致的绝望感受也在沦陷结束之前变得汹涌。对他而言,沦陷的开始与结束都是一个混乱而漫长的过程。这条个人的时间线不同于历史上的日期,而是依循了日记上的日期,情感在其中起到绝对的主导作用。

颜滨所受的压迫及其引发的抵抗既存在于政治层面,也在生活、心灵与情感层面,且后者明显更多。颜滨固然是被压迫的,但也是能动的。正与斯科特"弱者的抵抗"相似,这种抵抗未必是足以直接触动当局的,它以隐微展示民意的形式存在。颜滨日记中也潜隐着相似的抵抗路径——它不在战场,也区别于起义、罢工、静坐等政治性的抵抗范式,而以融于日常形态的存在。日常反复出现的模式中蕴含了颜滨的认知、想象和偏见。

重新审视曾经被视为历史叙事"余白"的生活,可见"余白"并非宏观叙事挤压下的残留部分,反而具有包罗万象的能力。颜滨的个人案例未必具有普遍意义,但20世纪40年代上海青年特有的价值判断和情感结构,在一定程度上辐射在了与颜滨身处相似历史情境的上海青年身上。在日记里,被压抑的语言不曾消失,尽管它是以一种隐而不发的形式存在的。通过解读颜滨日记,沦陷区民众的"沉默"变得清晰可闻,它使我们听见"沦陷"背后的声音。

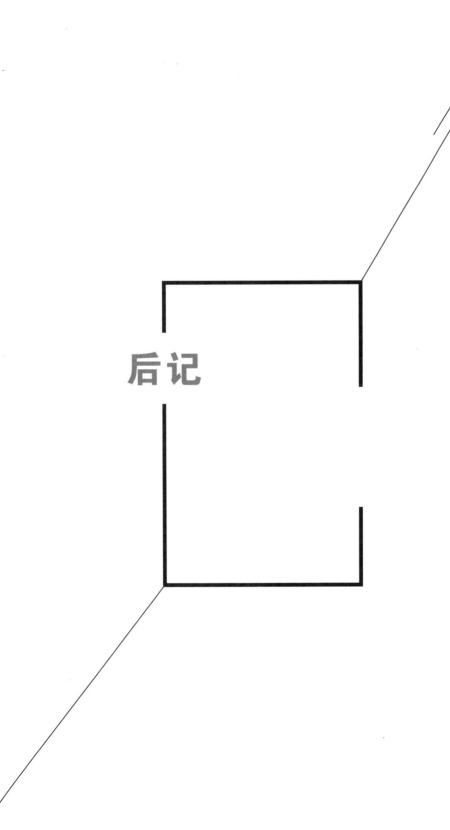

后记

这是一次重新认识颜滨的过程。在此之前,我已经"认识"颜滨不少次了——在2017—2021年撰写博士论文《沦陷的焦虑——一个上海青年的日常生活》期间,我反复阅读他的日记。选择一本日记、一个"无名者"作为研究对象,是一项既有趣、又充满挑战的工作。作为对博士论文的反省与完善,本书更进一步地分析了"未能被学术化"的日记内容,我更多地关注颜滨的"私事":家庭情况、个人网络。"焦虑"是我对颜滨生活的断言,这未尝不是我个人的偏见。尽管我努力将历史线索与个人动机联结,务使其生活得"证据确凿",但仍有众多学术结论无法吸收的、不可控的偶然出现——它们不配合求索历史规律者的执着,委身于学理难以触及的角落,以其"学理无意义"的存在本身具象化了某种生活的意义。

与日记体裁相应,这篇博士论文也"不规则"。答辩得以顺利通过,得益于指导教授钱鸥老师对"不规则"的宽容甚至鼓励。在我尚无知识体系、徒有好奇心的入门阶段,一些"门外汉"的念头被导师引入门内,从而走上把对人的兴趣学术化的道路。本书还要感谢博士论文答辩委员会的村田雄二郎教授与富山一郎教授。村田老师专攻中日近代关系史,为博士论文的写作提供宏观背景的指导与点拨,使我对个人生活的分析不至于跳出历史常识。富山老师是人类学者,我虽没有直接受教于他,但写作中对人情如何入文、如何折中地思考几乎都来自他的启发。几位老师的研究领域各不相同,但在问题意识层面,贯通的是对历史与人的关系的关注。或许正是这种关注达成了超越学科的互通,使我也习得一种看待历史与人的眼光。日语博士论文中不曾写过致谢,外文写作的笔力或也无法诚实、恰当地传达我的感受,幸得此机会补记。

本书得以出版,承蒙博士后合作导师赵莹波老师的指导与提携。赵老师丰富的学识为本书提供了宝贵的指引。在写作遇到困难和困惑时,老师的持续鼓励给予我莫大的信心和动力,尤其感恩老师对后辈的鼓励与提携之心,慷慨资助本书的出版,使得研究成果得以与更多人分享。此外,还要感谢上海大学出版社陈荣编辑。陈老师高效、负责的沟通与专业的建议让我在学术写作中受益匪浅。如果没有她细致入微的审阅工作,本书将逊色许多。

对颜滨人生的解读,不过一家之言,因我学力有限、分析浅薄所致的偏失是必然存在的。读者如有兴趣,请读一读《1942—1945:我的上海沦陷生活》。旁观他人人生的机会不常有,这本日记于我具有超越学术的意义,相信它也会带给各位启发。